# 迈向高质量发展

## 长江产经院
## 研究报告选编
## （2019）

陈　柳　张月友　编著

中国财经出版传媒集团
中国财政经济出版社

**图书在版编目（CIP）数据**

迈向高质量发展：长江产经院研究报告选编. 2019 / 陈柳，张月友编著. —北京：中国财政经济出版社，2019.9
ISBN 978-7-5095-9147-5

Ⅰ.①迈… Ⅱ.①陈… ②张… Ⅲ.①中国经济-现代化建设-研究报告-汇编-2019 Ⅳ.①F124

中国版本图书馆CIP数据核字（2019）第168201号

责任编辑：谷兴华　　　　责任校对：李　丽
封面设计：陈宇琰

中国财政经济出版社 出版
URL：http：//www.cfeph.cn
E-mail：cfeph@cfemg.cn

社址：北京市海淀区阜成路甲28号　邮政编码：100142
营销中心电话：010-88191537
北京财经印刷厂印装　各地新华书店经销
710×1000毫米　16开　19印张　320 000字
2019年9月第1版　2019年9月北京第1次印刷
定价：68.00元
ISBN 978-7-5095-9147-5
（图书出现印装问题，本社负责调换）
本社质量投诉电话：010-88190744

# 前　言

刘志彪

党的十九大报告提出我国经济已由高速增长阶段转向高质量发展阶段，建设现代化经济体系必须坚持质量第一、效益优先，推动经济发展质量变革。2018 年中央经济工作会议是对十九大报告要求的一个具体落实。这次会议的主题词是“发展高质量经济”。按《人民日报》社论定义，所谓高质量发展，就是能够很好满足人民日益增长的美好生活需要的发展，是体现新发展理念的发展，是创新成为第一动力、协调成为内生特点、绿色成为普遍形态、开放成为必由之路、共享成为根本目的的发展。这就进一步指出了我国经济发展进入新时代的基本特征，就是转向了高质量发展。

迈向高质量发展，是新时代社会主义建设的根本要求。把提高供给体系质量作为主攻方向，显著增强我国经济质量优势，是继过去两年来“三去一降一补”行动取得阶段性成就之后，供给侧结构性改革的又一个必然的重要的行动。转向高质量发展阶段，一是经济发展水平提高之后的必然。过去是短缺经济，主要应该用速度加快解决“有无”的问题；现在是过剩经济，必须开始用质量去解决“好坏”的问题。二是保持经济持续健康发展的必然。我国的供给体系如果不能提高产出的质量，那么日益增长的民众需求就会把很大一部分购买力转移到国外，从而导致国内产能进一步严重过剩，不能实现再生产的正常循环。三是缓解新时代我国社会主要矛盾的必然。现在民众期盼有更好的教育、更稳定的工作、更满意的收入、更可靠的社会保障、更高水平的医疗卫生服务、更舒适的居住条件、更优美的环境、更丰富的精神文化生活，没有高质量经济体系来提供相应的产品和服务，社会主要矛盾就会加剧，摩擦就会增加，社会发展就不稳定。

迈向高质量发展，要有新思路和新方法。为了推动高质量发展，2018 年年底的中央经济工作会议指出，必须加快形成推动高质量发展的指标体系、政策体系、标准体系、统计体系、绩效评价、政绩考核，创建和完善制度环境。这一要求紧密结合我国经济体制转轨时期的特殊国情，把市场对资源配置的决定作用和更好地发挥政府作用的总体要求，非常明确有效地结合在了一起。这是因为，改革开放40多年来，我国经济运行中地方政府就GDP增长的绩效竞争，一直是与不断深化的市场力量有效地融合在一起的。在市场机制的基础上展开地方政府之间的增长竞争，是中国经济有别于其他转轨国家的重要特征。这一竞争格局取得了重要的成就，但是也显示出了一些地区片面追求数量、粗放发展的不良倾向。现在中央要求把这种对经济增长速度的“锦标赛”，改为“高质量发展”的新竞争，这种“指挥棒”怎么指、往哪里指，将引领地方和部门干部们努力的方向。如何建立指标体系，制定政策体系，确立标准体系，组织统计体系，进行绩效评价和政绩考核，直接关系到找准方向、促进科学决策、凝聚发展共识，是引领我国经济进入高质量发展阶段的需要探索解决的重大问题。

迈向高质量发展，需要有良好的发展环境和坚实的发展底线。坚决打好防范化解重大风险、精准脱贫、污染防治的攻坚战，是未来几年实现高质量发展的基础。在千头万绪、纷纭复杂的经济工作中，这三大攻坚战是化复杂为简单，是纲举目张的工作。其中，防范化解重大风险，尤其是金融风险，是为了实现稳定协调发展；抓精准脱贫工作，是为了实现公平共享发展；污染防治工作，是为了实现生态绿色发展。因此，三大攻坚战践行了五大发展理念，也是推进经济高质量发展的具体行动。例如，防范重大的金融风险，需要处理好金融与实体经济的关系，一方面，需要我们在实体经济内部大力鼓励技术创新，同时以这些创新类资产为基础，通过金融部门的资产证券化，为社会提供更多的质量更高、收益更稳可投资资产；另一方面，要强化金融部门的制度创新，利用现代金融尤其是资本市场支持科技创新活动，让更多的科技型企业与资本市场一起成长。这种实体经济、现代金融和技术创新之间的协同发展，就是党的十九大报告要求建立的高质量的现代产业体系。

迈向高质量发展，未来要适当减少政府的经济职能、增加其民生、文化、生态和社会职能。为了发挥市场对资源配置的决定作用，以及更好地发挥政府作用，我们需要做出这样的选择。众所周知的是，高质量发展的基础，是决策者必须受到硬预算的强烈约束。只有如此才能做出理性的、追求经济效益的决策。地方政府预算约束松弛，是中国经济发展中的老大难问题，也是粗放发展、债台高筑、可能发生金融风险的基本原因。适当减少地方政府的经济职能，有利于其把精力集中在缓解新时期社会经济发展的主要矛盾上，也有利于减税降费、推进扩大内需，更有利于确立企业真正的市场主体地位。

迈向高质量发展，需要有具体的措施和行动。中央经济工作会议具体布置了2019年经济工作的八项重点工作。根据中国经济运行中存在着“重大结构性失衡”的根本性问题，当前和未来一个时期，结构性政策要发挥更大作用，重点要在“破”“立”“降”三个字上下功夫。“破”“立”“降”是追求供给体系高质量的具体行动。“破”，需要运用结构性政策进行供给侧调整，促使资源通过竞争性市场机制更多地流向现代高技术产业中的创新企业，同时要掌握和运用好关键技术改造传统产业，千方百计地化解产能过剩问题。“立”，一是通过人力资源和科技投入大力发展战略性新兴产业、高新技术产业和先进制造业，增加高质量部门的供给；二是推动互联网、大数据、人工智能和实体经济深度融合，利用其改造传统部门，降低对过剩部门的资源投入；三是以优质的技术创新类资产为基础，通过金融部门的资产证券化，为社会提供更多的质量更高、收益更稳可投资资产。“降”，是为了以此优化实体经济的发展环境，提高实体经济投资的回报率，增加其投资吸引力和竞争力。当前要继续清理涉企收费，加大对乱收费的查处和整治力度，深化电力、石油天然气、铁路等行业改革，降低用能、物流成本。

2019年8月

# 目　　录


## 总论　建设高质量发展的现代经济体系

**第一章　新时代“四化同步”的社会主义现代化道路** ………………………… 3
第一节　已有的研究 ……………………………………………………… 3
第二节　现代化的新时代特性 …………………………………………… 5
第三节　新型工业现代化、信息化、城镇现代化和农业现代化的同步 …………………………………………………… 7
第四节　建设现代化经济体系 …………………………………………… 11
第五节　创新是新时代现代化的第一动力 ……………………………… 17

**第二章　新时代形成全面开放新格局与建设现代化经济体系** ………… 23
第一节　要辩证地认识全面开放与建设现代化经济体系的关系 ………………………………………………………… 23
第二节　在形成全面开放新格局中建设现代产业体系 ………………… 25
第三节　全面开放新格局：基础是形成全面对内开放新格局 ………… 28
第四节　由产业政策导向转向以竞争政策为基础的高水平开放 ………………………………………………………… 30

## 第一篇　深化供给侧结构性改革

**第三章　供给侧结构性改革的理论与实践** ………………………………… 37
第一节　供给侧结构性改革的学术线索和理论价值 …………………… 37
第二节　供给侧结构性改革所要解决的突出矛盾和问题 ……………… 43
第三节　当前深化供给侧结构性改革的重点任务和关键举措 ………… 49

**第四章　我国住房制度研究** …………………………………………… 55
第一节　当前中国房价的基本面与宏观调控的有效性 ………… 55
第二节　房地产调控的国际经验与借鉴 ………………………… 65
第三节　加快建立更加科学的住房制度的设计 ………………… 68
第四节　当前住房制度的政策建议 ……………………………… 77

**第五章　金融支持住房租赁市场发展的路径** ……………………… 80
第一节　我国住房租赁市场的发展现状 ………………………… 80
第二节　我国住房租赁市场存在的问题 ………………………… 84
第三节　金融支持住房租赁市场发展的中国实践和存在的问题 ………… 88
第四节　金融支持住房租赁市场发展的国际经验和启示 ……… 91
第五节　我国住房租赁市场发展的对策建议 …………………… 93

## 第二篇　建设现代产业体系

**第六章　提升我国战略性新兴产业的控制力和竞争力** …………… 99
第一节　衡量战略性新兴产业发展水平的重要标准是产业控制力 ………………………………………………………… 99
第二节　当前我国战略性新兴产业缺乏控制力的主要表现 ………… 102
第三节　增强我国战略性新兴产业控制力的两个层面 ……………… 106
第四节　增强我国战略性新兴产业控制力的战略对策 ……………… 108

**第七章　培育世界级先进制造业集群的路径、模式与政策** ………… 112
第一节　世界级先进制造业集群的内涵和特点 ……………………… 113
第二节　中国培育世界级先进制造业集群面临的挑战 ……………… 116
第三节　发达国家先进制造业集群的发展模式及经验 ……………… 120
第四节　中国培育世界级先进制造业集群的路径 …………………… 127
第五节　中国培育世界级先进制造业集群的政策 …………………… 130

## 第三篇　区域协调发展

**第八章　以城市群经济推进区域经济高质量发展** ………………… 137
第一节　以城市群建设为重点推动区域协调发展 …………………… 137

第二节 以新理念、新思路引领城市群发展 …… 142
第三节 推进城市群建设值得关注的几个问题 …… 145

**第九章 四大板块培育经济发展新动能现实路径研究 …… 149**
第一节 四大板块经济基础和产业结构现状 …… 149
第二节 新世纪四大板块经济增长动能的动态演变 …… 154
第三节 创新驱动发展战略驱动视角下的经济新旧动能转换 …… 163
第四节 研究结论与四大板块培育新动能的对策建议 …… 171

**第十章 运输带变黄金经济带：长江经济带高质量发展的新定位 …… 175**
第一节 长江黄金经济带的内涵 …… 175
第二节 实现黄金经济带的机制设计 …… 181

## 第四篇 开放经济发展

**第十一章 "一带一路"、贸易投资一体化与产业高质量发展 …… 187**
第一节 中国"一带一路"建设的现状与问题分析 …… 187
第二节 中国"一带一路"的投资和贸易现状分析 …… 192
第三节 "一带一路"建设中跨区域产能合作机制 …… 199
第四节 沿"一带一路""走出去"的国际产能合作路径 …… 202
第五节 "一带一路"建设中的产融合作与产能合作 …… 205

**第十二章 推进江苏省开放高质量发展研究 …… 211**
第一节 平衡和充分：江苏省发展高质量开放型经济的基本特征和方向 …… 211
第二节 匹配性升级：江苏省发展高质量开放型经济所需要的要素条件 …… 217
第三节 改革和开放：江苏省实现高质量开放型经济发展的必由之路 …… 221

## 第五篇　经济高质量发展案例

第十三章　中小企业发展指数研究 …… 229
第一节　中小企业发展基本特征 …… 230
第二节　中小企业发展指数的构建 …… 233
第三节　中小企业发展总指数分析 …… 238
第四节　中小企业分项发展指数分析 …… 244
第五节　结论与政策建议 …… 249

第十四章　江苏省高质量发展水平测度研究 …… 253
第一节　构建江苏省高质量发展指标体系的思路 …… 253
第二节　江苏省高质量发展测度及评价 …… 258
第三节　结论与建议 …… 266

第十五章　深化对标找差　推进南京市高质量发展 …… 268
第一节　以高质量发展的要求深化对标找差 …… 268
第二节　制约南京市高质量发展的因素分析 …… 274
第三节　南京市高质量发展的着力点 …… 276

第十六章　以更高质量的营商环境应对中美贸易摩擦
——基于江苏省进出口企业的调研 …… 279
第一节　中美贸易摩擦对企业的影响取决于多重因素 …… 279
第二节　企业正在积极化解中美贸易摩擦的不利影响 …… 280
第三节　当前企业在应对中美贸易摩擦中的相对有利因素 …… 282
第四节　企业应对中美贸易摩擦仍面临较大的风险 …… 283
第五节　当前提升营商环境、降低出口企业综合成本的对策建议 …… 284

参考文献 …… 286

# 总　论

# 建设高质量发展的现代经济体系

# 第一章 新时代“四化同步”的社会主义现代化道路

现代化是当代发展中国家的共同目标，但各个国家现代化的进程参差不齐。成功地进行现代化的社会，具有许多相同的特征。中国的现代化折射出其诸多共性，反映现代化过程中的一般性规律。但是，每个国家都有自己的国情和文化，各自的现代化道路也有自己的特色。中国作为处于社会主义初级阶段的发展中国家，尊重现代化的一般性规律，但是，作为一个发展阶段、政治制度、经济体制和文化背景迥异于西方国家，中国现代化历程不可能是西方现代化的“翻版”，必然渗透着本民族的张力和“中国特色”。中国特色，不仅体现在现代化的内涵创新上，也体现在现代化的道路选择上。

## 第一节 已有的研究

“现代化”这一概念在经济学以外的社会科学学科中使用较多，而在规范的经济学著作中用得较少。在现代增长经济学和发展经济学中，常常用“现代经济增长”“起飞”“经济成长阶段”“发展”等概念来描述现代化及其进程。

从历史学的角度来定义“现代化”，指的是发达国家所经历的从传统到现代、从不发达到发达的历史过程。具体地说，是指人类社会从传统的农业社会向现代工业社会转变的历史过程。根据此定义，在相当长的时期中，人们把现代化等同于工业化过程。而在现代，西方发达国家的经济水平进入了信息化阶段，因此有人把现代化分为工业化和信息化两个阶段。

从社会学的角度定义“现代化”，指的是在科技革命推动下社会已经和正在发生的转变过程；不仅涉及经济，还涉及政治、社会、文化、心理等方面的变化。最为典型的是美国社会学家英克尔斯（Alex Inkeles）依据对几个现代化国家的实证分析，概括出了10项现代化水平指标：（1）人均GNP（国民生产总值）在3 000美元以上；（2）农业增加值在GNP中占12%—15%；（3）第三产业在GDP（国内生产总值）中占45%以上；（4）非农业就业人口在总就业人口中占70%以上；（5）识字人口占总人口的30%以上；（6）适龄青年接受高等教育的人数占10%以上；（7）城市人口占总人口的50%以上；（8）平均每个医生服务的人口在100人以下；（9）平均寿命在70岁以上；（10）人口自然增长率在1%以下。这些指标虽然对后起的发展中国家推进现代化有一定的参考价值，但随着经济和社会的发展，这些指标越来越不能准确而全面地反映当今的现代化水平。

经济学对"现代化"的研究并不完全关注其结果的评价指标，更为关注其进程和发展战略。我们可以从罗斯托（W. W. Rostow）的经济成长理论和库兹涅茨（S. S. Kuznets）的现代经济增长理论中得到说明。

诺贝尔经济学奖1971年度获得者库兹涅茨没有直接使用"现代化"的概念，而是用了"现代经济增长阶段"的概念。他在考察欧美发达国家近百年经济发展进程的基础上，把对"现代经济增长阶段"的发展程度概括为"巨大的结构性变化"。其内容包括：产品的来源和资源的去处从农业活动转向非农业生产活动，即工业化过程；城市和乡村之间的人口比例发生了变化，即城市化过程；一国之中各个集团的相对经济地位发生了变化；产品在居民消费、资本形成、政府消费之间的分配发生了变化。他也注意到，在现代经济增长的进程中，技术、社会和时代精神变化之间的相互关系显得特别重要。没有社会制度上的变革，就不可能产生科学在技术上的应用。

美国经济学家罗斯托的经济成长阶段论直接使用了"经济现代化"的概念。他界定：一个国家从贫穷走向富有，从传统走向现代，分为6个阶段：（1）传统社会；（2）为起飞创造条件的阶段；（3）起飞阶段；（4）向成熟推进阶段；（5）高额群众消费阶段；（6）追求生活质量阶段。其中，起飞阶段是传统社会与现代社会的分水岭。① 从我国的实践看，全面小康社会建成就相当于实现经济起飞。现代化则相当于(4)—(6)阶段。因此，进入现代化阶段就有3个重要特征：例如，向成熟推进阶段是指现代技术在各个经济领域中广泛使用，实现经济长时期的持续的增长。高额群众消费阶段是指资源越来越倾向于被引导到耐用消费品的生产和大众化服务的普及。追求生活质量阶段涉及自然（居民生活环境的美化和净化）和社会（教育、卫生保健、交通、

① 罗斯托：《经济增长的阶段》，中国社会科学出版社2001年版，第4页。

生活服务、社会风尚、社会秩序）两个方面：一方面，与医疗、教育、文化娱乐、旅游有关的服务部门加速发展，成为主导部门；另一方面，认真处理和解决环境污染、城市交通拥挤和人口过密等问题。这三个阶段的特征可以说是现代化阶段的一般标志。

联合国开发计划署编制的人类发展指数从健康长寿、教育水平以及体面生活三大维度衡量经济社会发展水平：

健康长寿（寿命指数），用 40 岁以前死亡的人的百分比来测定。

教育水平（受教育年限），用有读写能力的成人的百分比来测定。

体面生活（收入指数），用获得医疗服务的百分比、获得安全饮用水的居民的百分比、5 岁以下营养不良的幼儿的百分比来测定。

根据人类发展指数的大小，将世界经济体分为 4 类：极高人类发展指数经济体；高人类发展指数经济体；中等人类发展指数经济体；低人类发展指数经济体。这意味着现代化水平可以以人类发展指数来衡量。

1987 年，邓小平在部署中国现代化建设发展战略所明确的中国基本实现现代化的标准，不仅要求人均 GDP 达到中等发达国家水平，还要求人民生活比较富裕。

## 第二节　现代化的新时代特性

党的十九大明确提出我国在全面建成小康社会的基础上，分两步走在 21 世纪中叶建成富强民主文明和谐美丽的社会主义现代化强国。中国特色社会主义进入新时代后推进的现代化，既要体现社会主义的要求，也要反映中国进入新时代后的经济特征，走中国特色社会主义的现代化道路。中国进入新时代后推进的现代化的特性主要涉及以下 4 个方面：

1. 现代化的社会主义定位。当前世界上有一批现代化国家，都是资本主义发达国家。中国的现代化是否就是仿效这些国家的现代化呢？许多关于后现代化的文献都在批判这些国家在贫富分化等方面的“现代化病”。接受现代化先行国家的教训。中国推进的社会主义现代化一开始就要明确以人民为中心的定位。必须坚持以人民为中心的发展思想，不断促进人的全面发展、全体人民共同富裕。归结起来就是要以人民的获得感来衡量现代化的水准。

以人民为中心的现代化定位表现在 3 个方面。首先，现代化以提高人民福祉为标准。人民对美好生活的需要不仅仅看收入，还有文化、精神、健康、生态等多方面的需求。基本实现现代化是要使人民生活更为宽裕，而到全面现代化时人民生活更加幸福安康。其次，现代化注重人的现代化，也就是人的全面发展。目标是文明程度的提高。相应的需要医疗、文化、教育等发展水平的现代化，满足人民对文化、精神、健康、生态等多方面的现代化需求。最后，共同富裕本来就是社会主义的本质要求，理应成为中国特色社会主义现代化的主要特征。基本实现现代化阶段，城乡区域发展差距和居民生活水平差距显著缩小，而到全面现代化阶段，全体人民共同富裕基本实现。显然，社会主义现代化是共同富裕逐步实现的过程。

2. 现代化的起点定位。根据“两个一百年”的奋斗目标，现代化是在第一个目标即小康社会全面建成的基础上推进的。全面建成的小康社会就成为现代化的起点。在这个起点上，社会生产力水平总体上显著提高，人民群众即将全面摆脱贫困。相应地，我国长期存在的人民日益增长的物质文化需要同落后的社会生产之间的矛盾基本上得到解决。在此背景下推进的现代化是要解决新起点上的新矛盾，也就是新时代我国社会主要矛盾：人民日益增长的美好生活需要和不平衡不充分的发展之间的矛盾。新时代主要矛盾的主要方面是不平衡不充分的发展。这就表明新时代社会主义现代化的着力点是解决发展的不充分不平衡问题，涉及供给侧的效率和结构问题。

3. 现代化目标的定位。“现代化”并不是新名词。在相当长时期中是用来描述发达国家现代增长的历史进程的。已有的现代化理论，将经济文化相对落后的发展中国家的现代化定义为追赶先行现代化国家的过程。发达国家所达到的现代化水平和走过的道路也成为发展中国家现代化的样板。现在需要进一步研究的是这个“现代化”定义是否适合我国进入新时代后的发展实际。当我国进入新时代时，必须考虑到，经过全面小康社会建设，社会生产能力显著提高，在很多方面进入世界前列，尤其是在科技方面与发达国家不只是跟跑，进入了并跑和领跑的阶段。这意味着我国的现代化不只是在发达国家之后追赶，更是赶超。就是说，在现代化进程中虽然包含对发达国家的学习和追赶，但最终是要赶超发达国家。尤其是我国明确的建成富强民主文明和谐美丽的社会主义现代化强国的目标。这个定位就有别于甚至高于发达国家的现代化水平。基于赶超目标，新时代的现代化需要破除一个传统的现代化观念，即所谓的后发优势观念，依靠模仿、引进和采用先行国家创新的现代科学技术来推进现代化。实践证明，这种追赶模式的现代化虽然能跟上先行国家的步伐，但不可能进入国际前沿，也谈不上真正的现代化。新时代提出的现代化，不是停留在追赶发达国家的现代化，而是突出创新赶超发达国家。只有这样，才能真正实现在21世纪中叶建成社会主义现代化强国的目标。

4. 现代化道路定位。我们要建设的现代化是人与自然和谐共生的现代化。西方发达国家当年推进现代化时资源环境的供给相对宽松，先行国家可以无所顾忌、无障碍地高排放并掠夺国外资源来支持其粗放方式的工业化。就是习近平所说的，“人类社会在生产力落后、物质生活贫困的时期，由于对生态系统没有大的破坏，人类社会延续了几千年。而从工业文明开始到现在仅三百多年，人类社会巨大的生产力创造了少数发达国家的西方式现代化，但已威胁到人类的生存和地球生物的延续”。① 我国是在生态文明时代推进现代化，已经没有先行国家当时那种资源、环境。另外，长期的粗放型发展方式及过度开发所遗留的环境和生态破坏问题在全面小康阶段不可能完全解决，必须在推进现代化阶段从根本上解决。因此，我国新时代的现代化不能走西方国家走过的浪费和掠夺资源的现代化道路，绿色发展是社会主义现代化的鲜明特征。一开始就要防止和克服其“现代化病”，就要有生态文明的目标。蓝天白云、青山绿水是老百姓能够切身感受到的现代化水平。生态财富同物质财富一样重要。不仅需要走低消耗、低排放的文明发展道路，还要创造更多的生态财富，这是社会主义现代化与西方国家现代化的根本区别。

## 第三节　新型工业现代化、信息化、城镇现代化和农业现代化的同步

中国的现代化涉及经济、社会、文化各个方面，但现代化需要以经济现代化作为基础和先导，然后渐次拓展。马克思当年设想：只有生产力发展了，才能给所有的人腾出时间，并创造出手段，使个人在艺术、科学等方面得到发展。② 而我国全面小康社会建成则意味着人民的物质富裕问题基本解决，所要推进的现代化进程需要由经济向政治、生态、社会多个维度延伸，解决人民的精神富裕，并且增进人民的生态财富。

就经济现代化来说，过去有工业、农业、科技和国防“四个现代化”之说。从经济发展的进程分析，所有现代工业和落后农业并存的二元结构国家

① 习近平：《之江新语》，浙江人民出版社2013年，第119页。

② 《马克思恩格斯全集》第46卷（下），人民出版社1980年版，第218—219页。

的现代化基本上都是由工业化、城市化和改造传统农业起步的。但对广大的发展中国家来说，现代化不仅包括工业化，同时还包括农业和其他行业的现代化。因此，我国在全面小康社会建设阶段提出了新型工业化、信息化、城镇化、农业现代化“四化同步”的现代化要求。而当我国开启现代化进程后，对这四个方面的现代化应该有更高的要求。新型工业化需要提升为新型工业现代化，城镇化提升为城镇现代化，信息化和农业现代化名称上不变，但其内涵也需要提升。因此，新时代的现代化是新型工业现代化、城镇现代化、信息化和农业现代化的“四化同步”的现代化。其中，每一个方面的现代化都带有新时代的特征。

第一，新型工业现代化。在全面小康社会建设阶段提新型工业化是基于农业比重过大，工业化任务没有完成的现状。当前传统意义的工业化任务实际上基本完成了。GDP 中的农业增加值比重，2010 年降到 10.1%，2017 年降到 7.9%；制造业增加值比重 2010 年为 46.67%，2017 年为 40.5%。这意味着传统意义上的降低农业比重的工业化任务基本上已经完成。不仅如此，现代化要求服务业尤其是现代服务业比重需要进一步提高。许多发达国家的服务业比重都已达到 70% 左右，而我国 2017 年才达 51.6%。进入新时代，推进工业化不是指工业比重继续增大的问题。进一步说，应该在此基础上提出工业现代化的目标。即使是在工业化任务没有完成的经济落后地区，提出工业现代化，不但不妨碍其继续推进工业化进程，而且可以要求其直接发展现代工业。新时代推进的工业现代化，即新型工业现代化有如下要求：一是低消耗、低排放的绿色工业化；二是制造业的高科技化，发展以信息化、智能化为标志的先进制造业，形成以先进制造业为主体的现代工业结构，培育若干世界级先进制造业集群；三是产业迈上全球价值链中高端。

第二，信息化进入国际前沿。信息化就是当今的科技现代化。在现代，科技革命和产业革命是结合在一起的。由于我国过去落后的原因，使过去的几次推动现代化浪潮的科技和产业革命都与我国擦肩而过。当前以信息化为代表的产业革命没有结束，新科技和产业不断涌现。信息网络技术和服务正在成为经济发展的主要推动力，也正在使各个产业的技术基础发生革命性变化。就如杰里米·里夫金所描述的，20 世纪 90 年代和 21 世纪的前 10 年，信息与通信技术革命和第二次工业革命完成了整合；互联网信息技术与可再生能源的出现让我们迎来了第三次工业革命。① 当前我国面临的现代化关口就在

---

① 杰里米·里夫金：《第三次工业革命》，中信出版社 2012 年版，第 15 页、第 31 页。

于不能与正在兴起的新科技和产业革命失之交臂。尤其是掌握信息化最前沿的科技，根据20国集团国际经济合作论坛（G20）杭州峰会通过的创新增长蓝图，当今世界前沿的信息化有两个方向：一是针对制造业的信息化，工业革命为推动中长期经济增长提供了新机遇。物联网、大数据、云计算、人工智能、机器人、增材制造、新材料、增强现实、纳米技术和生物技术等新兴技术取得重大进展。二是针对服务业的信息化，在互联网经济时代，数字经济是指以信息和知识的数字化为关键生产要素，以现代信息网络为重要载体、以有效利用信息通信技术为提升效率和优化经济结构重要动力的广泛经济活动。[①] 现代化不仅要求我国的信息化进入世界前沿，还要求推动互联网、大数据和人工智能与实体经济深度融合。

第三，城镇现代化。所有发展中国家的发展都是从城镇化起步的。我国已有的城镇化基本上属于人口城镇化和地域城镇化。农业转移人口进入城镇的城镇化率，2011年达到了51.27%，2017年达到58.52%。这意味着转移农业人口意义上的城镇化也已基本到位。进入新时代后，虽然在提高城镇转移人口的城镇化率方面还有空间，但城镇化需要提升，需要提出城镇现代化的要求：一是农民现代化，即农民市民。不仅要解决进入城镇的转移人口享受平等的市民权利，还要进一步解决留在农村的农民享受市民权利。二是城镇现代化。增强处于广大农村的城镇产业发展、公共服务、吸纳就业、人口集聚的城市功能，既可用于疏解大中城市产业和人口，又服务于乡村振兴战略，成为推进农业现代化的现代要素的集散地。因此，城镇现代化，不是农业人口向城市转移意义上的城市化，而是倒过来，推动城市发展的势头和要素“化”到农村城镇，实现城市和城镇的深度融合发展，城乡一体推进现代化。

第四，补农业现代化短板。我国农业在数亿劳动力转移出去后农业产量仍显著增加，解决了接近14亿人口的“吃饭”问题，说明农业生产率的提高。但是，相比其他领域农业仍然是弱势产业。相比工业化、信息化、城镇化，我国的农业现代化仍然是“四化同步”的短板。就如习近平同志指出的，即使将来城镇化达到70%以上，还有四五亿人在农村，农村绝不能成为荒芜的农村、留守的农村、记忆中的故园，城镇化要发展，农业现代化和新农村建设也要发展，同步发展才能相得益彰。新时代的农业现代化需要从根本上克服农业的弱势状态，改变农村的落后面貌。在党的十九大召开以后不久的中央农村工作会议上，规划了两个15年的农业现代化现代化目标：到2035

① “二十国集团创新增长蓝图”，《人民日报》，2016年9月6日。

年，乡村振兴取得决定性进展，农业农村现代化基本实现；到2050年，乡村全面振兴，农业强、农村美、农民富全面实现。农业现代化即发展现代农业，也就是党的十九大报告指出的“构建现代农业产业体系、生产体系、经营体系”，主要涉及3个方面：一是从根本上改变其落后的生产方式和经营方式，不仅要提高劳动生产率，还要提高资本和土地的生产率，并且提高全要素生产率（TFP），从而提高农民收入。二是农业发展由农产品“数量剩余”范式转向“品质和附加值”范式，发展优质、高效、高附加值农业，涉及农产品的品种优化、品质提升、农产品由初级品向最终产品的延伸，以及农业全产业链中的产品附加值提升，由此构建与居民消费快速升级相适应的高质、高效的现代化农业产业体系。这种发展范式下的农业可能改变自身的弱势地位。三是农业现代化的基本路径，就是习近平同志指出的，关键在科技进步。重视和依靠农业科技进步，走内涵式发展道路。要适时调整农业技术进步路线，加强农业科技人才队伍建设，培养新型职业农民。当然，农业现代化不仅要靠技术进步，更要靠制度创新。尤其是土地制度改革和农业经营体制改革。

第五，“四化同步”。新型工业现代化、信息化、城镇现代化和农业现代化这四个“化”不是孤立的，而是相互融合、相互促进的。新时代现代化要求“四化同步”。不仅要求补齐现代化的短板，如补齐农业现代化的短板，还要求“四化”的融合和互动。最为突出的是以下4个方面的融合：

一是农业现代化与城镇现代化的融合和互动。农业、农村和农民现代化都离不开城镇化的支持。农村现代化要求农村生活和居住环境的现代化，农民现代化要求农民市民化。农民现代化的主要内容是人的城镇化，不仅要加快农业转移人口市民化，还要进一步解决农民不进入城市就能享受平等的市民权利。

二是工业现代化与信息化融合。信息化带动工业现代化，就可以实现工业化的跨越式发展。信息化的产业特征是信息技术产业，决不意味着信息化就只是发展信息技术产业。信息化的内涵包括建立在最新信息技术基础上的产业创新。不仅要在现有产业中采用高科技，提高产业的高科技含量，更为重要的是直接发展一部分高科技产业，如微电子产业、信息产业、生物工程产业、新材料产业等。信息化没有完全摒弃传统产业，其重要功能是对传统经济的整合和改造，通过信息技术对传统产业的渗透，很多传统产业部门一跃进入信息化社会。

三是以“四化同步”的理念推动现代化，就是用新型工业现代化理念来谋划现代农业发展，促进现代工业与农业的产业对接；用城镇现代化来消解二元体制张力，促进城乡协调融合发展；利用信息化成果，改造传统产业。由此大大增强现代化的能力体系，降低现代化的成本，缩短现代化的进程。

四是各个地区现代化的优势互补。各个地区的资源禀赋、文化传统、产业结构存在很大的差异。“四化同步”不要求各地区的现代化状态千篇一律，即国家的“四化同步”的现代化指标不可能要求每个地区都同样要达到。例如，产业结构，有些地区农业比重大，有些地区工业比重大，但不影响农业比重大的地区和工业比重大的地区基本实现现代化。就像目前的发达国家中，德国的工业比重大、澳大利亚的农牧业比重大、美国的服务业比重大，但不影响他们的现代化国家地位。这就是说，工业化、城市化和服务业化这类结构性指标对不同区域是有弹性的，可选择的。明确区域现代化的选择性指标是要突出不同区域的现代化特色，不是意味着降低现代化要求。例如，尽管某个地区的农业比重较高，城市化率不是很高，但在其城市化率达到基本要求的前提下，农业现代化水平必须更高，农民的市民化程度以及享受到的城市文明程度不能降低；尽管某个地区的服务业化水平不如其他地区，制造业比重较高，但其制造业的技术水准和创新能力必须更高。这样建立在各地区强化各自优势基础上实现的全国范围的“四化同步”是更高效益的现代化。

## 第四节　建设现代化经济体系

如何启动现代化进程？过去关于现代化的讨论过于关注 GDP 的指标，在实践中往往是以抓 GDP 来推进现代化。在转向高质量发展的新时代后，现代化要由高质量发展来支持，相应的启动现代化就不是简单的规定 GDP 指标的问题，而是根据党的十九大精神，按照新发展理念，以建设现代化经济体系来推进现代化。对现代化经济体系的内涵和作用需要在现代化整体中准确定位。现代化有特定的目标和标准，现代化经济体系包括不了现代化的目标和内容，它是开启现代化的行动和路径。

根据习近平总书记 2018 年 1 月 30 日主持中央政治局集体学习时的讲话精神，现代化经济体系是由社会经济活动各个环节、各个层面、各个领域的相互关系和内在联系构成的一个有机整体。从推动现代化进程考虑，现代化经济体系可以概括为 3 个方面：一是现代化的支撑系统，包括创新引领、协同发展的产业体系，彰显优势、协调联动的城乡区域发展体系，资源节约、环境友好的绿色发展体系。它要求在产业、城乡、区域、生态方面推动现代化。二是现代化的动力系统，包括体现效率、促进公平的收入分配体系，多元平衡、安全高效的全面开放体系。三是现代化的国家治理系统。包括统一开放、竞争有序的市场体系，充分发挥市场作用、更好发挥政府作用的经济体制。显然，建设现代化经济体系是开启现代化的行动。这是高质量开启现代化建设新征程的关键性战略安排，可以为整个现代化建设进程奠定坚实的基础。

## 一、建设现代化的支撑系统

根据党的十九大关于建设富强民主文明和谐美丽的社会主义现代化强国的蓝图，我国的现代化需要产业、区域和生态三足鼎立来支撑。

### （一）现代化的产业体系

观察发达国家三次现代化的浪潮，每次现代化浪潮都是由产业革命或科技革命推动的。我国之所以在经济和文化上长期落后，重要原因是几次直接影响世界现代化进程的产业革命都没有产生在中国，因而没有搭上现代化的列车。我国进入新时代后开启现代化进程，关键是抓住以信息化为标志的新科技和产业革命的机遇，建设现代产业体系。不仅包括发展体现现代水平的新兴产业，也包括采用信息化最新成果的各类产业，也就是互联网、大数据和智能化与实体经济深度融合的产业。现代化产业体系的建设，归根到底是实体经济的发展，实体经济的发展需要科技创新、现代金融、人力资源协同发展。

所谓创新引领，核心是科技创新，要求科技创新在实体经济发展中的贡献份额不断提高，以科技创新引领产业创新。就如习近平指出："现代以来，西方国家之所以能称雄世界，一个重要原因就是掌握了高端科技。真正的核心技术是买不来的。正所谓'国之利器，不可以示人'。只有拥有强大的科技创新能力，才能提高我国国际竞争力。"

所谓现代金融同实体经济的协同，指的是现代金融服务实体经济的能力不断增强。银行和金融市场的现代化必须同产业体系现代化协同。其主要表现为：一是发展多层次现代资本市场，为企业以"去杠杆"为内容的融资结构调整提供空间。二是适应科技创新要求，发展科技金融，为科技创新和创业提供灵活充分的风险投资。三是建立完善的金融监管和调控机制，有效防止系统性金融风险。

所谓人力资源同实体经济协同，就是要求人力资源支撑实体经济发展的作用不断优化。如果说科学技术是第一生产力，那么人才就是现代化的第一要素。其中，不仅包括高端科技人才，也包括高端创业和管理人才，甚至包括特殊技能的工匠。因此，人力资本投资成为创新投资的重点。实体经济和人力资源的协同涉及3个方面：一是突出发展更多需要人力资本服务的知识密集型产业领域。二是培育企业家人力资本，激发和保护企业家精神。三是在集聚高端创新创业人才的同时培育知识型、技能型、创新型劳动者大军。

### （二）现代化的城乡区域体系

现代化的城乡区域体系是针对我国不平衡城乡区域结构提出来的。现代化要求是，一方面，彰显城市和发达地区的优势；另一方面，城乡区域协调联动发展。

就城乡关系来说，城市是现代化的中心。城市和农村都实现现代化，才是现代化国家。所有国家的现代化过程都会经历农业剩余劳动力转移的城市化过程。虽然城市化过程能够提升农业和农村的发展水平，但城乡差距会进一步扩大。因此，建设现代化的城乡体系，需要推进乡村振兴战略，其基本路径是城乡发展深度融合。如果说城市化是农业生产要素进入城市的话，那么乡村振兴则需要城市现代化要素进入农村，实现农村基础设施和公共服务现代化。这就需要通过工业反哺农业、城市反哺农村的路径提升农业和农村的现代化水平。农民的现代化不仅需要进入城市的转移人口城市化，享受平等的市民权利，同时也要求不进入城市的农民享受平等的市民权利。其引导性路径是基本公共服务城乡均等化，尤其是农民和城市居民享受平等的优质教育和医疗服务。

就区域关系来说，在我国这样一个幅员辽阔，各区域经济社会发展很不平衡的国家，无论是小康社会建设还是现代化建设都不可能是“齐步走”的过程，必然存在有先有后的过程，现代化的势头总是从核心区逐步向周边辐射和传导的，逐步扩大实现现代化的区域。因此，建设现代化区域体系涉及以下方面：首先，针对尚未达到全面小康水平的经济相对落后的地区着力推进脱贫攻坚，使其同全国其他地区一道进入现代化的起点，共同开启现代化进程。其次，经济发达地区在现代化建设中继续走在前列，彰显优势，为全国的现代化探路。再次，各地区的资源禀赋、文化传统、产业结构存在很大差异。现代化的区域体系要反映各地区的比较优势，从而形成各自的现代化特色。最后，根据协调发展的要求，现代化进程中先发地区和后发地区需要联动发展。虽然允许一部分地区在现代化进程中走得更快，但不能孤军深入，尤其要持续关注后发地区，与后发地区良性互动，融合发展。

### （三）现代化的绿色发展体系

现代化的绿色发展体系的基本特征是资源节约、环境友好。党的十九大报告指出的，我国要建设的现代化是人与自然和谐共生的现代化。围绕建设现代化的绿色发展体系推进现代化，既要创造更多物质财富和精神财富以满足人民日益增长的美好生活需要，也要提供更多优质的生态产品以满足人民日益增长的优美生态环境需要。生态财富同物质财富一样重要。现代化的绿色发展体系就如习近平总书记指出的："要从转变经济发展方式、环境污染综合治理、自然生态保护修复、资源节约集约利用、完善生态文明制度体系等方面采取超常举措，全方位、全地域、全过程开展生态环境保护。"① 具体涉及：第一，由资源高消耗、环境强污染和废弃物高排放转向绿色循环低碳型经济。第二，大力发展绿色技术，通过技术创新驱动绿色发展。第三，发展绿色产业，建立健全绿色低碳循环发展的经济体系。第四，倡导简约适度、绿色低碳的生活方式，促进人与自然和谐相处。

## 二、建设现代化的动力系统

现代化的动力来自于两个方面：一是由经济利益产生的内在动力，与收入分配体系相关。二是由对外开放带来的外源动力。

### （一）现代化的收入分配体系

现代化的重要标志是居民收入普遍较大幅度提高并且收入差距明显缩小。就如诺贝尔经济学奖得主斯蒂格利茨所说，"在一些不公平程度很高的情况下，它降低了经济效率……然而在其他情况下，不公平却可以加强经济效率"。② 发达国家现代化的进程中大都出现了贫富两极分化的"现代化病"。其表现就如库兹涅茨指出的，城市化造成的生活条件的变化，即从乡村迁往城市，要承受巨大的损失；学习新的技能并失去过去所掌握技能的价值，是一种浪费；结构调整会使农民、小生产者和土地所有者地位下降；现代化会

---

① 习近平："扎扎实实做好改革发展稳定各项工作 为党的十九大胜利召开营造良好环境"，《人民日报》，2017 年 6 月 24 日第 1 版。

② 斯蒂格利茨：《社会主义向何处去》，吉林人民出版社 1998 年版，第 54 页。

导致利益结构的调整，一些群体过去存在的相对地位如果持续地处于动荡中，便孕育着冲突；等等。[①]

接受现代化先行国家的教训。我国推进的社会主义现代化一开始就要明确以人民为中心的定位，在脱贫攻坚任务基本完成基础上建设体现效率、促进公平的收入分配体系，主要涉及以下两个方面：一是建立以效率为基础的分配体系，以做大“蛋糕”。既要坚持按劳分配为主体，又要完善按要素分配。充分动员和激励各种创造财富的要素参与到现代化进程中。二是建立促进公平的分配体系。为分好“蛋糕”，需要在收入分配体系中建立促进公平分配的机制，不仅要求再分配更体现公平，还要求在初次分配中就处理好公平和效率的关系。现代化收入分配体系是上述两个方面的有机结合。体现公平原则的按劳分配和按要素分配能够保障效率的提高。可能产生的收入差距扩大则需要用体现公平正义要求的法律规范、税收，国民收入再分配和基本公共服务均等化等途径来解决，并由此建立兼顾公平与效率的收入分配制度。

### （二）现代化的开放体系

对外开放是发展中国家现代化的必由之路，既要利用国际国内两个资源、两个市场，又要获取国际科技创新的资源，进行开放式创新，这是现代化的外源动力。就如习近平指出的，过去 40 年我国经济发展是在开放条件下取得的，未来我国经济实现高质量发展也必须在更加开放的条件下进行。开放型经济进入了新时代，所要建立的现代化开放体系需要体现多元平衡、安全高效的全面开放要求，朝着优化结构、拓展深度、提高效益方向转变，从而建立高质量的开放型经济体系。

在已有开放基础上，现代化开放体系的主要表现是：第一，开放战略坚持“引进来”和“走出去”并重。第二，服从于创新驱动发展战略，引进国外要素的着力点将转向创新要素，进行开放式创新。第三，参与全球化分工既要发挥比较优势，更要培育竞争优势。第四，在产品内国际分工背景下，重视我国产业在全球价值链地位的提升，争取在价值链中的主导地位，并且依托核心技术建立以我国产业为主的全球价值链。第五，各个产业全方位开放，尤其是服务业的对外开放。第六，推进与“一带一路”沿线国家合作，加快向西开放步伐，推动内陆沿边地区成为开放前沿。归结起来，就是在更大范围、更宽领域、更深层次上提高开放型经济水平。

---

① 库兹涅茨：“现代经济增长”，《比较现代化》，第 280 页。

## 三、建设现代化的国家治理系统

现代化的制度基础是国家治理体系现代化。改革开放以来，我国已经建立了系统的支持发展的经济制度。新时代的现代化需要进一步完善社会主义市场经济体制，构建市场机制有效、微观主体有活力、宏观调控有度的经济体制，不断增强我国经济创新力和竞争力。

### （一）现代化的市场体系

所有现代化的国家都是在市场经济条件下实现现代化的。社会主义市场经济是社会主义现代化的制度保障。基本特征是市场决定资源配置。依据市场规则、市场价格、市场竞争配置资源有两大功能：优胜劣汰的选择机制和奖惩分明的激励机制，由此实现效益最大化和效率最优化。在现实中并不是所有市场都具有这种功能的，只有在市场经济发展到现代阶段，并具有了如下特征，市场机制才具有这种功能：（1）市场结构完备，生产要素和产品流动无障碍。（2）市场竞争充分并有规范。（3）市场调节信号完善并准确。（4）市场活动有较高的组织化程度。党的十九大对完善市场机制提出的要求是“要素自由流动、价格反应灵活、竞争公平有序、企业优胜劣汰”，这是现代化市场体系的标志。

习近平指出：“我国社会主义市场经济体制已经初步建立，但仍存在不少问题。”[①] 我国目前的市场与现代市场的差距表明了建设现代化市场体系的内容：第一，有效的产权制度。第二，以法治和信用为基础的营商环境。第三，完备而统一的市场体系。第四，完善的市场机制作用。第五，规范的市场秩序。

### （二）现代化的政府调控体系

在社会主义市场经济体制中，市场决定资源配置和更好发挥政府作用是个整体。西方发达国家是在市场失灵后发挥政府作用，而在社会主义市场经济中的政府不仅仅是克服市场失灵。主要有3方面要求：第一，作为社会主义国家，市场经济的运行需要贯彻社会主义的要求，如公平正义的要求、国

① 中共中央文献研究室编：《习近平关于社会主义经济建设论述摘编》，中央文献出版社2017年版，第51—52页。

民经济计划要求（尽管是指导性的）。尤其是基本公共服务城乡、区域的均等化。第二，作为发展中国家面临着紧迫的经济发展任务。尤其是制约发展的经济结构问题不仅在于其失衡，而且尤为突出的是处于低度水准。需要政府有重点地扶持主导产业和高新技术产业的发展，增强国家竞争力。第三，发展中国家市场的发育程度和完善程度都远远落后于发达国家。政府要采取有效的措施培育市场。当然，政府的这些职能会随着经济的发达程度和市场的发育程度的提高而逐步减少，直至市场发育成熟，政府得以退出这一过程。

基于政府在现代化中的上述任务，更好发挥政府作用要在明确政府的职责和作用基础上进行科学的宏观调控，有效的政府治理。政府宏观调控的科学性要求 3 方面建设：第一，政府需要转型。由经济建设型政府转向执行“经济调节、市场监管、社会管理和公共服务”职能的政府。第二，政府转向法治政府。第三，在突出财政、货币和产业政策的调控作用的同时，明确宏观经济的合理区间，在宏观经济处在合理区间时，避免宏观调控对经济过度干预，体现宏观政策的稳定性，给市场自主地配置资源留出更多的空间。这就有效地保证了资源配置的效率，从而保证宏观经济的高质量运行。

总的来说，现代化经济体系的各方面是有机整体，建设现代化经济体系关键在建设。在推进现代化时对各方面的体系需要一体建设、整体推进。

## 第五节　创新是新时代现代化的第一动力

如果说产业现代化是现代化的支柱，那么科技现代化是现代化的先导，创新就是现代化的第一动力。研究新时代的现代化首先需要破除一个传统的现代化观念，即经济文化相对落后的发展中国家的现代化是追赶先行现代化国家的过程。相应的后发国家现代化的优势被归结为后发优势，即模仿、引进和采用先行国家创新的现代科学技术的优势。实践证明，这种追赶模式的现代化虽然能跟上先行国家，但不可能进入国际前沿，也谈不上现代化。这就是说，对发展中国家来说，初期推进的现代化确实需要追赶，但在其发展进程中，不能永远是追赶，到一定阶段需要提出赶超目标。只有明确赶超目标，我国才能真正实现在 21 世纪中叶建成社会主义现代化强国的目标。

### 一、科技创新是现代化的先导

从现代化历史可以发现，现有的实现现代化的发达国家并非都是跟在现行现代化国家后亦步亦趋实现现代化的。只要抓住最新科技和产业革命的机会就能一跃跨入现代化国家的行列。现在以信息化为代表的第三次产业革命方兴未艾，产生了互联网、大数据、人工智能、智能化和数字经济等新科技和新产业。我国新时代的现代化搭上新科技和产业革命的快车就可能在现代化上实现跨越。这就是习近平所说的，以信息化培育新动能，以新动能推动新发展。因此，我国的社会主义现代化的动力就是创新，就在于以信息化的最新成果来驱动现代化。正因为如此，党的十九大确定的现代化蓝图明确创新是引领发展的第一动力，是建设现代化经济体系的战略支撑。另外，把创新型国家建设放在重要位置：2020 年建成创新型国家，2035 年跻身创新型国家前列，2050 年成为世界科技强国。

新时代现代化的内涵由追赶改为赶超，就把创新作为现代化第一动力的作用突出出来了。只有创新才能引领发展，引领现代化。科技创新有跟跑、并跑和领跑 3 个层次。跟跑就是模仿、引进采用发达国家的技术，不可否认，在现代化的初期，模仿和引进是不可缺少的。但在发达国家后面跟跑会永远落在后面，不可能实现现代化。尤其是高端技术是买不来的，需要立足于自主创新。因此，要实现现代化，科技创新必须进入并跑和领跑的层次。与发达国家并跑，就是进入同一起跑线。就如诺贝尔经济学奖得主库兹涅茨所指出的，科技和产业的“时代划分是以许多国家所共有的创造发明为依据的。这是现代经济增长的一条特殊真理”。[①] 在同一起跑线上，即发达国家研发和采用的新科技和产业技术也是我国需要研发和采用的。就是说，你研发新能源我也研发新能源；你研发新材料我也研发新材料；你研发人工智能我也研发人工智能。现代化的更高层次是领跑。既然我国新时代的现代化具有赶超发达国家的特性，创新的科技就要处于国际前沿。没有进入国际前沿的创新，就谈不上赶超意义上的现代化。

核心技术是国之重器。领跑的前沿科技来自于基础研究。正因为如此，党的十九大报告对基础研究极为重视，要求瞄准世界科技前沿，强化基础研究，实现前瞻性基础研究、引领性原创成果重大突破。加强应用基础研究，拓展实施国家重大科技项目，突出关键共性技术、前沿引领技术、现代工程技术、颠覆性技术创新，为建设科技强国、质量强国、航天强国、网络强国、交通强国、数字中国、智慧社会提供有力支撑。按此要求，大学及科研机构科学家从事的基础研究不能单凭个人的爱好和兴趣，需要以创新核心技术为导向。

---

① 库兹涅茨：《现代经济增长》，北京经济学院出版社 1989 年，第 250 页、第 251 页。

## 二、科技创新与产业创新的衔接

对现代化来说，科技是先导，产业是支柱，两者不可分。尤其是新科技革命和新产业革命是交织在一起的。这意味着新时代现代化所需要的创新不仅仅需要科技创新，还需要产业创新。但目前两者的国际差距是不对称的。一方面，我国以科研论文、申请专利等指标衡量的基础研究水平已经进入世界前列，不仅与发达国家进入同一起跑线，而且在许多领域具有了领跑能力；另一方面，我国产业水准与国际差距较大，就如习近平指出的，“我国关键核心技术受制于人的局面尚未根本改变，创造新产业、引领未来发展的科技储备远远不够，产业还处于全球价值链中低端”①，依靠劳动和土地等资源禀赋，处于全球价值链低端环节，不仅附加值低，而且受制于人。很显然，我国的经济发展不充分、不平衡的问题很大程度出在产业水准上，因此新时代现代化必须着力于产业创新，使产业水准赶超发达国家。尤其是发展被称为“新经济”的战略性新兴产业：一是反映新工业革命标志的高端产业。如智能制造、机器人、新能源、新材料、环保产业、生物技术等。二是体现于传统产业与服务业的互联网经济与数字经济。与此同时依靠创新掌握核心技术推动产业迈入全球价值链中高端。

基于创新对现代化的动力作用，以及科技创新水准与产业水准不对称的国际差距，完善包括知识创新和技术创新在内的国家创新体系就成为现代化经济体系的核心部分。既要通过科技体制改革，着力创新核心技术的基础研究，又要如习近平总书记所要求的，打通从科技强到产业强、经济强、国家强的通道，解决好从“科学”到“技术”的转化，建立有利于出创新成果、创新成果产业化的机制。

## 三、完善创新链

从科技创新到产业创新的创新链包括基础研究、孵化新技术、采用新技术和高新技术产业化 4 个阶段，与此相应，根据现代化要求完善创新驱动机制主要涉及以下方面。

第一，重视并引导基础研究，当今世界，技术进步更多来源于科学的新

① 《习近平谈治国理政》第 2 卷，外文出版社 2017 年版第 203 页。

发现，产业创新需要基础研究提供核心技术。产业进入全球价值链中高端也需要掌握核心技术。习近平说，核心技术是国之重器。什么是核心技术？一是基础技术、通用技术。二是非对称技术、“杀手锏”技术。三是前沿技术、颠覆性技术。当前所关注的新科技和产业革命是以智能化、信息化为核心，以大数据、云计算、人工智能等前沿技术为代表的，所有的产业革命都是直接以科技革命为基础。因此，创新阶段上延到发现新技术的基础研究（知识创新）阶段。国家创新体系建设尤其要重视基础研究，引导从事基础研究的研究型大学的科研方向“顶天立地”。“顶天”就是要瞄准世界科技前沿出世界一流的成果，“立地”就是要围绕国家重大发展目标为产业创新提供原创性、颠覆性的核心技术。另外，由于基础研究成果国际转移的障碍小于新技术转移的障碍，基础研究可以利用全球创新资源，进行开放式创新，从而为企业提供国际最前沿的新产业技术。

第二，协调产学研，构建产学研深度融合的技术创新体系。当前科学发现到生产上应用（尤其是产业创新）几乎是同时进行的。最新的科学发现成果迅速转化为新技术的主要原因是科学家进入孵化新技术领域。产学研协同创新是科技和产业创新最有效的对接方式。党的十九大报告要求深化科技体制改革，建立以企业为主体、市场为导向、产学研深度融合的技术创新体系。构建大学与企业共建协同创新平台，既要求科技体制改革，推动科学家进入孵化新技术平台，又要求企业成为构建创新平台的主体。产学研协同创新不是一般的大学与企业机构之间的合作，而是功能的协同。“产”指的是产业发展，涉及企业和风险投资；“学”指的是人才培养，为新产业提供人才；“研”指的是科学研究，涉及大学和科研机构。产学研协同各方共同介入研发平台。高校科学家都能参与新技术研发，其基础研究成果顺畅进入，在研发平台上源源不断开发新技术，进入平台的企业及时采用新技术。协同创新有两个导向：一是市场导向，解决创新产业的商业价值。二是科技水平导向，解决创新产业的先进性。在产学研协同创新平台上，各方有各自的目标和标准，深度融合就需要协调产学研各方，实现互利共赢。企业的目标是从创新技术的应用中获取商业利益；大学的目标是追求科技水平及其成果价值，为延续科学研究获取资金投入，充分实现其科学研究的价值。企业作为创新成果商业利益的获得者，理应成为产学研协同创新平台的投资主体，为吸引大学和科学家进入创新平台，需要提供充分的延伸研究的资金和相关的条件，保障参与创新的科技人员按贡献分享创新收益：分享创新技术的知识产权，并依知识产权分享创新收益。根据成功的经验，产学研融合需要政府介入。

政府对产学研平台起黏合剂作用，其中包括引导建设多种形式的协同创新载体和平台。

第三，鼓励融合科技创新的科技创业，推动高新技术产业化。科技创新的最终目标是创新产业，实现高新技术产业化。党的十九大报告提出，加快发展先进制造业，支持传统产业优化升级，加快发展现代服务业，促进我国产业迈向全球价值链中高端，培育若干世界级先进制造业集群。这些方面都要求科技创新成果实现产业化，其必要途径是科技创业。科技创业涉及参与产学研协同创新的企业将创新成果产业化，科技人员带着创新成果创业。十九大报告明确鼓励更多社会主体投身创新创业，也就是大众创业万众创新。当然这不是指人人都去创办企业，而是指大众各尽所能参与创新创业，涉及：有创新思想的人士提出创意，不同投资主体参与风险投资，不同生产商参与转化，甚至包括终端客户的评价、体验和学习。一般说来，只有科技创业成功才能推动产业创新，实现高新技术产业化。将创新融入科技创业意味着科技创业就是不断创新的过程，不仅要对创新成果进行适应市场的改良性创新，还要进行商业模式的创新。

科技创业成功的关键是创业者成为科技企业家。科技企业家不仅具有一般企业家的精神和素质，还有科学家的素养和视野。科技创业具有长期行为。风险资本在初创成功可能退出，但科技企业家不能就此退出，还要继续经营企业。其长期行为在不间断地进行创新，不仅把创新成果推向市场，还要实现产业化，以充分实现创新成果的潜在价值。

虽然科技创新是现代化的核心动力，但作为现代化动力的创新不只是科技创新，创新应包括理论创新、制度创新、科技创新和文化创新。理论创新属“脑动力”创新，是社会发展和变革的先导，是各类创新活动的思想灵魂和方法来源。制度创新，属“原动力”创新，是持续创新的保障，能够激发各类创新主体活力。文化创新是“软实力”创新，是培植民族永葆生命力和凝聚力的基础。对创新来说，建立创新文化，为各类创新活动提供不竭的精神动力，推动创新在全社会蔚然成风。这“四位一体”的创新是一个创新体系，相互支撑。对科技创新来说，需要以重大理论创新为引领，通过制度创新破除一切阻碍科技创新的体制机制，形成有利于科技创新的舆论氛围和社会环境；制度创新是科技创新推动生产力发展的客观要求，是解放思想、实现理论创新的结果，是文化创新的一项重要内容；文化创新促进理论创新、科技创新和制度创新，后三者反过来又有力地促进前者，如互联网技术催生了网络文化的繁荣，理论创新丰富了文化创新，制度创新则形成我国独特的改革文化；科技创新、制度创新、文化创新的丰富实践和经验，为理论创新提供了肥沃的土壤和条件，理论创新成果需要在科技创新、制度创新、文化创新中接受检验和得到完善。

总的来说，我国进入新时代的现代化，创新是第一动力。要实现对发达国家科技和产业的赶超，既需要基础研究达到世界一流水平，又需要打通科学到技术再到产业的转化通道，特别不能忽视科技企业家在其中的主导作用。这是完善国家创新体系的核心内容。

**作者：** 洪银兴　南京大学长江产业经济研究院，
中国经济转型研究方向首席专家

# 第二章　新时代形成全面开放新格局与建设现代化经济体系

党的十九大报告描述了新时代形成全面开放新格局的范围、领域、层次，以及开放的方式、布局、质量等问题。全面开放新格局，是指一种立体式的全方位开放新格局，在内外关系上是“引进来”与“走出去”的结合，在空间上是沿海开放与内陆沿边开放的结合，在产业领域里是制造开放与服务开放的结合，在国家选择上是向发达国家开放与向发展中国家开放的结合，在方式上是多边开放与区域开放的结合。①

在当今逆全球化浪潮兴起的背景下，中国如何全面把握和驾驭这种局面，关键取决于我们怎么把自己国家的事情做好。只有在过去开放发展的基础上，坚决按照党的十九大报告的要求形成全面开放的新格局，我们才能泰然地应对逆全球化浪潮的困境，才能在全面提高对外开放水平中推进新型工业化，才能推动我国的现代化经济体系建设。这些又取决于国内进一步全面深化改革的推进，取决于对内开放的速度、广度和深度。在这个过程中，增长速度导向的产业政策转型为公平公正取向的竞争政策，确立竞争政策在经济政策体系中的基础地位，是关键性改革措施。本章将较为系统地论证新时代形成全面开放新格局对建设现代化经济体系的战略意义、实践价值和实现路径等问题。

## 第一节　要辩证地认识全面开放与建设现代化经济体系的关系

建设现代化经济体系，是党中央从战略高度做出的新时代中国特色社会主义经济建设的总纲领。习近平同志多次指出，国家强，经济体系必须强。

① 汪洋：“推动形成全面开放新格局”，《人民日报》，2017年11月10日，第4版。

建设现代化经济体系是我国增强国际竞争力的需要，也是我国发展战略从速度经济转向质量经济的迫切要求。

实践中有一些人认为，在当今经济全球化背景下，商品和服务、生产要素等都可以实现无国界的顺畅流动，每一个国家都可以在全球产业分工中按照自己的比较优势，准确地找到自己的定位，从而在全球自由贸易和投资中实现福利最大化。因此，建设现代化经济体系的任务，似乎并没有那种紧迫和必要。也就是说，这种观点认为在经济全球化背景下，我们可以通过有效地利用国际分工来实现我们自己的利益，而没有必要过于强调独立自主地建设现代化经济体系。与此相反，另一种否定通过全面开放来建设现代经济体系的观点是：只有小国才需要建立更加开放的经济体系，而大国必须独立自主地建设自己的经济体系。我国经过40多年的努力，如对外贸易依存度2002年突破50%，2005年已经高达63%，2006年更是达到67%的高点。2008年世界金融危机后，这个比例虽然已经有了大幅度的降低，但是我国国民经济的对外依赖还是很重。因此，现在的问题不是要在形成全面开放的新格局方面继续作出什么新作为，而是要全面独立自主建设自己强大的经济体系。这两种看法都具有一定的代表性。

确实，像我国这样的发展中的大国经济体，与小国经济体相比较而言，一个根本的不同之处在于：小国经济体因缺乏足够的规模经济效应，其国民经济系统不可能实现相对的独立，而必须基本依赖和利用国际分工，只有这样才能充分实现自己的相对利益。我国作为发展的大国经济体，虽然也需要通过开放来深度融入世界经济分工，以此获取建设现代化经济体系的全球先进的生产要素，但是由于全球各国尤其是大国之间的政治经济的矛盾和冲突，以及全球竞争的排他性，我国经济发展所需要的核心的、关键的技术和知识，是不可能依靠分工和市场换回来的，也是金钱买不到的。这在意识形态有分歧、有差异的国家之间，更是如此。中美贸易摩擦以来的实践再次证明，国家的长治久安要求把关系到国家核心竞争能力的关键技术和诀窍掌握在自己手中，否则就会被人“欺负”和“卡脖子”。因此，认为可以依靠经济全球化分工，而没有必要建设自己独立的现代经济体系的观点，是不符合我国国情的，也是错误的。

同时，我们也应该正确地认识到，大国经济体独立自主地建设现代化经济体系，与发展高水平开放型经济其实并不矛盾。因此，否定通过全面开放来建设现代经济体系的观点也是极端错误的，是不可取的。对外开放体系是建设现代化经济体系的能量交换和补偿机制。只有不断地实现对外开放，才能吸收和交换系统所需的发展要素和增长能量，借助于别人的力量来发展自己，在全球竞争中定位自己的专业化分工，扮演好自己的角色，更好地实现现代经济体系的建设目标。我国改革的经验证明，经济越开放，国内发展水平越高，经济增长越持续、越平稳；我国经济不怕开放和竞争，怕的是封闭和闭关自守。建设现代化的开放型经济体系，就是要建设深度融入全球产业分工，在利用国外资源和要素与投资外国创造当地发展机会之间，形成高水平立体的双向循环和开放格局。

我国经济强大的、不断增长的现实和潜在的内需，完全有可能支撑独立地建成现代化经济体系。改革开放使我国的综合国力得到了迅猛增长，一些主要的经济指标已经列入世界第一方阵，建设现代化经济体系具备了必要的社会经济基础条件。如今，我国经济发展已经进入高质量发展阶段，社会基本矛盾发生了深刻的变化，人民群众对美好生活的追求强有力地拉动了经济结构转型升级，五大新发展理念深入人心。全面深化改革成为社会的基本意愿和共识，进一步向社会主义市场经济转型将给我国带来新的发展动能。尤其要提到的是，随着我国在世界的崛起，强大的经济实力带来了越来越大的国内市场规模，由此推动了支撑经济体系的质量变革、效率变革和动力变革。促进形成强大国内市场，将使供需在更高水平上良性循环，进一步提升国内产业分工程度和水平，推动我国经济高质量发展。这是一个非常重要的实现重大变革的临界性条件。因为在国内巨大的内需支撑下，国际代工生产有可能转化为自主品牌生产，技术模仿发展有可能转化为自主创新发展，所以过去那种以投入要素驱动为主的发展方式，有可能会转型为创新驱动型的经济发展方式。全球高级的、先进的生产要素尤其是科技资源和人力资本，都可能被国内巨大的市场和众多的发展机会所吸引，流向国内创新条件具备、生活条件适宜的城市和城市群，从而有利于推动国家创新体系的建设，加快建成现代产业体系。

因此，利用我国庞大的内需独立地建成现代化经济体系，并不意味着不需要吸收外部要素，更不意味着闭关守国、关门发展，恰恰相反，它意味着更大范围、更深程度的对外开放。建设高水平开放型经济，反过来一定可以支撑我国的现代化经济体系建设。这是非常重要的战略选择和发展任务。

## 第二节　在形成全面开放新格局中建设现代产业体系

现代产业体系是建设现代化经济体系的物质基础。实践证明，建设现代产业体系，必须基于过去我国加入全球价值链分工的现实，通过对外开放大力吸收全球先进生产要素，不断进行产业升级来实现。在过去的发展中，通过嵌入以发达国家主导的全球价值链，在全球产业分工格局中有效定位自己的角色，我国已经发展成为体系完整、规模巨大的世界制造业第一大国，探索出了一条符合我国国情的工业化道路。

近些年来，虽然以出口导向为特征的经济全球化趋势受到逆全球化浪潮的阻碍，但是这对我国建设现代产业体系来说，却也是一个转换经济全球化发展模式、提升新型工业化发展水平的重要战略机遇。我国需要在形成全面开放的新格局中，依托内需重构自主可控的全球价值链，奋力推进新一轮新型工业化进程。

一是要利用全球价值链重构和产业分工格局重塑的机遇，通过创新驱动，努力攀升制造业的技术链和价值链。近 10 年来，世界各国全球价值链重构现象十分显著：一方面，发达国家推行“再工业化”战略，把振兴制造业作为摆脱经济困境、占据新一轮竞争制高点的重要抓手；另一方面，随着发展成本的全面上升，我国过去生产要素廉价的优势在逐步消失，某些劳动密集型制造业在加快向低成本发展中国家转移。这些价值链重构现象的出现，也是我国参与全球产业分工格局重塑的重要机会和战略机遇。意味着，我国的发展只有依靠技术进步、劳动者素质提高、管理水平提升等促进生产率上升的创新因素，才能够消化综合成本上升的副作用。这种倒逼预示着我国将全面进入创新驱动和结构调整的快车道，迫使一部分重要产业中的先进企业首先进行产业升级，逐渐占据产业技术链和价值链的中高端。

二是要利用外需转内需的战略机遇，通过激励有条件的制造企业自主可控的行为，建设自主技术或自主品牌驱动的全球价值链。过去在人均收入较低、内需较小的历史条件下，我国经济增长的动力很大一部分来自于世界市场。但是，也应该看到，我国在这种主要依靠外需的增长机制中，其实无法自然地发展出本国的自主创新技术和自主品牌。因为在这种发展轨道中，研发和设计都是别人做好的，我们只是进行比较简单的国际代工而已。未来依托内需推进新的经济全球化，就是要把利用别人的市场变为利用自己的市场来扩张经济，把出口商品为主变为输出资本带动商品销售为主。这是一个“以我为主”的、技术或市场驱动的全球价值链的建设过程。

三是要利用开放空间指向特征转变的机遇，通过长江经济带开发战略和“一带一路”倡议，建设支撑现代产业体系的资本和产能合作机制。过去我国对外开放的空间指向上的特征，主要是“向东开放”，在这个过程中我们从西方国家获得了很大的增长动能，但是也助推了“西方消费、中国生产”这种不可持续的世界经济结构的失衡。“一带一路”倡议是中国站在全球视野中构建中国与世界关系的一种全新的空间开放观。跟过去的外向型经济发展以“向东开放”的指向特征不同，在“一带一路”倡议下，我们可以沿长江经济带，由东向西积极主动构建国内价值链和“以我为主”的全球价值链，鼓励我国企业把总部经济设在沿海和长三角地区，而把一部分加工制造环节转移至长江中上游或“一带一路”国家。同时，我们可以通过构建全球价值链中“以我为主”的微观治理机制，一方面，与“一带一路”的南向国家之间建立广泛的资本和产能合作机制，消化一部分丰富的、有竞争力的产能；另一方面，也可以鼓励国内企业抱团“走出去”，以市场化方式去国外建设开发区，或并购一些优质企业，以提高市场竞争力。①

四是要利用开放型经济模式转型的机遇，通过“虹吸”更先进的高级生产要素，走一条生产要素尤其是人力资源优势得到充分发挥的现代产业体系建设之路。过去的出口导向的外向型经济，核心内容是运用低成本优势引进西方的资金、技术和管理办法，针对外需进行产品的加工、制造、生产和装配。在这个过程中我们获取了各种发展红利，但是出现了一些比较明显的问题，如产业结构被跨国企业锁定在低端，附加值较低、资源消耗较多、环境污染较严重。如果转型为基于内需的经济全球化模式，那么吸引外资进行出口的重点，将演变为主要吸收先进技术和高级人才去拓展包括我国市场在内的全球市场。背靠我国经济规模和市场不断扩张的优势，通过世界级城市建设，形成制度化的“虹吸”全球先进生产要素的平台，从世界各国引进我们急需的资源和要素，为产业迈向中高端、发展创新经济服务。

五是要利用营造优良营商环境的机遇，通过创建和优化各种制度与政策平台，引导企业转向高质量建设的现代产业体系。过去在出口导向的外向型经济发展中，需要通过建设各种经济技术开发区、科技园区、高新区等方式来局部优化营商环境，利用优惠政策大力吸收外资。当前推进新型工业化，需要把吸收外资的重点转变为吸收人力资本和先进科技，同时营造优良营商环境的任务，也从制定各种优惠政策，重点转向为科技人员提供先进的制度平台和硬件载体。这相应地要求在宏观经济政策上，要把过去运用各种刺激政策推行出口导向的发展逻辑、政策理念和经济措施，转换为以高质量发展

① 刘志彪、吴福象：“‘一带一路’倡议下全球价值链的双重嵌入”，《中国社会科学》，2018年第8期，第17—32页。

评价为核心的新型工业化激励体系，如以过多的补贴出口为目的产业政策，要转换为趋于平等竞争、公平竞争为导向的工业政策等。

## 第三节　全面开放新格局：基础是形成全面对内开放新格局

纵观我国经济的发展历史，不难发现我国开放型经济在取得巨大成功的同时，也存在着以下几个非常明显的不足：一是对内开放与对外开放不对称，对外开放的程度和速度，都要大于或快于对内开放。二是出口导向与内需导向不对称，经济增长比较依赖于出口导向，对日益壮大的潜在内需利用不够。三是“引进来”与“走出去”不对称，以各类开发区形式吸收外部资源较多，但是对外投资较少，我国企业既没有大规模“走出去”，更没有“走进去”“走上去”。四是商品市场开放与要素市场开放不对称，要素市场尤其是资本市场开放严重滞后。五是“向东开放”与“向西南开放”不对称，急需沿“一带一路”进行“以我为主”的高水平开放。

上述对外开放中的不对称和不均衡问题，核心在于对内开放不足，对企业和个人尤其对民营企业限制较多。对内开放不足，严重影响和制约对外开放的步伐和水平，如造就了国内市场外资企业与本土企业直接严重的不平等竞争态势，抑制了民营企业发展。这将影响民营企业“走出去”“走上去”的能力；限制了国内市场需求的扩大，从而抑制了利用内需持续“虹吸”外国先进生产要素尤其是科技人才和技术的可能性；压制了要素市场的发育成熟，以及要素市场深度开放的可能性。习近平同志在论及民营经济发展时曾经指出，我国民营企业在实践中客观存在着“市场的冰山、融资的高山、转型的火山”这“三座大山”。[①] 地方政府和部门的政策针对民营企业的“卷帘门”“玻璃门”“弹簧门”等，以及针对个人选择的户籍、学籍等限制，都是对内开放不足的主要表现。

对内开放不足说到底是对内改革不足、改革滞后于开放和发展的状况造成的。加快推进全面深化改革，重点是加快国内开放，尤其是要加快对民营企业和个人的开放。[②] 针对这一要求的全面深化改革，应该淡化并逐步取消国

① 习近平：《在民营企业座谈会上的讲话》，人民出版社，2018 年版，第 4—8 页。

② 王芳洁：“企业家呼声：进一步解放思想，对内开放”，《中国企业家》，2018 年第 24 期，第 126—131 页。

企、民企、外企的所有制分类管理办法，取消企业的身份标识，逐步取消企业的行政级别，建设统一有序开放协调的竞争性市场体制。坚定不移地发展民营经济，要努力给不同的竞争主体塑造进入条件、税收、公共服务、融资投资等中性的竞争环境。不断塑造强大的市场主体，让其拥有更多的决策权力，独立自主承担更多的决策责任，分享更多的利益。对内开放充分了，民营企业活跃了，个人选择度提高了，高水平对外开放的格局也自然形成了。这是建设现代化经济体系的重要组成部分。

我国过去在短缺经济的背景下，为追求快速的经济增长，往往利用行政计划手段“集中力量办大事”，把有限的资源集中到特定的重要部门和地区使用。在长期的转轨经济中，这种管理调节机制的内在特性，即试图通过政府主导的非均衡的投入、利用产业关联效应拉动经济高速增长的特点，受到了市场取向改革的巨大冲击，但是它并没有消失，而是改变了某些具体的形式。也就是说，在体制机制转轨的过程中，政府干预产业发展的手段，仍然是通过挑选输家或赢家的办法，找出需要重点扶持或者淘汰、抑制的产业，配合一系列政策工具和手段，如财政、税收、金融、进出口、技术、人才等政策，精准地施策，促进资源流向政策意愿的部门、地区和企业。因此，这个时期的产业政策，是用来创造非均衡发展竞争优势的，它对于政策施加对象来说，天生就是不平等的，使某些市场主体享有超越其他主体的政策优惠环境，甚至享有超国民待遇。[①] 所有制歧视、产业歧视和空间歧视等，就是实现政策的基本手段和工具。例如，为了鼓励某些重化工业部门的快速增长，可以采用包括制定低价、补贴在内的各种扭曲生产要素价格的方式，支持这些部门的国有企业迅速扩张；也可以为了扶持某些“战略部门”，故意阻隔某些部门的外来者竞争，为其长期获取高利润而限制进口，或者利用行政手段禁止民营企业和外资企业的自由进入。

赶超型产业政策在我国取得了巨大的成功。我们必须清醒地看到它适用的历史条件和适用的阶段性。非均衡发展的赶超型产业政策导向，也意味着对经济运行的重大扭曲，必然会带来重大的结构失衡，如实体经济内部结构失衡，实体经济与金融、房地产之间的失衡，国内生产与国内消费之间的失衡等，表现为产能严重过剩、出口依赖太重、企业杠杆过高、实体企业盈利能力低等一系列问题和矛盾。在进入新时代高质量发展目标的驱动下，必须

---

① 刘志彪：“反行政垄断和行政分割：统一市场建设的突破口和主体内容”，《财经智库》，2016年第1卷第1期，第121—128页，第143—144页。

扭转这种低效的、可能引起重大风险和危机的发展格局，根据民众需求结构变化的趋势，实施相对均衡的发展策略，为此需要把以产业政策为主转型为以竞争政策为主。

## 第四节 由产业政策导向转向以竞争政策为基础的高水平开放

习近平主席在2018年博鳌亚洲论坛年会开幕式的主旨演讲中提出，中国扩大开放将采取4个重大举措，这些重大举措具体包括10条进一步开放的内容。表面上看，这似乎是对当前某些国家逆全球化措施的回应，其实是要适应中国发展阶段和任务的变化，在对外开放的过程中，把过去那种创造非对称优势的产业政策取向，转向创造公平环境的竞争政策取向。

党的十九大报告指出了这种转向的基本措施是：凡是在中国境内注册的企业，在法律上要一视同仁，政策上要平等对待。这就是说，改革的目标是要引入竞争政策，使在中国境内注册的外资企业、国企、民企地位平等、政策统一。显然，这是中国在开放条件下促进高质量发展做出的重大战略抉择，是“改革开放这场中国的第二次革命”的重要组成部分。确立竞争政策在整个经济政策体系中的基础性地位，对高质量建设现代化经济体系有重要的促进意义，主要表现为：

第一，大幅度放宽市场准入限制，对企业而言增加了竞争性，对民众而言为其消费提供了更多的选择性。过去在我国许多产业处于初期阶段时，面对强大的外来竞争者政府对市场准入进行一定的管制是有必要的。但随着中国崛起，很多产业已经进入成熟阶段，没有继续保护的逻辑性、必要性和合理性。只有加大开放，放松市场准入，才能让企业增强竞争能力，在竞争中“强身健体”，走向辉煌，否则就会增加其垄断性，损害消费者福利，阻碍社会进步。对消费者来说，大幅度放松市场准入限制，可以增加其选择的多样化和自由度，增加幸福感和获得感。目前，我国市场准入的改革状态有两个特点：一是制造业对外开放比较彻底，绝大多数制造领域已经彻底放开，保留进入限制的领域很少，主要是汽车、船舶、飞机等为数不多的行业。这些行业下一步大幅度放松市场准入限制的基础已经具备，大多数本土企业已经形成寡头垄断市场格局，能够经受开放的冲击，同时也需要通过开放吸收外部资源和技术。因此，放松准入限制的具体措施，就可能是放宽这些行业对外资入股的比例限制。二是服务业尤其是高端服务业开放严重不足，绝大多数高端服务业处于行政垄断之中，因而具有广阔的开放空间。正如习近平主席指出的，我国要在高端服务业的金融、旅游、建筑设计、医疗、电信、互联网等领域，特别是金融业加快开放的步伐。从 2017 年开始，我国放宽银行、证券、保险行业外资股的比例限制，并尽快将其中的重大措施落地。同时加快保险行业的开放进程，放松外资金融机构在设立、业务范围、金融市场合作等领域的限制。为了使对外开放与对内开放统一进行和对称化，强烈建议政府在开放高端服务业之前，尝试并推进对民营企业的准入开放。这样除了有利于形成统一竞争有序的开放市场外，也有利于民营企业提升产业竞争力，以防止对外开放的急促性使这些产业丧失来自本土企业的对抗能力。

第二，创造政策“洼地”的招商引资竞争，将演变为创造优良营商环境的高质量竞争。过去地方发展，主要依靠制定优惠政策，创造政策的“洼地”效应。“洼地”效应虽然有利于局部的资源流入，产生强大的“虹吸”效应，但是它存在缺陷，主要为：一是分割了统一市场，使整体市场变成“碎片化”市场，容易导致空间歧视。二是得到政策许可的区域与没有享受到这种政策的区域之间，人为地拉开了区域的发展条件，不仅造成人为的发展差距，而且会导致资源人为地、反常态地流动。党的十八届三中全会提出建设统一竞争开放有序的社会主义市场体系。现代化的市场体系是现代化经济体系的软件支撑体系，因此我们要坚决捍卫区域间发展权的公平，减少优惠政策在区域上过多过滥的格局，那种依赖创造政策“洼地”的招商引资竞争方式应该彻底转型，更多地创造统一市场形成的条件，更多地对接全球通用的经贸规则，如千方百计地提高政府运作的透明度，减少对个别企业的直接补贴；加强对企业产权的保护；运用竞争政策反对垄断，创造对企业一视同仁的运营和投资环境。

第三，保护知识产权将成为创新驱动发展的前提，从鼓励学习、模仿创新的发展，转向鼓励自主创新发展。我国早年经济的发展，尤其是沿海地区的发展，走的大多是学习、模仿创新的路子。从机制上说是学习借鉴别人的经验和管理方法，从技术上说是做“反求工程”。这种办法的优势是可以节省时间，避开研发投入不足和技能发展差距导致的技术陷阱。这个时期因发展成本低，竞争优势明显，因此可以实现迅速的经济赶超。但是，当经济发展进入世界第一方阵，一方面可学习、模仿的发展模式和技术轨道越来越少，另一方面竞争对手也会对这种模仿行为产生高度警惕和严重的抵制，因此这一发展方式是不可持续的，它仅仅是从闭关自守、自力更生走向开放创新的一个中间阶段。以创新驱动建设现代化经济体系，要求国家执行最严厉的产权保护制度，这是成为创新驱动国家建设的前提，也是竞争政策的最重要内容之一，它将为我国提升产业竞争力提供最大的激励。日本、韩国等在第二次世界大战以后的发展经验表明，美国挥舞知识产权的大棒，限制后起国家反求美国的技术，似乎会滞后后起国家的发展，但事实却出乎意料，它会“倒逼”这些后进国家重视知识产权和专利保护，从而激励企业全面进入自主创新的发展轨道。在中美贸易摩擦中，中国也一定会进一步完善知识产权机构的职能和相应的执法机制，提高企业违法的成本，逼迫企业走自主创新之路。

第四，从需求端促进形成强大国内市场，发挥本地市场效应，深化本国的全球分工和扩大进口规模，吸收全球先进生产要素为我所用。我国过去发展外向型经济主要是靠吸收外资扩大出口，尤其是21世纪初加入世界贸易组织（WTO）以来，出口导向战略取得了巨大成功，经济增长对国际市场的依赖逐步加重。2008年金融危机之后，以主要对美国进行出口的“经济全球化红利”已经透支，中美经济面临着再平衡。再平衡的方法，除了美国要增加储蓄投资外，我国则必须收缩过剩产能、扩大消费。因此，我国必须努力促进形成强大的国内市场，利用自己的市场而不是依赖别人的市场实现良性增长。强大的国内市场将进一步强化我国企业参与全球专业化分工的程度，由此形成更大的进出口规模。这是我国给自己，也是给世界主动创造的一种重要的战略机遇。如果我国可以像美国那样促进形成强大的国内市场，让自己的最终市场需求规模也能处于全球前列，那么必将塑造出人民币的强势的国际地位，从而为世界创造巨大的商业机会，引导全球先进技术和人才向我国大幅度移动，利用全球的优质要素发展壮大自己。这些年随着国内收入分配格局的调整和扩大内需战略的深入，我国将把巨大的潜在需求转化为强大的国内市场规模，通过大幅度地降低产品的关税税率、努力增加民众需求比较集中的特色产品进口等办法，我国深度融入新一轮全球化的方式，将会转变为“基于内需的经济全球化发展模式”。[①]

总之，确立以竞争政策为基础的全面高水平开放战略，是给国内外企业创造公平竞争环境的重大举措，因而也是高质量建设现代化经济体系的重要途径，是一场极其重要的市场取向的改革。以更大程度的思想解放形成全面

① 刘志彪：“基于内需的经济全球化：中国分享第二波全球化红利的战略选择”，《南京大学学报（哲学·人文科学·社会科学版）》，2012年第2期，第51—59页、第159页。

开放新格局，是习近平新时代中国特色社会主义经济思想的重要组成部分。我国的实践充分证明，只有坚持高水平的对外开放，坚持市场取向的改革，中国特色社会主义事业才能兴旺发达，中华民族伟大复兴的宏伟目标才能实现。

**作者：**刘志彪　南京大学长江产业经济研究院院长，长江学者特聘教授

# 第一篇

# 深化供给侧结构性改革

# 第三章　供给侧结构性改革的理论与实践

党的十九大报告提出我国经济已由高速增长阶段转向高质量发展阶段，必须以供给侧结构性改革为主线，推动经济发展质量变革、效率变革、动力变革，提高全要素生产率。从理论上看，供给侧结构性改革不是西方供给学派的“现代版本”，中国供给侧结构性改革的理论基础是马克思主义政治经济学，从出发点到举措彰显的都是中国模式和中国道路。从实践上看，要在“巩固、增强、提升、畅通”八个字上下功夫。“八字方针”是全面深化供给侧结构性改革的升级版，是坚定推动高质量发展的重要举措，促进我国供给侧结构性改革进入新阶段。

## 第一节　供给侧结构性改革的学术线索和理论价值

### 一、供给侧结构性改革的学术线索

什么是“供给侧结构性改革”？习近平总书记指出，中国供给侧结构性改革，“结构性”三个字十分重要，简称“供给侧改革”也可以，但不能忘了“结构性”三个字（下文为了行文简洁，也称为供给侧改革）。当前和今后一个时期，我国经济发展面临的问题，供给和需求两侧都有，但矛盾的主要方面在供给侧。我国供给侧改革，既强调供给又关注需求，既突出发展社会生产力又注重完善生产关系，既发挥市场在资源配置中的决定性作用又更好发挥政府作用，既着眼当前又立足长远。其重点是解放和发展社会生产力，用改革的办法推进结构调整，减少无效和低端供给，扩大有效和中高端供给，增强供给结构对需求变化的适应性和灵活性，提高全要素生产率。而无论是

20 世纪 70 年代后期在美国出现的供给学派，还是 80 年代的里根经济学，都是“复活”萨伊定律，信奉“供给会创造它自身的需求”，只注重供给而忽视需求、只注重市场功能而忽视政府作用，而且主张市场供求关系会永恒均衡发展，根本找不到结构性矛盾的踪影。可见，我国供给侧改革的理论渊源与西方供给学派没有直接关系。

但我国供给侧改革和西方供给学派的理论源头都可以追溯到英法古典政治经济学。只不过，西方供给学派的理论基础是萨伊定律，而供给侧改革的理论基础只能是马克思主义政治经济学。它立足于我国改革发展的成功实践，是在认识、适应和引领经济发展“新常态”这个宏观背景下提出的中国特色社会主义供给理论，是马克思主义政治经济学的创新和发展，与马克思主义中国化形成的毛泽东思想和中国特色社会主义理论体系这两大理论成果有关社会主义生产方式调整和完善的思想之间，既一脉相承又与时俱进。

### （一）供给侧改革的理论源头可以追溯到古典政治经济学

古典政治经济学理论产生和发展的重心在英国和法国，也叫英法古典政治经济学。在英国，从威廉·配第开始，经亚当·斯密发展，到李嘉图结束；在法国，从布阿吉尔贝尔开始，经魁奈，到西斯蒙第结束，即从 17 世纪中叶到 19 世纪初的这一时期。

古典政治经济学最有代表性的人物是英国的亚当·斯密和法国的魁奈。按照马克思对凯恩斯以前的资本主义政治经济学的划分，亚当·斯密和李嘉图等的经济思想和政策主张为古典政治经济学，法国的萨伊是庸俗经济学、折中经济学的典型人物。当时的时代背景是，资产阶级的统治日益加强，国内和海外市场逐渐增大，资本主义性质的工场手工业的发展无法满足需求，被重商主义推崇的流通成为生产的一个要素，生产成为资本主义社会经济关系的主体。由此导致了重商主义的逐渐瓦解和古典政治经济学的产生，也导致在分析的视角上，古典政治经济学家开始重视从供给端研究财富增长的源泉，认为供给比需求更重要。

古典政治经济学因其侧重供给分析的经济学体系，重视产业部门间的比例关系及生产和消费的平衡。尤其是在后期，呼吁改革分配制度，以及对反对政府干预的自由市场经济主张提出反思等思想闪光点，无论是从“供给侧”，或“结构性”，还是从“改革”来讲，都为供给侧改革开启了理论的最初形式。但随着马克思对古典政治经济学劳动价值论的批判性接受，和庸俗经济学家以及以杰文斯、门格尔、瓦尔拉斯等为代表的边际学派对劳动价值论的放弃和反对，古典政治经济学最终走向了崩溃，并分裂成了彼此对立的两大经济学体系：一个是服务于社会主义阵营的马克思主义政治经济学，另一个是仍然服务于资本主义阵营的新古典政治经济学。

### （二）马克思主义政治经济学为供给侧改革提供了根本的理论基础

因为古典政治经济学家总体上重视供给，不重视需求，而且反对政府干预资源配置，更重要的，古典政治经济学服务的是新生的资本主义。这与我国供给侧改革有重大区别。虽然科学理论是人类的共同财富，但保持理论清醒是政治坚定和行动自觉的关键。因此，虽然说古典政治经济学为供给侧改革提供了理论源头，但供给侧结构性改革的理论基础，还要从古典政治经济学崩溃之后形成的服务于社会主义阵营的经济学分支——马克思主义政治经济学中寻找。

马克思和恩格斯把政治经济学的研究扩展到资本主义以外的社会经济形态，研究在一定生产力状况基础上的社会生产关系及其发展规律，论证了资本主义的必然灭亡和社会主义的必然胜利的客观规律，指明了无产阶级的历史使命就是推翻资本主义制度和建立社会主义制度。马克思对总供给的决定因素、总供给与总需求的关系作了深刻论述，既强调供给也关注需求。坚持以马克思主义政治经济学为指导，是推进供给侧改革的根本遵循和基本前提。

1. 马克思的产业划分和结构均衡理论为供给侧改革结构性调整奠定了理论基础。马克思的产业划分和结构均衡理论认为：各产业（两大部类及各部门内部）按比例协调发展，社会总供给必须与社会总需求平衡；交换和消费是社会再生产的重要环节和必要条件，由社会消费结构决定并随消费结构变化的供给结构要求社会产业结构做出相应调整；结构均衡具有决定作用，是总量平衡的基础，离开了结构均衡，总量平衡无法真正得到实现；只有各产业按比例协调发展，保持社会总供求基本平衡，社会再生产才能正常进行。

2. 马克思的再生产模型和“生产、消费、分配、交换”四环节关系理论为供给侧改革从供给侧推动发展奠定了理论基础，也表明了“一个国家发展从根本上要靠供给侧推动”。

3. 马克思主义的生产力和生产关系矛盾运动原理是解释一切社会变革的最基本、最普遍、最科学的理论，为供给侧改革的核心内容奠定了理论基础。

### （三）供给侧结构性改革是习近平新时代中国特色社会主义思想的重要组成部分

面对新形势、新问题，在以习近平同志为总书记的中央领导集体正确领导下，党的十八届三中全会审议通过《中共中央关于全面深化改革若干重大问题的决定》（以下简称《决定》），向中国和世界公布了56项改革任务。《决定》是新形势下全面深化改革的纲领性文件，标志着从1978年开始中国改革开放进入新阶段。改革攻坚经过5年的奋斗，到党的十九大前，在以习近平同志为核心的党中央坚强领导下，主要领域“四梁八柱”性质的改革主体框架基本确立，一些重要领域和关键环节改革取得突破，全面深化改革取得重大进展和历史性成就。到2017年10月，习总书记首次提出“新时代中国特色社会主义思想”，发表《决胜全面建成小康社会 夺取新时代中国特色社会主义伟大胜利》重要报告，做出中国特色社会主义进入新阶段、中国社会主要矛盾发生重大转换的重大判断，并确立了在经济领域通过深化供给侧结构性改革开展工作的主线。

1. “三期叠加”“新常态”和“四降一升”是供给侧改革提出的宏观经济背景。2011年开始，中国经济增速开始放缓，长期实施的需求侧管理政策开始失效。习总书记经过一系列深入调研和分析，对当前国内外宏观经济形势做出新的重大研判：第一，在2013年上半年政治局讨论经济形势会上，习总书记提出我国经济处于从高速到中高速的增长速度换挡期、结构调整阵痛期、前期刺激政策消化期“三期叠加”阶段。第二，2013年12月10日，习总书记《在中央经济工作会议上的讲话》中提出“新常态”，2014年11月9日，在《谋求持久发展，共筑亚太梦想》中，详细阐述了“新常态”内涵：是从高速增长转为中高速增长；是经济结构不断优化升级，第三产业、消费需求逐步成为主体，城乡区域差距逐步缩小，居民收入占比上升，发展成果惠及更广大民众；是从要素驱动、投资驱动转向创新驱动。第三，2016年1月18日，在《在省部级主要领导干部学习贯彻党的十八届五中全会精神专题研讨班上的讲话》中提出“四降一升”，即经济增速下降、工业品价格下降、实体企业盈利下降、财政收入下降、经济风险发生概率上升。

2. 供给侧改革正式提出及其思想雏形。通过对宏观经济形势的研判，习总书记还在《在省部级主要领导干部学习贯彻党的十八届五中全会精神专题研讨班上的讲话》中对造成供给侧改革背景的原因做了深入分析，认为“这些问题的主要矛盾不是周期性的，而是结构性的，供给结构错配问题严重。需求管理边际效益不断递减，单纯依靠刺激内需难以解决产能过剩等结构性矛盾。因此，必须把改善供给结构作为主攻方向，实现由低水平供需平衡向高水平供需平衡跃升”。据此，2015年11月10日，在中央财经领导小组会议上，习总书记第一次首创性地提出了中国特色社会主义供给理论——供给侧结构性改革。

实际上，供给侧改革早有思想雏形，那就是习总书记“两只鸟论”的浙江省实践。早在2004年，习近平同志时任浙江省委书记，在浙江省经济工作会议上，他明确指出：“要破解浙江发展瓶颈，必须切实转变经济发展方式，实施‘腾笼换鸟’——‘天育物有时，地生财有限，而人之欲无极’”，“浙江只有凤凰涅槃，才能浴火重生”，就表达了以调结构和转方式为主要内容的“腾笼换鸟、凤凰涅槃”供给侧改革思想。

3. 供给侧改革理论体系形成。供给侧改革理论提出后，到2016年1月18日，《在省部级主要领导干部学习贯彻党的十八届五中全会精神专题研讨班上的讲话》中，习总书记对供给侧改革概念、内涵和要求作了详细阐释。并在2016年5月16日主持召开中央财经领导小组第十三次会议时，强调《坚定不移推进供给侧结构性改革 在发展中不断扩大中等收入群体》，对供给侧改革做了具体部署，明确了供给侧改革的根本目的是“提高供给质量满足需要，使供给能力更好满足人民日益增长的物质文化需要”，主攻方向是“减少无效供给，扩大有效供给，提高供给结构对需求结构的适应性”，当前重点是“推进‘三去一降一补’五大任务”，本质属性是“深化改革，推进国有企业改革，加快政府职能转变，深化价格、财税、金融、社保等领域基础性改革”。2017年10月，在党的十九大报告上，习近平总书记提出“新时代中国特色社会主义思想”，进一步明确提出，“以供给侧结构性改革为主线”“建设现代化经济体系”和“打好防范化解重大风险、精准脱贫、污染防治的攻坚战”。

## 二、供给侧结构性改革的理论价值

综上，供给侧结构性改革是立足于中国特色社会主义改革发展的成功实践，对当前我国经济发展中面临的诸多问题的系统性回应，是在认识、适应和引领经济发展“新常态”这个宏观背景下提出的新战略。我国供给侧结构性改革本质上是一场改革，是要用改革的办法实现结构调整，提高供给质量，体现了解决中长期经济问题的基本思路。但供给侧结构性改革并不偏废对我国短期周期性问题的关注，它同时强调“看得见的手”与“看不见的手”作用的有机结合，是对供给与需求关系的辩证把握。我国供给侧结构性改革是中国特色社会主义理论重要组成部分，影响深远、意义重大。

1. 供给侧结构性改革是中国特色社会主义政治经济学在新阶段的理论创

新，是我国解决中长期经济问题的治理良方。习近平总书记在2016年中央政治局第三十次集体学习时指出，供给侧结构性改革是保证“十三五”发展开好头、起好步的关键，是保证全面建成小康社会决胜阶段获得全胜的关键。在2017年中央政治局第三十八次集体学习时，习近平总书记再次强调，推进供给侧结构性改革是我国经济发展进入“新常态”的必然选择，是经济发展“新常态”下我国宏观经济管理必须确立的战略思路，是一场关系全局、关系长远的攻坚战。

2. 供给侧结构性改革不仅为我国宏观管理提供了战略思路，对我国经济未来的行稳致远具有重要现实意义，也为世界经济复苏和国际经济结构矛盾的解决提供了中国方案，并受到国内国际社会普遍认同。金融危机之后，全球经济长期在艰难中前行。各国逐渐认识到，要恢复经济增长活力，仅仅靠短期的刺激政策已经不够，还需要通过改革，特别是结构性改革提升经济增长的潜力，提升经济体的韧性。因此，2010年，G20首尔峰会提出《多年发展行动计划》。这一计划的核心是提出各项结构性改革措施，从而提升全球经济增长潜力。但是，由于随后欧债危机爆发，此后几年的G20未能将重点转移至结构性改革上来。直到2014年G20布里斯班峰会，习近平总书记出席峰会，并做了《推动创新发展 实现联动增长》的主题报告，宣布中国向G20提交134项全面增长战略措施，从而推动结构性改革议题重新成为增长框架下的重点议题，G20宏观经济协调进入新的阶段。2016年，作为G20主席国，中国在杭州峰会上进一步向全世界大力推广供给侧结构性改革，促成G20在当年7月核准了“深化供给侧改革议程”，确立了优先领域、制定了各国结构性改革指导原则、构建了结构性改革指标，并积极实现宏观经济政策和改革政策的相互配合，以共同促进增长。目前，国际货币基金组织、欧盟、世界银行等重要国际组织都将供给侧改革作为西方国家政策调整的重要方式，并将供给侧改革政策和财政政策、货币政策并称为促进全球经济增长的“三驾马车”。可以说，供给侧改革这种中国特色社会主义供给理论正逐渐成为一种全球趋势。

总之，供给侧结构性改革理论在马克思主义政治经济学理论体系中占有重要位置，既是对中国经济现状的科学判断和中国改革开放40多年经济建设经验的理论总结，也是超越西方经济学理论，对马克思主义政治经济学理论的重大创新和发展。

# 第二节　供给侧结构性改革所要解决的突出矛盾和问题

自供给侧结构性改革提出以来，我国经济面临的突出矛盾和问题具体表现不断变化。造成这些突出矛盾和问题的原因，既有周期性因素和总量性因素，也有结构性因素，其中主要是结构性因素。在各种结构性因素中，供需错配属于重大结构性失衡，只有通过深化改革才能解决。

## 一、我国经济突出矛盾和问题表现：从“四降一升”到“三降两升”

“三期叠加”“新常态”和“四降一升”是供给侧结构性改革提出的宏观经济背景。其中，“四降一升”是当年我国提出供给侧改革时经济面临的突出矛盾和问题，即经济增速下降、工业品价格下降、实体企业盈利下降、财政收入下降、经济风险发生概率上升。但宏观经济的突出矛盾和问题并非一成不变的。随着中央的“三去一降一补”和“打好三大攻坚战”等决策部署落地，以及国内外经济环境发生明显变化，当前我国经济突出矛盾和问题表现由“四降一升”转变为“三降两升”，即经济下行压力加大、工业品价格回落、中小型民营制造业企业经营困难增加、外部冲击风险上升、经济风险挑战增大。

具体来说，经济下行压力加大主要是指，我国经济在前期经历了L型“一竖”的下滑之后，约从2016年第二季度至2019年1月，经济的月度增长稳定为6.7%—6.9%，处在L型经济的“一横”上做窄幅波动。特别是制造业采购经理人指数（PMI）近几个月出现回落，一些先行指标显示经济总体下行压力将加大。如不及时采取对策，2019年我国经济月度增长挑战“十三五”时期6.5%增速底线的概率将上升。

工业品价格回落主要是指，生产价格指数（PPI）虽然在2016年9月由负转正，但自中美贸易摩擦以来，月度增速已由2018年6月的4.7%逐级回落到11月的2.7%，有重回负增长和重新陷入“生产领域通货紧缩”的风险。

中小型民营制造业企业经营困难增加主要是指，自2009年开始，我国储蓄增长进入新一轮下降通道，而以劳动年龄人口负增长和人口抚养比上升为拐点，2010 年开始，中国人口红利消失，企业用工成本上升。尤其是进入 2018 年，中央加快了“金融去杠杆”进程，采取了“宽货币 + 紧信用”的中性货币政策，导致本来不需要“去杠杆”的中小民营制造业企业被“去杠杆”，使得一直困扰我国民营制造业企业的融资难、融资贵问题进一步凸显。

外部冲击风险上升主要是指，2018 年以来，美国等发达经济体量化宽松政策的退出和财税政策调整，对我国汇率、跨境资本流动和经济增长的外溢性效应复杂化，特别是 2018 年 3 月以后，美国挑起国际经贸摩擦，在需求端，中美“关税战”不断升级；在生产端，中国核心技术被“卡脖子”风险暴露。

经济风险挑战增大是指，2018 年上半年以来，我国股市大跌、信用债违约问题触目惊心。特别是股票市场，到 2018 年 10 月 19 日，A 股三大指数中，上海证券交易所跌幅最小也高达 26.1%，一度触及 2 449.2 点，创了 2016 年以来的新低，个股更是惨不忍睹。受此影响，一些高比例质押股权的上市公司大股东接连“爆仓”，不仅让股民感到心惊肉跳，也让众多上市公司（尤其是民营上市公司）面临企业控制权变更的考验。

## 二、供需错配是我国经济突出矛盾和问题的根源：从低端无效产能过剩到中高端有效供给不足

造成以上经济矛盾和问题的原因周期性和结构性因素兼有，结构性因素占主导。其中，处于结构性矛盾中心位置的供需错配是我国经济突出矛盾和问题的根源，主要矛盾在供给侧，经历了从低端无效产能过剩占主导到中高端有效供给不足占主导的演变过程。

2008 年金融危机前后，我国所处的战略机遇期内涵发生了重大变化，“中国制造”遭遇前所未有的突发性外部冲击。在 2008 年前，我国所处的战略机遇期主要表现为海外市场扩张和国际资本流入，我国抓住机遇一举成为全球制造中心。本轮金融危机后，全球进入总需求萎缩、结构重构和“去杠杆化”的漫长过程。受此影响，我国在 2009 年超越德国成为全球第一商品出口国，外需持续扩张势头明显受到抑制。2010 年以后，以人民币为计价单位，我国的出口同比增速，分别从 2010 年的 30.47% 降到 2011 年的 15.15%，再到 2012 年，进一步降至只有 4.97%，2015 年，这一增速更是降为了负数。很明显，我国过去高度依赖外需的经济增长方式不可持续。

但周期性问题具有短期性，其并不可怕。随着发达国家经济复苏步伐加

快，即使不采取任何干预措施，经济也能由收缩回归到扩张。遗憾的是，现在距离经济发生减速的拐点已经过去了 8 年，在可预见的未来，经济不但无望实现“V”形反转，而且其下行压力进一步加大。可见，本轮我国经济下行具有长期性，用周期性减速无法解释，只能从结构性因素上寻找答案。习近平总书记在党的十九大报告中也指出：“中国特色社会主义进入新时代，我国社会主要矛盾已经转化为人民日益增长的美好生活需要和不平衡不充分的发展之间的矛盾。”从而，化解新时代主要矛盾成为指导我党一切经济工作的出发点和落脚点，也就是要着力解决“不平衡不充分”发展问题。“不充分”指总量性问题，“不平衡”是结构性问题。两者在化解我国社会主要矛盾的排序上有先后和主次之分：“不平衡”在“不充分”前面，是问题的主要方面；“不充分”在“不平衡”后面，是问题的次要方面。

我国经济社会的结构性矛盾有很多，有供需结构错配、区域发展不平衡、城乡二元结构明显、收入差距大、产业结构失衡、经济发展受生态约束等。其中，处于核心位置的是供需错配，属于我国重大结构性失衡，其他结构性失衡都与供需错配有关，属于一般结构性失衡。供需错配的结构性失衡由生产方式不能适应需求变化所致，表现为无效供给过剩和有效供给不足并存。但在不同时期，化解无效供给过剩和有效供给不足的重要性不同。2018 年以前，属于存量部分的无效供给过剩是我国经济重大结构性矛盾的主要方面，属于增量部分的有效供给不足是次要方面。而当前，属于增量部分的有效供给不足是我国经济重大结构性矛盾的主要方面，而属于存量部分的无效供给过剩则变成了次要方面。

首先，供需错配是我国重大结构性失衡。伴随我国经济长时间持续高速增长，人们对服务业和高端制造业的需求越来越多、要求越来越高，而对低端制造业产品需求正日益减少。理论上要求生产的供给结构跟随需求结构变化作出调整，但实际上，供给结构变化既受技术约束，也受经济体制和运行机制限制，并不会随着需求结构变化而立即调整。当巨量的资源要素无法从我国产能过剩的、增长空间有限的产业中释放出来，并转移到为提供中高端消费服务的“朝阳产业”生产中去时，产能过剩的供需错配便造成我国存量经济艰难维持、增量经济的有效供给捉襟见肘的问题，成为经济新旧动能转换梗阻。

其次，供需错配的主要矛盾不在需求侧，而在供给侧。以上无论是低端无效供给过剩的供需错配，还是高端有效供给严重不足的供需错配，都属于供给侧问题。表现为供给不能适应需求变化这同一枚硬币的两个侧面：一个侧面是经济中的资本和资源过度涌入中低端产业，造成产能过剩；另一个侧面是资本、技术和资源进入中高端产业严重不足，造成国内中高端产品供给缺乏。

另外，实践已经表明，从需求侧分析宏观经济主要使用“三驾马车”和相机抉择的财政、货币政策工具，无助于有效分析和解决当前的经济矛盾和问题。比如，中央曾经从需求端使用宽松货币政策刺激经济，在 2014 年 11 月至 2016 年 3 月，央行 6 次降息 6 次降准，并通过抵押补充贷款对政策性银行注资，但直到 2015 年 4 月，我国 1 年期货币市场基准利率仍然维持在 4.75% 的高位运行。不仅对振兴实体经济收效甚微，还客观导致我国金融风险的快速提升。

再次，无效产能过剩曾主导了供需错配。一方面，用无效产能过剩可以解释“四降一升”。其内在逻辑在于，如果供需错配这个结构性矛盾得不到解决，特别是产能过剩不能出清，工业品价格就会持续下降，企业效益就不可能提升，经济增长也就难以持续，税基随之缩小，社会的债务负担加快上升，严重时，债务违约大量增加，经济系统风险自然上升。另一方面，用无效产能过剩也可以解释其他一般结构性失衡。众所周知，中国式工业化推行的是以国际代工为典型特征的出口导向型发展战略，大量承接被发达国家淘汰的落后产能和“烟囱工业”。当生产力发展到一定阶段，这种落后的生产方式不仅容易造成生产的无效供给和产能过剩，也直接造成资源环境的严重破坏，并带来产业结构不合理。更重要的，因为在这一过程中，曾经围绕“三个有利于”工作主线，我国采取了“先富带动后富”的非均衡发展战略。这一战略虽然符合当时中国实际，也有力地解放和发展了生产力，但其弊端也不可否认。比较明显的是，从沿海到沿江、沿边，逐步向内地扩展的渐进式开放路线，加上存在大量农村剩余劳动力时的贸易顺差导致城市化滞后发展，使得我国区域和城乡不平衡进一步扩大，收入差距进一步拉大。

最后，当前和今后一个时期，有效供给不足将主导供需错配。我国经济的无效产能过剩集中体现为两大块：三四线房地产库存积压和传统制造业产能过剩。因此从 2016 年起，中央连续两年把去产能和去库存作为年度经济工作的重中之重。第一，在去产能方面，因为通过行政去产能，工业品价格回升了，2016 年第四季度，PPI 扭转了长达 54 个月的负增长，“生产领域通货紧缩”问题暂时得以缓解，我国去产能工作取得较大进展。截至 2018 年 7 月底，相关数据也显示，我国的钢铁、煤炭去产能提前两年半左右接近完成“十三五”去产能的所有任务，部分远超预定任务。可以说，去产能已不是我国经济突出矛盾和问题的主要方面。第二，在去库存方面，2017 年，以居民部门杠杆率快速攀升为代价，和对棚户区改造使用货币化“房票”安置制度，我国最棘手的以人口净流出为特征的三四线城市房地产去库存效果显著。到 2018 年 7 月底，相关数据显示，我国绝大部分城市高库存的问题都已经解决，部分城市甚至还面临库存紧张局面，可以说，全国的去库存任务也已经基本完成。

然而，“去”过剩产能只是手段，不是目的，满足人民日益增长的美好生活需要才是目的，这就要求“补”上经济增长质量短板和培育新动能，包括调整产业结构、产品和服务质量补短板、关键核心技术补短板、增加创新要素、发展先进制造业和现代服务业、民生和生态领域补短板等。其中，扩大有效供给，推动产业结构的转型升级，实现“中国制造”向“中国创造”转变最为重要。比如，美国挑起的中美贸易摩擦中，“关税战”导致的对美出口下降并不是大问题，因为在经济全球化下，一国外需变化越来越取决于整个世界而非美国一个国家的需求变化。但以美国为首的发达国家对我国高技术制造业围追堵截，却凸显了我国经济发展要增加创新因子并突破被核心技术“卡脖子”困局的重要性和急迫性。也正是在这个意义上，2018 年 9 月 26 日，习近平主席在黑龙江省考察时表示，国际上，先进技术、关键技术越来越难以获得，单边主义、贸易保护主义上升，逼着我们走自力更生的道路，这不是坏事，我国最终还是要靠自己。

综上，我国以“三去一降一补”为主要内容的化解过剩产能和扩大有效供给的任务完成情况存在不平衡。其中，化解过剩产能任务完成得好一些，扩大有效供给任务完成的不够。因此，扩大有效供给或者说补短板本身已成为一个相对的短板，应该作为下一阶段我国纠正供需错配失衡的主要方面。

## 三、供给侧结构性改革的本质是改革

在完全市场经济国家，对于纠正供需错配的结构性矛盾，政府虽然也采取一定的微调措施，但主要依赖市场机制调节。市场机制能够使生产要素自动地由供过于求的部门流向供不应求的部门，需求者也会根据价格变动情况调整需求结构，供给结构和需求结构通过市场机制的调节趋于均衡。在相当长时期内，我国排斥市场机制作用，结构失衡问题长期得不到解决。建立社会主义市场经济以后，我国市场机制的作用依然很有限，而且时有反复，导致我国依靠市场机制只能解决部分增量问题，在存量领域，市场调节机制失效，必须适当发挥政府作用。但最近几年，我们也常看到政府错误地使用产业政策和行政命令给资源配置做“加减法”，导致供需错配的纠正治标不治本，如“一刀切”式环保检查和粗暴执法、选择性行政去产能和肆意兼并收购民营企业做大做强国有企业，等等。

可见，化解供需错配失衡，既要增加要素供给和提升供给效率，更要改革阻碍市场机制发挥调节作用的体制机制。主要包括 3 个方面：第一，在处理政府和市场关系上，围绕缩小政府规模和建设服务型政府的目标，深化市场监管和环境执法改革，继续推进减税和机构改革，加快政府职能转变。第二，在存量调整上，深化要素市场化配置改革，坚定提高国有经济竞争力与支持民营经济发展不矛盾的信念，推进国企改革，做好“僵尸企业”债务处置工作。第三，在扩大增量上，加强知识产权保护，改革不合理和阻碍原始创新的科研管理制度和科技评价体系，进一步对服务业放松管制，推进服务业统计改革，扩大敏感服务业开放。当然，深化改革既要抓好顶层设计，更要抓好改革落实。

特别需要提及的是，以供给侧结构性改革为主线，化解我国经济的突出矛盾和问题，还应注意以下 3 个问题：

第一，供给侧结构性改革虽然注重发挥政府作用，但不等于要重回计划经济。我国经济改革历史并不缺供给侧改革，甚至可以说，绝大多数时间都是在供给侧做文章。在计划经济时代，我们的经济改革就是围绕供给侧计划生产、计划供应、保障供给。改革开放后，我们的经济改革也经历了改革开放初期的双轨制到如今的发改委等政府部门负责生产项目立项、审批和上马，也都是在控制和管理供给。

第二，供给侧结构性改革的目标虽然是结构调整，但并不意味着总量性问题不重要。随着我国进入中国特色社会主义新时代，中央不再过多强调对增长速度的关注，但不等于经济减速治理可有可无。这一方面是因为，我国社会主要矛盾的变化，没有改变对我国社会主义所处历史阶段的判断。我国是世界上最大的发展中国家的国际地位没有变，仍处于并将长期处于社会主义初级阶段的基本国情也没有变，化解各类经济社会矛盾，仍然要坚持以经济建设为中心，继续解放和发展生产力。另一方面是因为，我国“十三五”规划纲要草案明确了实现全面小康的稳增长目标，提出在“十三五”时期，中国经济年均增速要保持在 6.5% 以上，而且要在 2035 年基本实现现代化，也要求在未来的几十年内，经济增速要保持在每年最低 5% 左右的适度增长。

第三，供给侧结构性改革的主要矛盾虽然在供给端，但不能忽视正在不断上升的需求端问题。考察当前我国宏观经济基本面，虽然经济运行整体平稳，但消费、投资和净出口“三驾马车”的增速都在放缓，物价面临进一步下降的通货紧缩风险。在短期经济周期中，我国经济的需求端问题的严重性有超越供给侧问题的趋势，显示有必要采取积极的中央财政政策和适度宽松货币政策加以应对。

## 第三节　当前深化供给侧结构性改革的重点任务和关键举措

从2016年第一季度至2018年第二季度，我国启动了以去产能、去库存、环保限产和金融去杠杆等为主要内容的存量调整，无效供给结构性矛盾有所缓解，经济结构出现重大变革。2018年第三季度以来，随着外部环境发生明显变化和国内经济下行压力加大，我国深化供给侧结构性改革有必要进入以补短板为主要任务的新阶段。也即，运用市场化、法制化手段，以扩大增量有效供给为主攻方向，推进存量调整取得更大实效，同时加强逆周期宏观调控，解决日益上升的总需求矛盾和问题。重点任务包括：扩大总需求；深化市场化改革；建立长效机制，巩固存量调整成果；扩大增量有效供给，推动制造业高质量发展。

### 一、深化供给侧结构性改革的重点任务

1. 扩大总需求。从供给侧结构性改革内涵看，我国供给侧结构性改革，出发点虽是供给，但不偏废需求。2018年以来，受供给收缩的结构调整政策和外围环境变化影响，我国经济增长同比增速在前三个季度分别为6.8%、6.7%和6.5%，经济运行总体虽然仍在合理区间，但部分主要经济指标同步大幅回落，特别是对我国经济周期起重要作用的基础设施投资、社会消费品零售总额、净出口等关键指标均大幅下降，经济下行压力加大，需求端问题严重性显著上升，宏观政策逆周期调节紧迫性显著增加。比如，我国基础设施投资增速从2017年的19%大幅放慢至2018年的3.7%，呈现断崖式下跌特征。社会消费品零售总额同比增速创近15年新低，到2018年11月，同比增速进一步放缓到8.1%。随着中美贸易摩擦升级，世界经济增长乏力，大宗商品价格由涨转跌并持续走弱，国际金融市场剧烈波动，给进出口贸易、汇市、

股市带来的压力也同步增大，我国外部环境更趋严峻。2018 年前 10 个月，我国实现贸易顺差 1.65 万亿元，同比收窄 26.1%。

稳住总需求也就是稳住经济增长，不仅有利于稳住就业，对降低经济下行期高杠杆率经济体债务成本和化解金融风险也有举足轻重的作用。为保持经济持续健康发展和社会大局稳定，有必要关注总需求下降问题，确保我国经济继续运行在合理区间。

2. 深化市场化改革。供给侧结构性改革的本质是改革。党的十四大提出建立社会主义市场经济体制改革目标模式至今，围绕政府和市场关系的重新认识和定位，我国市场化改革进程已历经 26 年。即使从党的第十八届三中全会确定“要使市场在资源配置中起决定性作用，更好发挥政府作用”算起，也过去了 5 年的时间。在这 5 年中，虽然顶层设计紧锣密鼓地大力推进了包括简政放权、负面清单准入管理、民营银行放开、存款利率市场化定价等在内的众多市场化改革措施，但受防范市场风险、经济无衰退市场化和做强做优做大国有企业等束缚，我国市场化取向的改革，实际落实率较低，离真正使市场在资源配置中发挥主导性作用的改革目标仍任重道远。尤其是近年来，深化供给侧结构性改革客观上造成的政府对微观主体市场活动干预上升和民营经济预期不稳是重大社会关切问题，急需得到政策面回应。

3. 建立长效机制，巩固存量调整成果。“十三五”时期，我国供给侧结构性改革任务分为两个阶段：以 2018 年为界，2016 年和 2017 年两年为第一阶段，重点是“三去一降一补”；2018 年及以后两年为第二阶段，重点都是抓好决胜全面建成小康社会的防范化解重大风险、精准脱贫、污染防治“三大攻坚战”。两者关系为，“三大攻坚战”是对“三去一降一补”重中之重的矛盾的聚焦和精准化。

通过前期实施行政去产能、棚户区改造、结构性去杠杆、优化营商环境、结构性减税、基建投资、收缩银行同业占比、房地产调控、行政干预股市交易、实施环境保护督察制度、精准扶贫等措施，我国供给侧结构性改革的“三去一减一补”和“三大攻坚战”取得了一些成绩，特别在去产能、去库存和稳杠杆 3 个方面取得了实质性成效。但这些领域的存量调整主要依靠产业政策和政府行政命令发挥作用，不仅伴生了其他经济和社会问题，也使得我国供需错配的纠正治标不治本。下一阶段，为巩固存量调整成果，应建立长效机制，避免存量调整陷入“一管就下，一放就上”的怪圈。

4. 扩大增量有效供给，推动制造业高质量发展。供给侧补短板领域多、潜力大、范围广，有补基础设施短板、补创新短板、补制度短板、补生态短板、补民生短板、补区域均衡发展短板和补脱贫与乡村振兴短板等。不同领域补短板功能不同，在不同时期的重要性也不一样。

理论界曾经对我国实施《中国制造 2025》战略和所谓“去工业化”存在争论，但自 2018 年中美经贸摩擦之后，社会各界已有高度共识。也即，必须紧紧抓住国际产业变革与国内加快转变经济发展方式交汇这一重大历史性机遇，全面提升中国制造业发展质量和水平。因此，当前在协调推进各项补短板工作的同时，抓紧开展关键技术攻关和新动能培育，加快推动我国由制造大国向制造强国转变的意义重大。不仅能够提升综合国力、保障国家安全、治理经济减速、化解社会主要矛盾，也是应对国际环境变化的必由之路。

## 二、深化供给侧结构性改革的关键举措

### （一）采取更加积极的财政政策和中性偏宽松货币政策，提高居民消费率和促进有效投资

从需求“三驾马车”看，扩大总需求就是扩大消费和有效投资。

1. 采取中性偏宽松货币政策，促进消费结构升级，提高居民消费率。我国最终消费率中，2017 年居民消费率为 39.08%，显著低于世界超过 60% 的平均水平 20 多个百分点，潜力较大。居民消费问题，包括消费意愿、消费能力、社会保障、消费安全、消费质量等。从近年居民消费表现看，一方面，受制于居民杠杆率快速提高的房贷压力，消费的后顾之忧上升；另一方面，以品牌消费、精神消费、知识消费、健康消费和智能化消费为标志，消费升级明显。因此，释放居民消费潜力要点为：稳定利率和提高商品质量。稳定国内利率要有适度宽松的货币政策配合。根据货币供求理论，不影响经济运行的中性货币政策要求 M2 同比增速约等于实际 GDP 增长率和通货膨胀率之和，在经济下行时，适度上浮，在经济上行时，适度下浮。我国 2018 年 GDP 实际增长率加通货膨胀率大约等于 8.8%，如果再往上适度浮动 1.2 个百分点，中性货币政策的广义货币（M2）增速水平应该在 10% 左右。但 M2 投放只有 2 月曾经达到了 8.8%，其他大部分月份都在 8.2% 附近，属于中性略偏紧的货币政策。可见，激发居民消费潜力扩大内需，应消除居民消费顾虑和促进消费结构升级：一方面，将中性偏紧货币政策调整为中性偏宽松货币政策，坚持“房住不炒”定位，加强保障性住房等基本公共服务供给；另一方面，改善国内消费环境，进一步提高和完善产品品质、市场秩序、消费渠道等，为市场提供更多高品质的品牌商品。

2. 采取更加的积极财政政策，加大基础设施领域补短板力度。自2010年以来，我国宏观调控一直实行“稳健货币政策＋积极财政政策”组合。但2018年上半年“积极财政政策不是真积极”广受诟病，暴露出我国财政政策的逆周期调节缺乏应对突发经济问题的主动性和预见性的弊端。下一步，积极财政政策应发挥稳定内需的托底经济功能，从增支角度，有必要根据赤字率而非年度绝对赤字规模加大支出力度，比如将一般公共预算赤字率调回到3%或更高水平。分央地看，中央积极财政政策应更加积极，受杠杆率束缚的地方政府积极财政政策可考虑大幅扩大不计入赤字的专项债券；分项目看，主要应该在努力扩大民间制造业投资和稳住能带来经济效益的基础建设投资增速上做文章。

### （二）用正面清单监管政府，推进结构性减税转向实质性减税

长期以来，政府对资源配置干预过多，市场机制作用发挥不够，从根本上说，是由政府和市场在配置资源上的边界不清造成的。因此，深化市场化改革，核心是处理好政府和市场关系问题，当前应做好两方面工作：用正面清单监管政府；推进结构性减税转向实质性减税，激发微观主体活力。

1. 用正面清单监管政府。政府的问题是要通过改革，制定权力清单，解决资源配置中的“政府越位、缺位和不到位”问题。包括3大重点领域改革：第一，通过行政体制改革，给政府制订权力清单。主要从市场监管、社会管理、环境保护等方面为政府制订权力清单，鼓励政府通过行政体制改革，继续简政放权，凡是可以交给市场的都交给市场，建设一个真正的法治政府和服务型政府。第二，积极发展混合所有制，深化国企改革。主要围绕垄断领域国有企业深化市场化改革，激发市场活力，增强市场主体竞争力。第三，财政和金融改革。主要围绕小微企业减免税和融资难问题继续推进利率市场化改革，消除利率“双轨制”。

2. 推进结构性减税转向实质性减税。减税降费是积极财政的发力空间，也是激发市场活力的重要手段和有效途径。实践中，民营企业家常放不开手脚，不敢做大做强，除了担心财产和人身安全之外，主要遇到的困难和问题是负担重、成本高、融资难。如果通过减税降费，能够有效降低企业成本，使得企业和个人等市场主体获得更多资源配置的主导权，将有效激发市场经济活力。过去的结构性减税强调税制结构内部优化，税收的基数和总量基本不变，这与“实质性减税”以经济规模为基础、税收只减不增不同，达不到真正想要的“放水养鱼”效果。2018年11月1日，习近平总书记主持召开民

营企业座谈会并发表重要讲话，提出“推进增值税等实质性减税”。

### （三）健全市场机制，打破刚性兑付，稳妥筹划地方政府存量债务分期处理进度

结构性失衡的存量调整困难，在经济理论上体现为企业退出壁垒高。要么因为市场机制不健全，商品和要素价格扭曲，企业无法判断资源稀缺程度和市场供求关系所致，要么因为法规不健全，政府干预较多形成退出阻碍所致。因此，防止存量过剩产能死灰复燃的长效办法应从健全市场机制和法规入手，通过制定严格的安全、环保、质量、能耗等标准，用好市场化和法制化手段。

2018 年下半年，我国虽然已由去杠杆进入稳杠杆阶段。但在美国加息和缩表推升外围利率中枢走高叠加中美经贸摩擦升级背景下，去杠杆始终是化解中国经济风险迫在眉睫的重大问题。稳杠杆的核心在于找出结构性去杠杆重点部门。通过对宏观杠杆率进行结构性分析，我国去杠杆的重点部门有 3 个，分别为金融部门、地方政府和国有企业部门。经过 2018 年上半年金融去杠杆，加快处置国有企业僵尸企业和稳妥处理地方债务风险不仅是稳杠杆潜力所在，也是中国特色社会主义进入新时代，推动政府职能转变的必然要求。第一，打破对国企刚性兑付。国企债务规模偏大、债务率过高主因在于政府兜底使得金融机构和投资者漠视国企债券违约风险。因此，有序处置国有企业僵尸企业必须打破国企和金融机构之间长期存在的刚性兑付。第二，稳妥筹划地方政府存量债务分期处理进度。地方债问责机制启动以来，由于新老划断，政府对防范新增债务的积极性明显高于化解存量债务。而我国地方政府存量债务透明度较低，或有债务不可估计。另外，为防止出现地方政府因全力还债带来处置风险的风险，如中止工程、拖欠工资、损害政府公信力、恶化营商环境等。稳妥处理地方债风险重点在于：第一，出台地方债信息公开办法，将隐性债务透明化。第二，建立财政风险评估和控制机制，并根据经济形势变化，对高出警戒线以上部分地方债限时两年稳妥筹划分期处理比例。

### （四）建立自主可控现代产业体系，构建全方位开放的法制化营商环境

推动制造业高质量发展并非一日之功，急需解决中美经贸摩擦中我国制造业发展暴露的两大突出问题：关键核心技术被“卡脖子”；企业全球化经营和贸易合规管理不够。解决制造业第一个突出问题要求建立自主可控的现代

产业体系；解决制造业第二个突出问题要求构建全方位开放的法制化营商环境，推动规则等制度型开放。

1. 建立自主可控现代产业体系。建立自主可控现代产业体系的基础和核心是创新引领、协同发展的产业体系。特别要求提升我国创新能力、推动先进制造业和现代服务业互动融合发展。首先，创新能力分市场自主创新和政府创新两方面。在市场自主创新上，重点是打造良好的市场创新环境。要求改革现有的不合理和阻碍创新的科技评价制度，加强知识产权保护和运用，形成有效的创新激励机制，加强创新平台建设，做好市场创新主体的中小企业创新服务，积极支持新产业、新模式、新业态发展。在政府创新上，要明确政府在创新体系中的定位，重点是支持市场机制不能有效解决的基础研究、公益性研究、重大关键共性技术研究，提高技术储备能力和创新质量。其次，推动先进制造业和现代服务业互动发展，要求大力发展生产性服务业，完善产业关联机制。大力发展生产性服务业重点是坚持对内对外开放，其中，对内开放着力消除生产性服务业发展的政府垄断和管制，发挥市场在生产性服务业资源配置上的主导作用；对外开放要取消外资限制，鼓励服务业企业参与全球竞争。完善产业关联机制：第一，支持、引导企业进一步打破“大而全”“小而全”格局，分离和外包非核心业务，向价值链高端延伸，促进产业逐步由生产制造型向生产服务型转变。第二，主要利用市场机制和更好发挥政府作用支持、鼓励和引导我国制造业企业尽可能将中间投入服务采购本地化，还原我国工业和服务业间本该有的天然联系。

2. 构建全方位开放的法制化营商环境。因出口合规管理问题，2018 年我国优秀制造业企业在开放发展中频频被美国制裁。凸显了 2019 年中央经济工作会议提出的“推动由商品和要素流动型开放向规则等制度型开放转变”紧迫性和重要性。比如，中兴通讯因出口合规问题遭美国制裁，最终以不菲的代价，与美国商务部达成和解协议；烟台杰瑞设备集团有限公司也因出口合规问题接受了美国 280 万美元的罚款制裁；等等。为使我国企业参与国际经济活动，免受国际规则制裁，推动制造业高质量发展，必须加强相关规则制定和政策完善，提升政府和企业守规意识与行为自律，为全方位开放构建一个法制化营商环境。

**作者：**张月友　南京大学长江产业经济研究院副研究员

# 第四章　我国住房制度研究

党的十九大报告指出，坚持“房子是用来住的、不是用来炒的”定位，加快建立多主体供给、多渠道保障、租购并举的住房制度，让全体人民住有所居。在经历了2014年房价普遍下跌的寒冬之后，2015年以来，我国房价呈现出新一轮的猛涨态势，导致房价领涨地区的刺激住房销售的一系列政策不得不转为限贷、限购、限价等抑制性政策，使房价走势回归平稳。解决我国房地产的深层次问题，要从基本面入手，对房价调控政策的有效性给出评价，借鉴房地产市场国际调控经验，结合当前国情，提出相关政策建议。

## 第一节　当前中国房价的基本面与宏观调控的有效性

全国房价走势的最权威、最重要的参照系就是国家统计局按月公布的70个大中城市商品住宅销售价格变动情况。尽管每次公布当月系列房价数据时，国家统计局都会同步发布相关解读文章，但主体内容更偏重于环比与同比，不能从更广的视野来进行观察，分析与描述也不够具体。最关键的是，我们无法了解我国的房价基本面到底怎么样？

### 一、当前房价的基本面

我们收集了2018年2月及2017年、2016年近3年的70个大中城市同期房价数据，从更长的时间层面进行了更深入的研究，试图揭示3年来中国房价的真实情况。

观察以2015年为基期的2016年2月以来的近3年同期房价变动数据，我们发现，全国房价总体是在提升的，2016年2月，70个大中城市中分别有31

个和 27 个的新建商品住宅、二手住宅房价比基期下降，而到了 2018 年 2 月，比基期下降的只剩下锦州市唯一一个城市，其他 69 个城市则均有提升。其中，新建商品住宅销售价格指数最高的厦门市已经达到 151. 1，二手住宅销售价格指数最高的合肥市已经达到 151. 3。根据最新资料，2018 年 5 月，锦州市二手住宅销售价格指数（95. 1）仍未超过基期，但新建商品住宅销售价格指数已经回升到 100. 7。

为了研究方便，我们把上述两种指数按高低进行了五档分类，一档为 130 及以上，二档为 120—130，三档为 110—120，四档为 100—110，五档为 100 以下，然后对上述 5 个群体进行观察。

我们发现，从新建商品住宅销售价格指数看，房价基本面是在不断前移的。如图 4 -1 所示，3 年来，房价基本面已经从 2016 年的四、五两档为主（两档城市数量分别为 36 个和 31 个），演变为 2017 年的四、三两档为主（两档城市数量分别为 37 个和 11 个），到 2018 年更演变为三、二、四三档为主（三档城市数量分别为 32 个、13 个和 13 个），其中占比最大的基本面分别为四、四、三，呈现出明显的前移趋势。另外，一、二、三档的占比均呈逐年增加态势，而四、五两档则呈逐年减少态势。

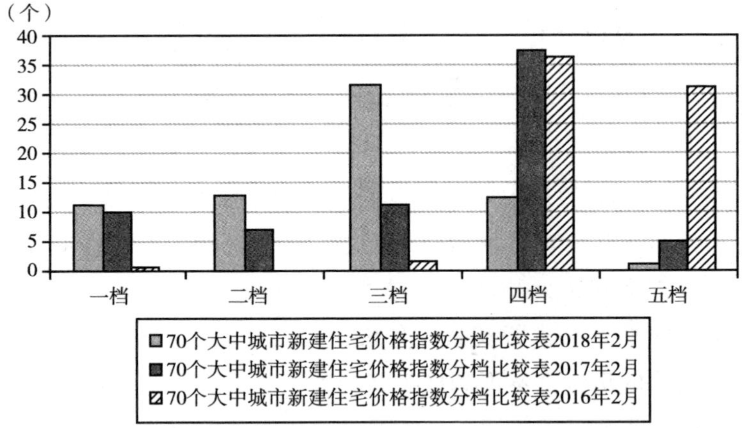


**图 4 -1　70 个大中城市新建商品住宅销售价格指数分档走势**

再从二手住宅销售价格指数看，房价基本面也是在不断前移的。如图 4 -2 所示，2016—2018 年，房价基本面已经从 2016 年的四、五两档为主（两档城市数量分别为 39 个和 27 个），演变为 2017 年的四、三、三的三档为主（三档城市数量分别为 38 个、10 个和 10 个），到 2018 年又演变为四、三两档为主（两档城市数量分别为 32 个和 21 个），其中占比最大的基本面虽均为第四档，但一、二、三档的占比也均呈逐年增加态势，而四、五两档则呈逐年减少态势。

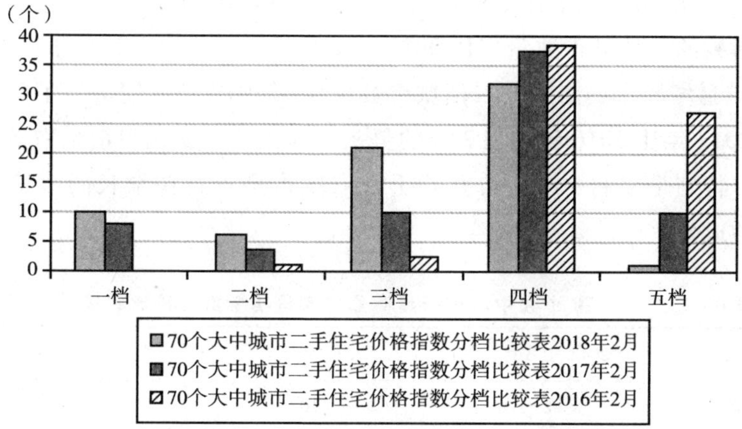


**图4-2　70个大中城市二手住宅销售价格指数分档走势**

因此，从2016—2018年70个大中城市房价的整体走势上看，呈现出从低档向高档涌浪式前进的状态。其突出的表现是，前三档群体城市数量逐年增多，而后两档群体城市数量逐年减少。但房价的基本面均为后三档。其中，新建商品住宅价格推进速度明显快于二手住宅，2018年2月，二档与四档城市数量已经持平；同期二手住宅价格指数的四档城市数量仍高于二档。这表明，新建商品住宅比二手住宅更受消费者追捧。

## 二、当前房价调控政策的有效性

我国房价调控政策的导向只有两个：对“过冷”的刺激，对“过热”的抑制。2015年以来，我国住房市场分化明显，呈现出结构性、区域性巨大差异。一线和部分准一线城市房价暴涨，其他城市则表现低迷。因此，国家层面采取了因地制宜的差异化住房政策，一方面，控制部分大城市房价的过快增长，防止住房泡沫发生；另一方面，加大对其他城市住房存量的去库存力度，提振房市信心。应该说，这些调控政策都取得了明显成效。

鉴于2016—2018年前三档群体城市数量均呈逐年增多态势，并没有出现衰退迹象，可以预料，本轮房价上涨的势头并没有停止，更没有出现下跌的苗头。只不过，房价暴涨的势头已经得到有效遏制，如表4-1所示，2018年2月新建商品住宅价格指数的一档城市数量仅比2017年2月增加了1个，远低于同期2017年比2016年猛增9个的势头；二档城市数量仅比2017年同期增加了6个，也低于同期2017年比2016年猛增7个的势头。

如表4－2所示，二手住宅价格指数的表现也大体相当，2018年2月二手住宅价格指数的一档城市数量仅比2017年2月增加了2个，远低于同期2017年比2016年猛增8个的势头；二档城市数量仅比2017年同期增加了2个，也低于同期2017年比2016年增加3个的势头；这说明，我国目前采取的差别化住房政策，特别是限制一线城市和若干重点城市房价过快增长的政策已经取得了可喜的成效。

**表4－1　70个大中城市新建商品住宅价格指数分档比较表**　　单位：个

| 档位 | 2018年2月 | 2017年2月 | 2016年2月 |
|---|---|---|---|
| 一档 | 11 | 10 | 1 |
| 二档 | 13 | 7 | 0 |
| 三档 | 32 | 11 | 2 |
| 四档 | 13 | 37 | 36 |
| 五档 | 1 | 5 | 31 |

**表4－2　70个大中城市二手住宅价格指数分档比较表**　　单位：个

| 档位 | 2018年2月 | 2017年2月 | 2016年2月 |
|---|---|---|---|
| 一档 | 10 | 8 | 0 |
| 二档 | 6 | 4 | 1 |
| 三档 | 21 | 10 | 3 |
| 四档 | 32 | 38 | 39 |
| 五档 | 1 | 10 | 27 |

同时，适度降低三四线城市住房存量、刺激房价提升的政策也取得了实效。如表4－1所示，新建商品住宅价格指数的五档城市数量已经从2016年2月的31个锐减到2017年同期的5个，进而又减少到2018年同期的1个；四档城市数量虽然由于消化五档进位城市的原因而由2016年同期的36个增加到2017年同期的37个，但2018年同期只剩下13个。这意味着，2016年同期四、五两档合计多达67个城市的状况，到2018年同期已经只剩下14个，有53个城市顺利实现了突围。二手住宅价格指数的表现也是如此，如表4－2所示，五档城市数量从2016年2月的27个锐减到2017年同期的10个，进而又锐减到2018年同期的1个；四档

城市数量由于消化五档进位城市的原因而由 2016 年同期的 39 个减少到 2017 年同期的 38 个，进而又减少到 2018 年同期的 32 个。这意味着，2016 年同期四、五两档合计多达 66 个城市的状况，到 2018 年同期已经只剩下 33 个，尽管突围的数量不如新建商品住宅价格指数，但也有一半城市顺利实现了突围。

## 三、房地产区域差异性

上述按价格指数的一档至五档进行划分，只是为了方便研究和说明问题，判断政策的有效性还要从具体的城市入手。从 2016—2018 年 70 个大中城市的表现来看，主要有以下特点：

一是一线城市一枝独秀。如表 4－3 所示，到 2018 年 2 月，无论是新建商品住宅价格指数还是二手住宅价格指数，北京、上海、广州、深圳这 4 个一线城市都排在前十位。其中，上海市、广州市的新建商品住宅价格指数位次比上年前移，深圳市、北京市的新建商品住宅价格指数位次比上年后退；深圳市、广州市的二手住宅价格指数位次比上年前移，北京市、上海市的二手住宅价格指数位次比上年后退。另外，4 个一线城市中，新建商品住宅价格指数最低的北京市，位次在第 7 位；二手住宅价格指数最低的上海市，位次在第 5 位。从两个指数的比较看，除上海市新建商品住宅价格指数（144.9）高于二手住宅价格指数（140.9）外，北京市、广州市、深圳市的新建商品住宅价格指数均低于二手住宅价格指数，映射出这 3 个城市二手房交易更加火爆的一面。

**表 4－3　　2018 年 2 月住宅价格指数排序对照表**

| 新建商品住宅价格指数排序 | | | | 二手住宅价格指数排序 | | | |
|---|---|---|---|---|---|---|---|
| 位次 | 城市 | 定基（2015 年＝100） | 位次比上年升降 | 位次 | 城市 | 定基（2015 年＝100） | 位次比上年升降 |
| 1 | 厦门 | 151.1 | ↗ | 1 | 合肥 | 151.3 | ↗ |
| 2 | 合肥 | 148.1 | ↘ | 2 | 深圳 | 147.1 | ↗ |
| 3 | 南京 | 145.9 | — | 3 | 广州 | 146.8 | ↗ |
| 4 | 上海 | 144.9 | ↗ | 4 | 北京 | 146.4 | ↘ |
| 5 | 深圳 | 144.9 | ↘ | 5 | 上海 | 140.9 | ↘ |

续表

| 新建商品住宅价格指数排序 | | | | 二手住宅价格指数排序 | | | |
|---|---|---|---|---|---|---|---|
| 位次 | 城市 | 定基（2015年=100） | 位次比上年升降 | 位次 | 城市 | 定基（2015年=100） | 位次比上年升降 |
| 6 | 广州 | 136.7 | ↗ | 6 | 厦门 | 139.8 | ↘ |
| 7 | 北京 | 134.7 | ↘ | 7 | 武汉 | 136.9 | ↗ |
| 8 | 杭州 | 132.9 | — | 8 | 南京 | 136.2 | ↘ |
| 9 | 无锡 | 132.9 | ↘ | 9 | 杭州 | 134.9 | ↗ |
| 10 | 惠州 | 131.4 | ↗ | 10 | 郑州 | 130.3 | ↘ |

二是长三角、珠三角优势明显。到2018年2月，无论是新建商品住宅价格指数还是二手住宅价格指数，长三角、珠三角城市的优势都非常明显。如表4－4所示，两类指数的一档城市分别有11个和10个。其中，含一线城市的上海市、广州市、深圳市在内，新建商品住宅价格指数一档城市位于长三角、珠三角的有8个，二手住宅价格指数一档城市位于长三角、珠三角的也有6个，长三角两类指数的一档城市分别有5个和4个。因此，房价领涨主要看一线城市和长三角、珠三角。

**表4－4　　2018年2月一档城市对照表**

| 新建商品住宅一档城市（11个） | | | 二手住宅一档城市（10个） | | |
|---|---|---|---|---|---|
| 华东（6个） | 中南（4个） | 华北（1个） | 华东（5个） | 中南（4个） | 华北（1个） |
| 厦门 | 深圳 | 北京 | 厦门 | 深圳 | 北京 |
| 合肥 | 广州 | | 合肥 | 广州 | |
| 南京 | 惠州 | | 南京 | 郑州 | |
| 无锡 | 武汉 | | 上海 | 武汉 | |
| 上海 | | | 杭州 | | |
| 杭州 | | | | | |

三是华东、中南地区集群效应明显。如果把上述的一档城市从长三角、珠三角扩大到华东和中南，则除了北京市之外，都是华东和中南的城市。不仅如此，从二档城市的表现来看，华东和中南地区的城市仍然构成了“羊群效应”。如表4－5所示，两类指数的二档城市分别有13个和6个。其中，新建商品住宅价格指数二档城市位于华东、中南地区的有10个，二手住宅价格指数二档城市位于华东、中南地区的也有5个，华东地区两类指数的二档城市分别有7个和4个。

表 4 – 5　　2018 年 2 月二档城市对照表

| 新建商品住宅二档城市（13 个） | | | | 二手住宅二档城市（6 个） | | |
|---|---|---|---|---|---|---|
| 华东（7 个） | 中南（3 个） | 华北（2 个） | 西北（1 个） | 华东（4 个） | 中南（1 个） | 华北（1 个） |
| 福州 | 郑州 | 天津 | 西安 | 福州 | 长沙 | 天津 |
| 济南 | 长沙 | 石家庄 | | 无锡 | | |
| 徐州 | 南宁 | | | 惠州 | | |
| 扬州 | | | | 青岛 | | |
| 宁波 | | | | | | |
| 南昌 | | | | | | |
| 九江 | | | | | | |

四是东北、西北、西南、华北和中南部分地区二手房存量较大。如表 4 – 6 所示，与新建商品住宅价格指数占比最大的是三档城市的情况形成对比的是，二手住宅价格指数占比最大的却是四档城市，数量多达 32 个，而且主要集中在东北、西北、西南、华北和中南部分地区。省会城市如东北的哈尔滨、长春、沈阳，西北的西安、兰州、西宁、银川、乌鲁木齐，西南的贵阳，华北的呼和浩特，中南的海口都名列其中，多达 11 个。更值得注意的是，西宁、银川、乌鲁木齐、呼和浩特这 4 个省会城市的新建商品住宅价格指数也处于四档，说明其住房市场完全处于不温不火的状态。

表 4 – 6　　2018 年 2 月二手住宅四档城市对照表

| 二手住宅四档城市（32 个） | | | | | |
|---|---|---|---|---|---|
| 西北（5 个） | 华东（2 个） | 东北（7 个） | 中南（10 个） | 华北（4 个） | 西南（4 个） |
| 乌鲁木齐 | 烟台 | 哈尔滨 | 湛江 | 秦皇岛 | 贵阳 |
| 兰州 | 济宁 | 沈阳 | 韶关 | 唐山 | 遵义 |
| 西安 | | 大连 | 岳阳 | 呼和浩特 | 泸州 |
| 西宁 | | 长春 | 常德 | 包头 | 大理 |
| 银川 | | 吉林 | 洛阳 | | |
| | | 牡丹江 | 平顶山 | | |
| | | 丹东 | 三亚 | | |
| | | | 海口 | | |
| | | | 襄阳 | | |
| | | | 桂林 | | |

## 四、未来住房市场的发展走向的基本判断

研究住房制度，必须立足国情，面对现实，面向未来。面向未来的前提是对房价走势有一个清晰的把握。从 70 个大中城市 2016 年 2 月至 2018 年 2 月的房价走势情况看，绝大多数城市房价呈现出一路走高的势头，只有部分一档城市、个别二档城市受临时性住房政策的影响，2018 年 2 月出现了下行势头。如表 4 – 7 所示，2018 年 2 月，一档城市中的北京、上海、南京、杭州、合肥、深圳、无锡，二档城市中的福州、郑州，共 9 个城市的新建商品住宅价格指数较上年同期略有回落。其他 61 个城市均继续一路上扬，但增幅绝大部分在一位数以内，增幅达到两位数的有沈阳、大连、长春、哈尔滨、贵阳、昆明、西安、徐州、金华、南充等 10 个城市，其中只有西安和徐州的新建商品住宅价格指数在 120 以上。

**表 4 – 7 新建商品住宅价格指数 2016 年 2 月至 2018 年 2 月对照表**

| 城市 | 2018 年 2 月 | 2017 年 2 月 | 2016 年 2 月 | 城市 | 2018 年 2 月 | 2017 年 2 月 | 2016 年 2 月 |
|---|---|---|---|---|---|---|---|
| 北京 | 134.7 | 135.2 | 108.9 | 唐山 | 109.5 | 102.6 | 99.3 |
| 天津 | 129.3 | 128.6 | 103.7 | 秦皇岛 | 114.0 | 106.5 | 99.1 |
| 石家庄 | 124.0 | 120.7 | 101.8 | 包头 | 105.7 | 99.0 | 98.4 |
| 太原 | 112.5 | 104.6 | 101.2 | 丹东 | 101.6 | 98.1 | 97.3 |
| 呼和浩特 | 108.0 | 100.6 | 99.5 | 锦州 | 98.8 | 95.6 | 98.1 |
| 沈阳 | 116.3 | 103.8 | 99.6 | 吉林 | 109.3 | 101.8 | 99.0 |
| 大连 | 113.3 | 102.4 | 99.0 | 牡丹江 | 104.8 | 98.3 | 98.6 |
| 长春 | 113.3 | 103.9 | 99.5 | 无锡 | 132.9 | 134.4 | 100.3 |
| 哈尔滨 | 114.5 | 103.4 | 100.4 | 扬州 | 121.7 | 111.9 | 100.7 |
| 上海 | 144.9 | 145.7 | 116.6 | 徐州 | 121.9 | 111.0 | 100.4 |
| 南京 | 145.9 | 148.1 | 110.9 | 温州 | 114.2 | 106.6 | 101.9 |
| 杭州 | 132.9 | 133.6 | 106.4 | 金华 | 118.9 | 108.9 | 101.6 |
| 宁波 | 121.7 | 114.8 | 103.6 | 蚌埠 | 117.1 | 108.8 | 98.2 |
| 合肥 | 148.1 | 148.5 | 105.5 | 安庆 | 113.6 | 107.9 | 99.3 |
| 福州 | 128.0 | 129.9 | 104.8 | 泉州 | 110.6 | 110.6 | 100.3 |
| 厦门 | 151.1 | 147.9 | 108.1 | 九江 | 121.2 | 112.9 | 99.9 |
| 南昌 | 123.6 | 117.3 | 103.1 | 赣州 | 116.4 | 114.4 | 100.0 |

续表

| 城市 | 2018 年 2 月 | 2017 年 2 月 | 2016 年 2 月 | 城市 | 2018 年 2 月 | 2017 年 2 月 | 2016 年 2 月 |
|---|---|---|---|---|---|---|---|
| 济南 | 122.1 | 120.5 | 101.8 | 烟台 | 115.2 | 106.0 | 100.1 |
| 青岛 | 117.9 | 113.5 | 100.2 | 济宁 | 109.9 | 100.8 | 98.7 |
| 郑州 | 129.8 | 130.4 | 102.7 | 洛阳 | 114.1 | 104.5 | 99.0 |
| 武汉 | 130.3 | 128.7 | 104.8 | 平顶山 | 112.0 | 104.1 | 100.4 |
| 长沙 | 126.7 | 120.4 | 101.3 | 宜昌 | 115.4 | 106.3 | 99.8 |
| 广州 | 136.7 | 132.6 | 107.6 | 襄阳 | 108.7 | 101.8 | 98.6 |
| 深圳 | 144.9 | 148.5 | 130.7 | 岳阳 | 114.2 | 105.0 | 98.5 |
| 南宁 | 123.6 | 114.0 | 102.6 | 常德 | 111.2 | 102.6 | 99.1 |
| 海口 | 113.4 | 107.7 | 100.5 | 惠州 | 131.4 | 125.9 | 101.6 |
| 重庆 | 119.1 | 110.0 | 101.6 | 湛江 | 116.6 | 107.9 | 98.2 |
| 成都 | 106.4 | 106.4 | 101.3 | 韶关 | 116.3 | 108.4 | 99.7 |
| 贵阳 | 117.3 | 105.8 | 100.3 | 桂林 | 112.1 | 103.1 | 98.8 |
| 昆明 | 115.6 | 103.8 | 99.2 | 北海 | 117.7 | 104.9 | 100.2 |
| 西安 | 122.6 | 110.2 | 100.6 | 三亚 | 112.0 | 107.8 | 100.2 |
| 兰州 | 110.0 | 104.0 | 100.5 | 泸州 | 110.7 | 103.7 | 99.7 |
| 西宁 | 107.8 | 101.5 | 98.5 | 南充 | 112.2 | 101.2 | 98.3 |
| 银川 | 105.9 | 100.7 | 98.5 | 遵义 | 110.3 | 101.5 | 99.3 |
| 乌鲁木齐 | 106.5 | 98.0 | 98.3 | 大理 | 109.7 | 102.7 | 99.6 |

相比较二手住宅价格指数较上年同期回落的城市就更少了。如表 4－8所示，2018 年 2 月，只有一档城市中的北京、南京、厦门、郑州，三档城市中的石家庄，共 5 个城市的二手住宅价格指数较上年同期略有回落；其他 65 个城市均继续一路上扬，但增幅绝大部分在一位数以内，增幅达到两位数的只有武汉和长沙，其二手住宅价格指数分别为 136.9 和 127.3。

**表 4－8　二手住宅价格指数 2016 年 2 月至 2018 年 2 月对照表**

| 城 市 | 2018 年 2 月 | 2017 年 2 月 | 2016 年 2 月 | 城 市 | 2018 年 2 月 | 2017 年 2 月 | 2016 年 2 月 |
|---|---|---|---|---|---|---|---|
| 北京 | 146.4 | 153.5 | 116.1 | 唐山 | 105.9 | 102.4 | 99.6 |
| 天津 | 128.3 | 127.9 | 104.2 | 秦皇岛 | 109.2 | 104.0 | 98.5 |
| 石家庄 | 119.0 | 119.1 | 100.8 | 包头 | 101.1 | 97.4 | 98.4 |

续表

| 城 市 | 2018 年<br>2 月 | 2017 年<br>2 月 | 2016 年<br>2 月 | 城 市 | 2018 年<br>2 月 | 2017 年<br>2 月 | 2016 年<br>2 月 |
|---|---|---|---|---|---|---|---|
| 太原 | 114.2 | 106.6 | 101.1 | 丹东 | 101.0 | 98.1 | 98.6 |
| 呼和浩特 | 102.6 | 99.0 | 99.9 | 锦州 | 93.7 | 93.3 | 95.7 |
| 沈阳 | 109.4 | 101.9 | 100.6 | 吉林 | 105.7 | 101.8 | 99.7 |
| 大连 | 108.0 | 101.4 | 99.5 | 牡丹江 | 103.9 | 100.4 | 100.1 |
| 长春 | 107.1 | 101.2 | 99.5 | 无锡 | 129.6 | 119.9 | 99.8 |
| 哈尔滨 | 109.6 | 101.9 | 101.2 | 扬州 | 112.9 | 107.2 | 100.2 |
| 上海 | 140.9 | 140.6 | 114.8 | 徐州 | 111.6 | 105.7 | 100.1 |
| 南京 | 136.2 | 138.6 | 106.5 | 温州 | 111.3 | 105.1 | 102.3 |
| 杭州 | 134.9 | 126.4 | 104.5 | 金华 | 114.4 | 105.7 | 100.7 |
| 宁波 | 118.8 | 110.8 | 103.2 | 蚌埠 | 112.3 | 105.5 | 99.1 |
| 合肥 | 151.3 | 151.2 | 110.8 | 安庆 | 113.9 | 107.6 | 99.8 |
| 福州 | 125.3 | 120.7 | 103.4 | 泉州 | 112.6 | 107.2 | 99.5 |
| 厦门 | 139.8 | 140.4 | 106.6 | 九江 | 114.7 | 110.1 | 101.0 |
| 南昌 | 117.9 | 115.1 | 101.8 | 赣州 | 114.3 | 111.6 | 100.7 |
| 济南 | 119.4 | 117.3 | 101.4 | 烟台 | 109.7 | 102.8 | 99.6 |
| 青岛 | 120.7 | 111.7 | 100.7 | 济宁 | 109.1 | 101.3 | 99.7 |
| 郑州 | 130.3 | 131.5 | 103.4 | 洛阳 | 106.7 | 102.3 | 99.2 |
| 武汉 | 136.9 | 126.6 | 103.7 | 平顶山 | 106.5 | 100.2 | 99.8 |
| 长沙 | 127.3 | 115.4 | 100.9 | 宜昌 | 111.9 | 104.7 | 100.9 |
| 广州 | 146.8 | 139.2 | 108.7 | 襄阳 | 106.1 | 101.2 | 99.7 |
| 深圳 | 147.1 | 140.5 | 129.7 | 岳阳 | 107.5 | 102.6 | 99.6 |
| 南宁 | 116.5 | 108.6 | 102.3 | 常德 | 106.9 | 102.4 | 99.9 |
| 海口 | 104.4 | 103.7 | 99.2 | 惠州 | 123.4 | 116.3 | 101.3 |
| 重庆 | 115.9 | 107.6 | 102.5 | 湛江 | 109.4 | 102.3 | 98.5 |
| 成都 | 110.6 | 107.2 | 101.5 | 韶关 | 107.2 | 102.3 | 100.3 |
| 贵阳 | 108.7 | 103.2 | 100.8 | 桂林 | 100.3 | 97.1 | 98.8 |
| 昆明 | 110.1 | 102.1 | 100.8 | 北海 | 111.9 | 104.0 | 101.8 |
| 西安 | 104.9 | 96.9 | 97.5 | 三亚 | 105.9 | 104.5 | 100.7 |
| 兰州 | 105.7 | 100.9 | 100.2 | 泸州 | 109.6 | 104.7 | 101.5 |
| 西宁 | 102.5 | 99.3 | 100.1 | 南充 | 111.1 | 103.4 | 100.4 |
| 银川 | 100.7 | 99.1 | 99.2 | 遵义 | 107.6 | 101.1 | 98.2 |
| 乌鲁木齐 | 109.9 | 98.7 | 100.1 | 大理 | 102.9 | 98.7 | 99.2 |

因此，从发展趋势上看，如果在现有住房政策保持不变的前提下，未来几年我国住房市场总体上还将继续保持慢热势头，房价涨幅略高于GDP增速。一旦个别地区出现过热，可及时采取先行地区的行之有效的“多限”措施，即可遏制，从而保持住房市场平稳健康发展。

## 第二节　房地产调控的国际经验与借鉴

### 一、国外调控住房市场的经验和教训

房地产市场调控是个世界性难题，在研究新时代我国住房调控政策时，也应该借鉴一下发达国家的经验和教训。任泽平等著的《房地产周期》① 一书，研究了增速换挡期德国、日本、韩国等的房市走势，人口集聚的国际经验，全球历次房地产大泡沫，俄罗斯、东南亚和日本在处理汇率与房价问题上的3种模式，为我们提供了有益参考。

1. 房价稳定首推德国。1970—2015年，德国新建住房名义价格指数只增加90%，扣除通货膨胀的实际价格下跌11.3%，实际房价收入比下跌62%，没有出现过严重的房地产泡沫和危机，保持了长期稳定的物价，在全球“独善其身”。

从住房供给角度看，德国主要有以下经验：一是住房制度设计以居住为导向，并以法律形式加以保障。二是住房供给充足稳定。德国住房套户比（住房套数/家庭户数）1978年就达到1.21，随后一直稳定在1以上。三是租赁市场规范、发达。德国住房拥有率只有40%，有一半以上的家庭租房居住，而且政府鼓励公共租赁住房与营利性租赁住房进行竞争，保证了住房的供需平衡。四是投机性需求和开发商暴利行为被严厉遏制。五是住房投资回报率合理且稳定，长期稳定在4%—5%。六是住房供给支持政策体系完备，保证了住房存量和居民购买力。

从住房需求角度看，德国的经验主要有：一是货币政策的首要目标是控制通货膨胀，保持物价长期平稳。二是长期实行中性的房贷政策。三是人口增长和移民速度减缓。德国的人口自然增长率始终在零以下。四是家庭小型

① 任泽平、夏磊、熊柴：《房地产周期》，人民出版社2017年版。

化，人口结构老龄化。德国老龄化水平（65 岁及以上人口占比）居欧盟首位，2010 年已经达到 20.38%。五是城市体系多核心均衡发展。德国有 11 个城市群，但并没有出现超大型城市的集聚效应，这也使得大城市房价涨幅长期保持在合理区间。

2. 全球历次房地产大泡沫破裂的教训。20 世纪以来，全球共发生数次影响巨大的房地产大泡沫破裂，包括 1923—1926 年的美国佛罗里达州房地产泡沫、1986—1991 年的日本房地产泡沫、1992—1993 年的中国海南房地产泡沫、1991—1997 年的东南亚房地产泡沫、2001—2008 年的美国房地产泡沫。这些房地产大泡沫破裂所引发的经济危机，给了我们以下启示：一是房地产大泡沫破裂几乎必然引发经济危机，导致经济衰退，所以必须严加防范。二是房地产大泡沫的形成，无一例外是受到流动性过剩和低利率的刺激，所以防范房地产泡沫必须控制流动性过剩，避免低利率的过度刺激。三是房地产大泡沫的破裂，无一例外都与货币收紧和加息有关，所以防范其破裂必须防止货币政策过热到过冷的淬火式突变。

3. 保汇率与保房价的政策取向启示。房价与汇率之间存在定价错误和套利机会，在政策取向上做出怎样的选择，实际上是指内部目标与外部目标之间的平衡。俄罗斯、东南亚和日本在处理汇率与房价问题上采取了截然不同的 3 种模式。2014 年，俄罗斯的模式是弃汇率、保房价，他们连续上调基准利率而无法抑制大规模资本“外逃”，只好于 2014 年 11 月宣布取消实际有效汇率的浮动限制，放弃了对卢布汇率的干预机制，导致卢布大幅贬值，一手房价格震荡上行。1991 年，日本的模式是保汇率、弃房价，针对大量资金涌入房地产业、地价疯狂飙升的情况，日本政府采取了主动挤压泡沫的严厉措施，控制土地贷款，央行 5 次加息，导致股市泡沫破裂，公司破产，大量不动产涌入市场，进入“供大于求”的冰河时代。1997 年，东南亚的模式是弃汇率、弃房价，在国际投机者的操控下，泰国政府被迫放弃“泰铢钉住美元”的制度，实行有管理的浮动汇率制度，导致泰铢大幅贬值，并迅速波及整个东南亚地区，形成金融危机，房地产泡沫也迅速破裂，房价大幅缩水。在这 3 个案例中，房价走高都是汇率升值预期导致国内流动性过剩引起的，而政府干预的对象都是汇率，间接影响了房价。

## 二、我国控制房价过快增长的成功经验

如前所述，我国目前已经进入因地施策调控城镇住房市场并坚决抑制投

资投机需求时期，核心是坚决贯彻落实习总书记关于“房子是用来住的、不是用来炒的”的重要指示，坚决控制房价过快增长。这也是当前各级政府和社会大众普遍关心的热点问题，远胜于解决城市低收入家庭住房困难、三四线城市住房去库存等其他方面。应该说，经过多年实践，我国控制楼市房价过快增长已经积累了越来越丰富的经验。这些经验可以归纳为“六限”“一约谈”，为我们研究建立更加科学的住房制度提供了重要参考。

一是限购。即，限制住房购买资格和数量。通用的基本限购令包括：各城市本地户籍与持“人才居住证”家庭，最多限拥有两套住房；外地户籍和境外人士最多限拥有一套；两次购房时间需相隔两年以上；禁止公司购房。

二是限贷。即，限制住房贷款金额和资格。包括对不能提供一年以上当地纳税证明或社保缴纳证明的非本地居民暂停发放购房贷款，提高住房贷款利率、提高首付款额度等。

三是限价。即，限制住房出售最高价和最低价。往往限房价、限地价“两限”并举，按照“以房价定地价”的思路，采用政府组织监管、市场化运作的模式，在土地挂牌出让时就限定房屋价格、建设标准和销售对象，政府对开发商的开发成本和合理利润进行测算后，设定土地出让的价格范围，从源头上对房价进行调控。该措施主要用于解决中低收入家庭的住房困难，是目前限制高房价的一种临时性举措。

四是限售。即，限制二手房的转让出售。这是针对限购政策出台前已经购买多套住房的投机者实施的追加手段，即限制商品房的购买到出售间隔，如 3 年期满方可上市交易。另外，也有对贷款未还完的商品房限制出售的。

五是限商。即，限制商业用房变相建成公寓类建筑。为防止商业办公等非住宅类建筑变相建成公寓类建筑，规定商业办公类非住宅类建筑不得按单元式或住宅套型设计。

六是限提。即，限制提取公积金。2018 年 5 月，《住房和城乡建设部　财政部　人民银行　公安部关于开展治理违规提取住房公积金工作的通知》（建金〔2018〕6 号），针对一些机构和个人通过伪造证明材料、虚构住房消费行为等手段违规提取住房公积金，甚至形成骗提、套取住房公积金“黑色产业链”的行为，开展专项治理，规范和改进了提取政策，实施失信联合惩戒，防止提取住房公积金用于炒房投机。

七是约谈。即，邀约谈话。指拥有具体行政职权的机关，通过约谈沟通、学习政策法规、分析讲评等方式，对下级组织运行中存在的问题予以纠正并规范的准具体行政行为。目前住房和城乡建设部对控制房价上涨不力地区党政领导的约谈，在关键时刻起到了很重要的作用。

以上这些都是行之有效的措施，特别是组合应用之后，往往能起到组合拳的作用，对抑制城镇房价短期过快上涨，发挥出很大的威力。

## 第三节　加快建立更加科学的住房制度的设计

### 一、改革开放以来我国住房政策的变迁

研究住房制度改革，要从历史进程中汲取经验教训，寻找正确答案。柏必成著的《改革开放以来我国住房政策的变迁：轨迹与动力分析——基于政策变迁理论的研究》[①] 一书，运用规范分析与实证研究相结合的方法，对改革开放以来我国住房政策变迁的轨迹进行了描述性分析，对住房政策变迁的动力进行了解释性分析，为我们研究我国住房政策提供了参考。

改革开放 41 年来我国住房政策的变迁史，就是从计划经济时期的福利化住房制度的打破到市场经济时期市场化住房制度的不断完善的历史。柏必成（2016）认为，我国住房政策的变迁可分为 5 个阶段：一是初步尝试住房制度改革时期（1978—1988 年）。二是全国形成二元住房制度时期（1988—1998 年）。三是实现住房制度从二元向一元转变时期（1998—2003 年）。四是调控住房市场时期（2003—2007 年）。五是调控住房市场与加强住房保障并重时期（2007 年至今）。我们认为，可以将第五阶段截止时间定在 2015 年，再细分出第六个阶段，即因地施策调控住房市场并坚决抑制投资投机需求时期（2016 年至今）。

计划经济时期，我国的福利住房政策具有两大特征：一是住房投资主要由中央财政预算拨款。二是住房分配由单位发挥主导性作用。资料显示，在 1985 年，我国仍有 90% 的城市住房是公有住房，因此使得私有住房显得没有多大意义。

当时的公有住房分为两种：各单位直接管理的和城市房产部门直接管理的。其中，绝大多数是第一种。当然，与此相对应的是，国家住房预算支出的 90% 以上也是直接拨付给各单位的。这类住房所有权归国家，使用权归单

---

① 柏必成：《改革开放以来我国住房政策的变迁：轨迹与动力分析——基于政策变动理论的研究》，武汉大学出版社 2016 年版。

位职工。除非职工工作单位调动或另行分配其他住房，否则住房的使用权是不会变化的。

1980 年，邓小平同志就建筑业与住宅问题的谈话，拉开了我国住房制度改革的序幕。几十年后回过头来看，我们发现，此后的住房政策基本没有脱离邓小平同志指引的道路。概括起来，邓小平同志的谈话主要有 7 个字：一是“买”。城镇居民个人可以购买房屋。二是“卖”。不但新房子可以出售，老房子也可以出售。三是“租”。四是“补”。对低工资的职工要给予补贴。五是“建”。城镇居民可以自己盖房子，还可以鼓励公私合营或民建公助。六是“贷”。买房可以一次付款，也可以分期付款。七是“差”。不同地段的房子，租金应该有所不同。由此可见，我们现在提到的住房供给、住房保障、住房租购问题，都是邓小平同志曾经意识到并提出过的。

在住房政策变迁的第一个阶段，我国先后进行了三次改革试点。前两次侧重于出售公房，第三次侧重于提高租金。第一次公房出售试点是将新建公房全价售给个人，此次试点从 1979 年开始到 1982 年结束，效果很不理想，人们的购房需求并不高。第二次试点是采取“三三制”补贴出售公房，即个人负担售价的三分之一，职工所在单位及地方政府补贴其余的三分之二。此次试点从 1982 年开始到 1985 年结束，效果也不理想。因此，第三次试点只好从提高租金上进行新尝试，试图改变低租金对公房出售的制约。此次试点从 1986 年开始到 1988 年结束，取得了一些效果，但并没有扭转居民普遍居住公房的局面。

在住房政策变迁的第二个阶段，以 1988 年出台的《在全国城镇分期分批推行住房制度改革的实施方案》为标志，将住房制度改革全面推开，二元住房制度在全国形成。这一阶段，全面推行了住房公积金制度，提出了建立以中低收入家庭为对象、具有社会保障性质的经济适用住房供应体系和以高收入家庭为对象的商品房供应体系，这是住房分类供应制度的雏形，但福利化住房制度并没有从根本上消除。

在住房政策变迁的第三个阶段，以 1998 年《国务院关于进一步深化城镇住房制度改革加快住房建设的通知》（国发〔1998〕23 号）出台为标志，我国彻底叫停了公有住房的实物分配，切断了单位与住房供给之间的联系，实现了住房制度从二元向一元的根本性转变，也让绝大多数人成为“有产者”。需要注意的是，当时全国的房改政策是“一刀切”的，没有地区差异。

在住房政策变迁的第四个阶段，以 2003 年《国务院关于促进房地产市场持续健康发展的通知》（国发〔2003〕18 号）出台并首次正式提出房地产业已经成为国民经济支柱产业为标志，我国住房政策的重点已经从住房制度的转轨转向了调控住房市场、稳定住房价格、促进住房市场健康发展。在此期间出台的国务院办公厅文件，标题中均未再出现“住房制度改革”字样。这一阶段，从住房供给、需求及市场交易规范等多方面都有着力。在调整和完善住房供应结构方面，扩大了普通商品住房、经济适用住房和廉租住房的供应规模；在调控土地供应方面，也要求优先保证普通商品住房、经济适用住房和廉租住房的土地供应；加大了对投机性与投资性购房需求的控制力度，加强了住房信贷管理。

在住房政策变迁的第五个阶段，以2007年《国务院关于解决城市低收入家庭住房困难的若干意见》（国发〔2007〕24号）出台为标志，首次明确提出把解决城市低收入家庭住房困难纳入政府公共服务职能，我国住房政策进入调控住房市场与加强住房保障并重时期。加强住房保障的政策重点是进一步建立健全城市廉租住房制度，改进和规范经济适用房制度，逐步改善其他住房困难群体的居住条件。文件提出，城市廉租住房制度是解决低收入家庭住房困难的主要途径。廉租住房保障范围也由城市最低收入住房困难家庭扩大到低收入住房困难家庭。调控住房市场的政策则表现出相机性与灵活性，抑制“过热”，刺激“过冷”，交替使用。2012年，“建立市场配置和政府保障相结合的住房制度”被写入党的十八大报告。

在住房政策变迁的第六个阶段，我国住房市场呈现出非常明显的“一二线城市高房价、三四线城市高库存”的区域分化现象，习近平总书记在2016年12月全国经济工作会议上明确提出“房子是用来住的、不是用来炒的”的定位，并写入了党的十九大报告，由此进入因地施策调控住房市场并坚决抑制投资投机需求、租购并举时期。国务院办公厅2016年出台了《国务院办公厅关于加快培育和发展住房租赁市场的若干意见》（国发〔2016〕39号），希望通过实行购租并举，制定支持住房租赁消费的优惠政策措施，引导城镇居民通过租房解决居住问题，实现住有所居的目标。2017年7月，住房和城乡建设部等九部委下发了《住房和城乡建设部　国家发展和改革委　公安部　财政部　国土资源部　人民银行　国家税务总局　国家工商总局　中国证监会关于在人口净流入的大中城市加快发展住房租赁市场的通知》（建房〔2017〕153号），选取了12个城市作为首批试点，再度明确租购并举，租售同权。随后，国土资源部、住房和城乡建设部联合发布《国土资源部　住房和城乡建设部关于印发〈利用集体建设用地建设租赁住房试点方案〉的通知》（国土资发〔2017〕100号），确定北京市、上海市、南京市、杭州市等13个城市进行集体建设用地建设租赁住房试点。

## 二、加快建立更加科学的住房制度的立足点

"六限""一约谈"固然是我国的成功经验，但毕竟只是权宜之计，不能从根本上解决我国城镇住房市场长期保持稳定的问题。有的政策因为短期内摇摆剧烈，朝秦暮楚，导致楼市像过山车一样大起大落，让一部分投资者得利，另一部分投资者受损，受到民众非议和诟病。因此，立足我国国情，建立一套更科学的住房制度，从根本上解决我国住房市场长期保持稳定的问题，已成为当务之急。

研究住房制度，还是要从住房制度的目标说起。我国城镇住房制度的目标，主要是最大限度地提高城镇居民家庭拥有住房比例，从数量上和质量上改善住房供给，保障困难群体的基本住房需求，实现住房发展与人的发展、城市发展和经济发展等多维目标的统一。简单地说，就是扩大数量，改善质量，保障基本需求，满足多维目标。就住房分配体制而言，我国已经完成了从计划经济时期的支付象征性租金的福利分房、实物分配住房，到社会主义市场经济条件下的以等价交换原则获取住房的货币化购房或租房阶段的过渡和转轨。从拥有住房比例情况看，2000 年，国家统计局城市社会经济调查总队组织的一次大规模入户抽样调查显示：我国已有超过半数的城镇居民购买了住房，近七成的家庭拥有了自己的产权房，其中拥有原有私房的为 12.0%，拥有房改私房的为 48.4%，拥有商品房的为 5.4%。在当时情况下，传统租赁公房的家庭由 1993 年的 76.8% 急剧下降到 28.6%。2011 年，国家统计局住户调查办公室公布的城镇和农村居民收支状况和生活质量的有关报告显示，至 2010 年年底，我国城镇居民家庭自有住房率为 89.3%，其中 11.2% 的城镇居民家庭拥有原有私房，40.1% 的家庭拥有房改私房，38.0% 的家庭拥有商品房。2014 年，西南财经大学中国家庭金融调查与研究中心发布的"城镇住房空置率及住房市场发展趋势"专题新闻显示，2013 年我国住房空置率为 22.4%，城镇家庭住房拥有率为 87.0%，多套房拥有率为 18.6% 且与 2011 年相比增长了 15.9%。2014 年 3 月的季度数据显示城镇家庭多套房拥有率已上升至 21.0%。2015 年年底，中国社科院发布的 2016 年《社会蓝皮书》显示：城镇居民家庭住房自有率达 91.2%，19.7% 的城镇居民家庭拥有两套以上的住房。综合这些公开发布的信息来看，当前我国城镇居民家庭住房拥有率还是比较

高的，已经超过了欧美一些发达国家。与此相伴，人均住房面积也呈不断扩大趋势。在这种情况下，回到福利分房时代，既无必要，也无可能。这是当前我国城镇住房的基本国情，也是我们研究新时代科学的住房制度的第一个立足点。

住房是给人居住的，因此研究住房制度还必须了解人口发展状况及住房与人口的匹配程度。《中国统计年鉴》数据显示，2010 年我国总人口为 13.4 亿人，2016 年为 13.8 亿人，当年人口自然增长率为 5.86‰。据此推算，全国每年新增人口在 800 万人左右。但是，城镇人口 2016 年为 7.9 亿人，随着城镇化率的不断提高，每年新增 0.2 亿人左右。按新建小家庭每户 2 人计算，每年大约新增 1 000 万个城镇居民家庭，理论上新增城镇住房需求约为 1 000 万套。从我国房地产开发企业成套住宅竣工与销售情况看，2011—2016 年，每年竣工的成套住宅最低的年份为 705 万套，最高的为 765 万套，而 2013 年起每年销售的成套住宅均在 1 000 万套以上，2016 年达到 1 282 万套。显然，我国当前总体上存在着城镇住房供不应求的局面。这是我们研究新时代科学的住房制度的第二个立足点。

“孔雀东南飞”，不仅是我国人才流动的特点，也是人口分布的主要特点。我国人口密度为每平方公里 143 人，约是世界人口密度的 3.3 倍，且人口分布很不均衡：东部沿海地区人口密集，每平方公里超过 400 人；中部地区每平方公里为 200 多人；西部高原地区人口稀少，每平方公里不足 10 人。数据显示，2010 年我国人口密度仍然符合 1935 年地理学家胡焕庸所提出的著名的“胡焕庸线”也叫“瑷珲—腾冲线”所揭示的中国人口空间分布规律。另外，如表 4 – 9 所示，我国人口密度排名在前 13 位的城市全都在“胡焕庸线”的右侧。根据《中国统计年鉴》，2011 年起，我国高校本专科毕业生就超过了 600 万人，研究生毕业人数近 43 万人；2016 年本专科毕业生已经达到 704 万人，研究生毕业人数超过 56 万人。尽管其中有近 300 多万人是专科生，有的会继续攻读本科和研究生，但离开学校走上工作岗位的也占了相当大的比重。这些高校毕业生，毕业后的去向普遍是“胡焕庸线”右侧的大城市。加上其他劳动力由西部向东部、由农村向城市、由三四线城市向一二线城市的迁移，使得一些热点城市不可避免地出现了人口净流入的现象，加剧了住房供不应求的矛盾。从 2017 年开始的以出台人才吸引新政为标志的热点城市“抢人”大战，多半与落户和享受住房补贴及购买优惠相关，进一步刺激了这些城市房价的上涨。这是我们研究新时代科学的住房制度的第三个立足点。

表 4－9　　2016 年全国主要城市人口密度排行榜

| 排名 | 城市 | 人口（万人） | 面积（万平方公里） | 人口密度（人/平方公里） |
|---|---|---|---|---|
| 1 | 深圳 | 1 137.89 | 0.20 | 5 689.45 |
| 2 | 上海 | 2 415.27 | 0.63 | 3 833.76 |
| 3 | 东莞 | 822.02 | 0.25 | 3 288.08 |
| 4 | 汕头 | 532.88 | 0.21 | 2 537.52 |
| 5 | 厦门 | 367.00 | 0.17 | 2 158.82 |
| 6 | 广州 | 1 292.68 | 0.74 | 1 746.86 |
| 7 | 中山 | 314.23 | 0.18 | 1 745.72 |
| 8 | 无锡 | 646.55 | 0.48 | 1 346.98 |
| 9 | 北京 | 2 170.50 | 1.64 | 1 323.48 |
| 10 | 天津 | 1 546.95 | 1.19 | 1 299.96 |
| 11 | 郑州 | 956.90 | 0.74 | 1 293.11 |
| 12 | 武汉 | 1 060.77 | 0.85 | 1 247.96 |
| 13 | 南京 | 823.59 | 0.66 | 1 249.86 |

都市圈建设也是需要我们重视的一个角度。1957 年，法国地理学家戈特曼首次提出了大都市圈概念，用以概括一些国家出现的大城市群现象。这些大城市群往往具有以下特征：区域内城市高度密集，人口规模巨大，城市间具有建立在分工明确、各具特色、优势互补基础上的密切的经济联系，是一个国家和地区经济最活跃、最重要的区域。与德国、美国、日本相比，目前我国的都市圈建设存在着数量偏少、地域过度集中的问题，公认的只有长三角、珠三角、京津冀三大都市圈，其他区域性的都市圈如成渝都市圈、武汉都市圈、太原都市圈、济南都市圈、郑州都市圈、徐州都市圈等，由于地理位置和中心城市经济实力等原因，凝聚力和吸引力要差很多，还不大能形成扩散到中心城市之外的区域性的影响。这就使得三大都市圈的住房需求和房价上涨压力更加巨大。这是我们研究新时代科学的住房制度的第四个立足点。

除了城市低收入家庭和外来民工外，流动到大城市的新毕业的大学生也是住房刚需特别是住房租赁用户的一个重要方面。有研究报告称，目前我国住房租赁人口约为 1.9 亿人，租赁市场规模已超万亿元，而租赁人口主要由流动人口及高校毕业生构成。南京市某高校学生 2018 年上半年开展的一项针对江苏省内各大高校即将毕业进入工作岗位或者刚刚进入工作岗位的毕业生进行的网络调查，有效问卷共 232 份，可以大概反映出这方面的需求。一是选择租房的比例较高。已租房人数占样本总量的18.1%，正打算租房的占50.86%，有公司、亲戚或其他原因不需要租房的占24.14%，考虑直接买房的只占6.9%。二是选择大城市的比例较高。已租房的人中，选择一线城市的占23.81%，选择省会城市的占61.9%；未租房的人中，选择一线城市的占34.74%，选择省会城市的占61.05%。三是选择合租的比例较高。有75%的选择与他人合租，最主要的原因是资金有限，其次是因为合租可以相互照应。四是选择居民租住房的比例较高。有62.93%的人选择居民租住房，19.83%的选择商品租赁房，11.21%的选择商业圈租房。五是对交通状况和租金更加看重。关心租赁房的交通状况和租金的占比最高，分别占81.03%和80.17%。六是选择1小时以内到达工作地点的比例较高。有60.34%的人认为租房地点到工作地点所需时间为30—60分钟是能接受的，有33.62%的认为30分钟以内是更为合理的时间。这是我们研究新时代科学的住房制度的第五个立足点。

## 三、科学认识多主体供给、多渠道保障、租购并举住房制度的内涵

房价的升降与供求关系密切，住房供不应求时就会涨价，供过于求时则会降价。当前的住房政策既要满足百姓住房需求，又要使房价保持相对稳定，防止大涨大跌。长效机制对房价的平稳、房地产业发展，以及对整个宏观经济运行都有很重要的作用。

什么是多主体供给？住房供给指在一定时期内，在某一价格水平下市场上所愿意且能够提供的住房产品的数量。在我国，住房供给主体无非就是政府与市场。多主体供给就是同时发挥政府与市场的主体作用，最大限度地提供住房产品，满足人民群众日益增长的对住房数量与质量的需求。其中，就政府主体而言，主要有政府及其相关部门、事业单位、国有企业供房者，主要提供公租房、廉租房和经济适用房；就市场主体而言，主要有房地产商、住房租赁企业和居民供房者，主要提供商品房和租赁房。公租房、人才公寓等政府或国有企业的房源，可通过购买服务模式，委托给住房租赁企业运营管理。与住房供应相配套的，还有土地供应，除了国有建设用地，还要增加集体建设用地。国有建设用地的出让主体是各地政府，集体建设用地的出让主体是村集体。同时，还可鼓励国有企事业单位利用自有土地建设保障房，可以算“半个主体”。多主体供给意味着，未来供应体系将会随着改革而发生改变，之前主要靠单一的商品房供应为主，是一个销售的供应体系，而未来

将会是多元化的供应体系，既有商品房，也有经济适用房，更有政府、机构、个人持有的租赁房等多渠道供应，新房、存量房和租赁房“三足鼎立”，同时发挥作用。

什么是多渠道保障？保障是指作为社会成员之间的某种意义上的交互动态的有限支撑和支持，比如，基本生存、基本生活、基本医疗、就业、失业、阶段性的免费义务教育、基本养老、居住条件、安全、合情合理、正当正义的言论自由等。在我国，住房保障是与保障性住房的概念紧密相连的。前文已经述及，2007 年出台的国发〔2007〕24 号文件，首次明确提出把解决城市低收入家庭住房困难纳入政府公共服务职能，我国住房政策也进入了调控住房市场与加强住房保障并重时期。同年，建设部成立了住房保障与公积金监督管理司，强化了住房保障的组织基础，也标志着住房保障在住房政策体系中地位的明显提升。因此，广义的住房保障虽然是指保障全体公民的住房需求，包括充足的商品房市场供应、充足的租赁房市场供应、充足的经济适用房和廉租房供应，但现阶段的住房保障还是狭义的保障，即以城市低收入家庭为保障对象的住房保障措施的统称。所以，我们理解的多渠道保障就是同时发挥政府与市场的主体作用，从多种渠道保障城市低收入家庭基本的居住需求，使低收入家庭买（租）得着、买（租）得起、住得上，切实做到住有所居。以唐诗作比，就是杜甫所说的“安得广厦千万间，大庇天下寒士俱欢颜”。这里的多渠道，就是多种途径，包括与廉租房、经济适用房、公共租赁房、定向安置房、两限商品房（中低价位、中小套型）、安居商品房、共有产权房的建设与供应、棚户区改造等相关的一系列政策。除了各级政府提供的保障房这个主渠道，还可增加集体建设用地建设租赁住房，国有企事业单位也可利用自有土地建设保障房，作为补充。对城市低收入家庭来说，这些渠道是“可进入、可选择、可支付、可持续”的。值得注意的是，从 2017 年开始的热点城市“抢人”大战，有把“多渠道保障”扩大化的趋势，即把保障对象从城市低收入家庭扩大到引进的各类人才，这偏离了“多渠道保障”的初始含义，也将弱化“多渠道保障”的作用。

什么是租购并举？从字面意义理解，就是住房租赁与购买这“两驾马车”同时运作。“租”与“购”都不是新词。如前文所述，改革开放以来，我国住房制度变革就经历了从早期的以“租”为主到中期的以“售”为主，再到现在的“租购并举”的过程。其中，1991 年的全国第二次房改会议确定的是租、售、建并举，以提租为侧重点的原则；1993 年的全国第三次房改会议改为以出售公房为重点，售、租、建并举的方案。“租”在前还是“售”在前，是相机行事的。但那时的“租”主要是提租，以促进公房的出售，与现在的“住房租赁”是有区别的。最早提出“租购并举”，并明确其为住房制度改革的主要方向，始自2015年年底召开的中央经济工作会议，但当时的提法是“购租并举”，“购”在前，“租”在后，强调要明确深化住房制度改革的方向，以满足新市民住房需求为主要出发点，以建立“购租并举”的住房制度为主要方向，把公租房扩大到非户籍人口。2017年7月，住房和城乡建设部等9个部委下发的建房〔2017〕153号文件，提出的概念也是“购租并举”。这一政策导向，针对的是停止福利房分配以来我国房地产市场“重售轻租”的现实。由于“重售轻租”，使得我国住房供应体系中，租赁市场成为一个明显的短板。具体表现在：租赁房供应量短缺，尤其是在一些人口集中涌入的大中城市，租赁住房供应明显不足；租赁房质量不佳，市场上可租赁房源存在“老龄化”现象，不适应市场需求；租赁房经营主体分散化，多以个人业主出租为主，缺乏规模化、集中化的机构经营者；租赁关系不稳定，市场秩序不规范，缺乏成熟的契约精神和法律规则约束，随意撵租客、提租金的行为比较普遍；支持租赁市场发展的政策体系也不够健全，等等。因此，买房成为我国居民家庭的首选、家庭富裕的象征，以及骄傲的资本。“有钱就买，没钱才租”“买房的都赚钱了，没买的早晚吃大亏”“能买房绝不租房”……这几乎成为一些大中城市居民的基本共识。一些城市房价高涨给购房家庭带来的巨大收益所形成的“财富效应”，也引发了更大程度的购房热。在这种大的购房文化潮流下，国际上用于解决居民住房需求的普遍而重要的方式的住房租赁，在我国反而越来越成为“过渡”“无奈”甚至“最后的选项”，居民往往实在买不起房子了，才被迫选择租房。“重售轻租”的结果是“购热租冷”，从而加剧了商品房市场的供求失衡，使房价不断上涨。

由此可见，“租购并举”是党的十九大报告正式使用的新概念。从“购租并举”到“租购并举”，看起来是同样的四个字，但与当年的“租、售、建”到“售、租、建”一样，政策导向已经明显不同。“租”已经上升为头等大事，可以从制度层面消除对住房租赁消费的歧视，为住房租赁消费正名，并可通过更大力度推进住房租赁市场发展，补齐租赁市场发展滞后的短板，满足居民多层次的居住需求。这将有利于稳定消费者预期，也有利于住房市场的稳定。

让“租购并举”明显见效的次生政策是“租购同权”，也是“租购并举”的突破口。所谓“同权”，就是指住房租赁者与房屋产权人在享受公共福利资源方面具有同等权利。为把“租购并举”落到实处，一段时间以来，一些地方根据建房〔2017〕153 号文件中“推进部门间信息共享，承租人可按照国家有关规定凭登记备案的住房租赁合同等有关证明材料申领居住证，享受相关公共服务”及“尊重基层首创精神，健全激励和容错纠错机制，允许进行差别化探索，发现问题及时纠偏”的政策，陆续出台了加快发展住房租赁市场的有关政策，其中“保障租赁双方权益，支持租赁居住方式。赋予符合条件的承租人子女享有就近入学等公共服务权益，保障租购同权”的政策受到高度关注，也让很多人对租房产生了较大的意愿，甚至一度导致学区房的租赁价格出现暴涨。这是“租购同权”引发的新问题，需要引起高度重视。

另外，前文所述的新毕业大学生租房意向调查显示，只有 27.59% 的人有意愿购买“租购并举”的房子，有 39.66% 的对“租购并举”政策仍持有观望态度，有 13.79% 的人表示对该项政策不了解，有 18.97% 的人表示不会购买“租购并举”的房子。这表明，“租购并举”被大众普遍接受，还需要一段时间。

## 第四节　当前住房制度的政策建议

综上所述，近年来全国房价总体是在提升的，70 个大中城市房价整体上呈现出从低档向高档涌浪式前进的状态，前三档群体城市数量逐年增多，后两档群体城市数量逐年减少，尽管新建商品住宅价格推进速度明显快于二手住宅，但两种住宅价格的基本面均为后三档。国家层面据此采取的以“六限”“一约谈”为代表的因地制宜的差异化住房政策取得了明显成效，既防止了住房泡沫的发生，又提振了房市信心。从发展趋势上看，如果在现有住房政策保持不变的前提下，未来几年我国住房市场总体上还将继续保持慢热势头，房价涨幅略高于 GDP 增速。但是，我国原有住房政策并不能从根本上解决我国城镇住房市场长期保持稳定的问题，必须立足当前国情，建立一套更为科学的住房制度。

目前来看，党的十九大报告提出的多主体供给、多渠道保障、租购并举的住房制度，是符合我国国情的、兼顾供给侧与需求侧的、充分考虑各阶层群众需求的、既立足当前又兼顾长远的、可操作、可复制、可推广的、带有长期性、根本性的制度。尽管这个制度还需要时间、实践和人民群众来检验，制度执行过程中也可能出现一些始料不及、需要及时解决的问题，但就制度本身而言一定是当前最好的选择。

为使这项政策取得应有的成效，我们提出以下建议：

1. 要因地制宜，坚持“一地一策”，防止住房政策的简单化和“一刀切”。如前文所述，在我国住房政策变迁的前五个阶段，基本上实行的是全国“一刀切”的政策，没有或很少有地区差异，因为当时全国的情形基本相似。但是，进入第六个阶段以来，我国住房市场的区域分化现象已经非常明显，一二线城市高房价，三四线城市高库存，不同地区的住房价格及需求差异也非常显著。在这种情况下，如果继续沿用全国“一刀切”的政策，比如，不分青红皂白地限购、限售、限贷，或不顾地区差异地解禁甚至完全由市场自主决定，都只能使房市更加混乱。因此，必须细分调控措施，坚持因地制宜、因地施策、“一地一策”“对症下药”，该去库存的去库存，该去泡沫的去泡沫，该大力发展租赁市场的就大力发展租赁市场。

2. 要突出重点，坚持多管齐下，缓解热点城市的住房供求矛盾。既然新建商品住宅与二手住宅这两种住宅价格的基本面均为后三档，说明当前我国房市基本面还是基本稳定的。要立足于当前我国城镇居民家庭住房拥有率比较高、人均住房面积也呈不断扩大趋势的实际，将宏观调控的重点和着力点聚焦在缓解热点城市的住房供求矛盾上。一方面，要把“租购并举”的政策落到实处，大力发展租赁市场，加大租赁房的供应量，分流住房购买和租赁的需求压力。另一方面，也要正视人口不断向热点城市聚集的潮流和热点城市住房供不应求的现状，从加大供给上多想办法，解决好“通过减少土地供应来控制大城市规模”的人地分离的土地供需错配问题，适当增加而不是限制热点城市的居住用地供给，使住房增量与需求保持在合理范围。近年来一些城市通过县改区的方法扩大城市规模，进而扩大住房增量、疏散中心城区住房需求的做法，也不失为一种成功的经验。

3. 要适应需求，坚持精准投放，以租赁住房的合理布局来推进“租购并举”的有效实施。“租”房的可变性、随意性和临时性，决定了“租”与“购”的本质区别，因此要想把“租购并举”落到实处，扩大租房者所占比重，必须以租客的需求为导向，吸取拆迁安置房远离市区不受待见的教训，认真研究租客群体特征和租赁意向，针对他们最关心交通便捷度与租金便宜度的特点，精准投放租赁房，不仅要重视租赁房量的扩张，更要注重租赁房的合理布局，创造条件，多在地铁沿线、高校集中区、大企业集中区、外来人口聚居区、名中小学学区等热点地区增加租赁房，并适度控制房租任意上涨，最大限度地满足租客需求。

4. 要稳定预期，坚持控大调微，防止房价因政策因素而大起大落。房价事关国计民生，也是房地产市场的晴雨表。房价的快速增长不利于实体经济的发展和整个经济的协调发展，以及社会的和谐稳定，同时房价的大幅下跌也不利于经济发展和金融安全，同时也会造成社会的不稳定。要坚定不移地贯彻落实习近平总书记提出的“房子是用来住的、不是用来炒的”的指示，继续采取“六限”“一约谈”为代表的有效措施，发现苗头及时跟进，防范住房泡沫的发生。要吸取全球历次房地产大泡沫破裂的教训，对房地产泡沫时刻保持高度警惕，防止因政策考虑不周全以及出台的时机不当而诱发泡沫破裂，防范泡沫破裂给经济、金融和房地产市场等造成重创。在确保不出现房地产泡沫破裂的前提下，可以根据各地房价的不同表现，压放结合，相机进行宽紧调控，从而使各地房价保持在各方都能接受的、非热非冷的温和状态。

5. 要外围突破，坚持多圈共建，通过扩大都市圈数量来减少热点城市住房供需矛盾。针对我国人口密度排名前 13 位的城市全都在“胡焕庸线”的右侧，以及三大都市圈数量偏少、区位偏东的实际，积极借鉴德国经验，适时加大向其他都市圈建设的政策倾斜力度，特别是发挥好西南的重庆、成都，西北的西安，东北的沈阳，华中的武汉、郑州、长沙，华东的济南、徐州、合肥的枢纽作用和辐射效应，增强这些都市圈的吸引力，适度分流向三大都市圈聚集的人口，尤其是住房刚需人口，进而缓解热点城市的住房矛盾。

6. 要未雨绸缪，坚持预测在前，加强对人口变动和住房供需趋势的研究。人口变动与住房供需有着十分密切的联系。要发挥公安部门、统计部门、卫生健康部门、移动通信部门的优势，探索建立热点城市人口变动跟踪统计机制和大数据反馈机制，研究建立房地产统计和市场监测预警指标体系，加快建立人口与房产相衔接的市场预警机制，加强监测分析，高屋建瓴地把控房地产市场局势。

**作者：** 王思彤　长江产业经济研究院特约研究员，
江苏省统计科学研究所所长
高萍萍　江苏省统计科学研究所高级统计师
张文君　江苏省统计科学研究所高级统计师
卢　路　江苏省统计科学研究所统计师

# 第五章　金融支持住房租赁市场发展的路径

长期以来，我国住房租赁市场发展相对滞后，供给端动力不足，需求端的有效需求难以转换为市场需求，加剧了供求矛盾。培育和发展住房租赁市场是房地产供给侧结构性改革的重要抓手，而完善的住房金融体系对于住房租赁市场发展具有核心金融功能，是住房租赁市场发展的重要动力引擎。近年来，培育和发展住房租赁市场，推进“租购并举”，对于房地产业高质量发展、更好地满足人们日益增长的住房消费需求发挥了积极作用。未来我国住房租赁市场发展的路还较长，而构建和完善住房金融体系对住房租赁市场发展具有核心金融功能。

## 第一节　我国住房租赁市场的发展现状

### 一、从供给端来看，租赁住房比重低、空置率高、房源信息混乱

1. 租赁住房在住房供给体系中的占比低。在我国城镇化进程中，虽然住房租赁消费需求不断攀升，但租赁住房在住房供给体系中的比重低，住房租赁市场和买卖市场发展严重不平衡。如图 5 - 1 所示，部分大城市 2016 年新增住房租赁面积占住房供给的比重极低 [住房租赁面积占比 = 住房出租面积/(住房出租面积 + 住房销售面积) × 100%]。导致这种现象的原因为：一是深受传统消费观念的影响，相比于租房而言，我国居民更倾向于购房，购置婚房或改善型住房。二是将房地产视作一种投资品，或出于投机动机，预期未来房价上涨时踊跃贷款购房。

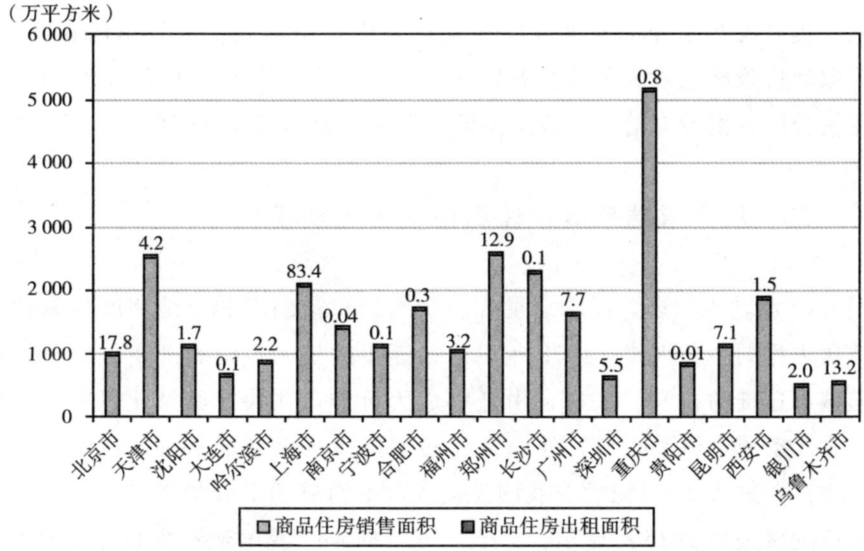


**图 5－1　部分大城市 2016 年新增商品住房出租面积和销售面积**

资料来源：国信房地产信息网。

2. 住房空置率高。在欧美发达国家和亚太地区，英国、美国、加拿大、澳大利亚和新加坡的住房空置率都低于 10%。英国人口普查局分别测算了自住空置率和出租空置率，截至 2016 年年末，英国自住空置率保持在 3% 以下，而出租空置率为 7%。美国圣路易斯联储的数据显示，近 30 年内美国的住房空置率一直保持在 3% 以下。加拿大抵押和住房公司统计数据显示，加拿大自 1992 年以来住房空置率保持在 5% 以下。日本总务省统计局每 5 年对本国住房空置率进行调查，2014 年的数据显示，日本住房空置率在逐年攀升，达到 13.5%。总体而言，这些全球典型国家或城市的住房空置率均保持在较低水平。根据 2014 年西南财经大学中国家庭金融调查与研究中心发布的数据，我国一二线城市中，北京、上海住房空置率为 19.5% 和 18.5%，成都、重庆、天津、武汉等城市住房空置率更高，均在 20% 以上。2017 年我国城镇住房空置率为 21.4%。这是因为在过去 10 多年间，住房价值迅速攀升，而住房的消费和资产双重属性，使得住房成为我国不少家庭的投资标的，房地产在家庭财富中占比高。

3. 房源信息不透明，虚假房源盛行。当前，房产中介为博消费者眼球，在各类住房租赁网站平台上发布大量虚假房源信息，导致信息不透明。造成这种现象的原因为：一是第三方发布平台监管缺失，对房源审核松懈，未能及时验证房产中介发布信息的真伪。二是为吸引潜在顾客，了解其偏好和需求，提升房产中介的营业额。三是行业内竞争激烈，为挤出潜在竞争对手，采取低价策略已成为公认的潜规则。不仅如此，流程不规范、房源信息泄露、租赁合同备案没有落实、备案率低、押金监管不到位等问题也屡见不鲜。

## 二、从需求端来看，住房租赁市场规模大

1. 流动人口多，需求总量大。我国的户籍制度和土地制度是制约我国城镇化进程的主要因素。1978 年以来，逐步放松的户籍制度使得农村人口获得向城市迁徙的权利，人口自由迁移成为可能。在快速城镇化过程中，衍生出大量流动或半流动人口，他们是住房租赁市场发展的基础，住房租赁需求逐年攀升。进入 21 世纪后，我国流动人口呈明显的上升趋势。根据《中国流动人口发展报告 2015》显示，“十二五”时期，我国流动人口年均增长约 800 万人，2014 年年末达到 2.52 亿人，流动人口数量在高位企稳。45 岁以上的流动人口占全部流动人口的比重由 2010 年的 9.7% 上升至 2014 年的 12.9%。农民工是流动人口的主体部分，我国农民工的数量在 2008—2014 年一直维持在 2 亿人以上。截至 2017 年年末，我国流动人口为 2.44 亿人，占总人口比重为 17.6%（见图 5－2）。此外，房价高企、限购限贷，部分住房消费需求从住房买卖市场外溢到住房租赁市场；晚婚导致置业年龄延迟，延长个人住房租赁消费周期，间接增加了住房租赁需求。

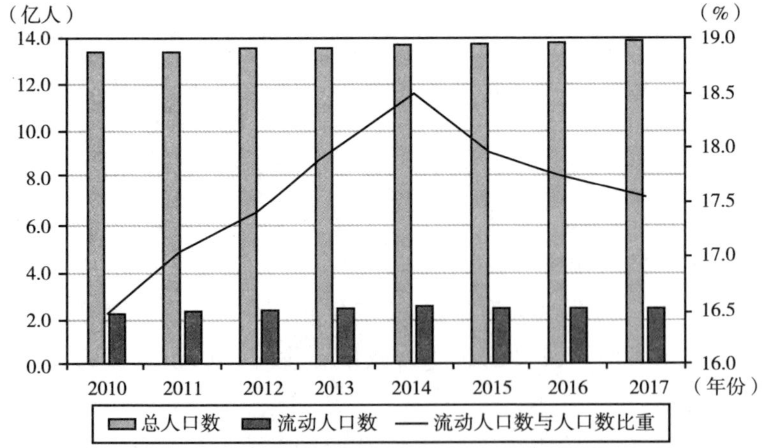


**图 5－2　2010—2017 年我国流动人口与总人口数量**

资料来源：历年《中国统计年鉴》。

2. 一线城市住房租赁需求旺盛。图 5－3 是我国 4 个一线城市近 10 多年来新增商品住房出租面积情况。以上海市为例，截至 2017 年年末，上海市流动人口占 40.2%，为住房租赁市场提供了巨大的发展空间。上海市的经济发展导致人均收入水平提高，未来租金也有上涨空间，同时随着消费观念的变化，新生代群体愿意支付房租实现居住品质的提升，这将促进整体租金水平的提高。高房价使得人们的购房首置年龄被推后，前期转为住房租赁消费。

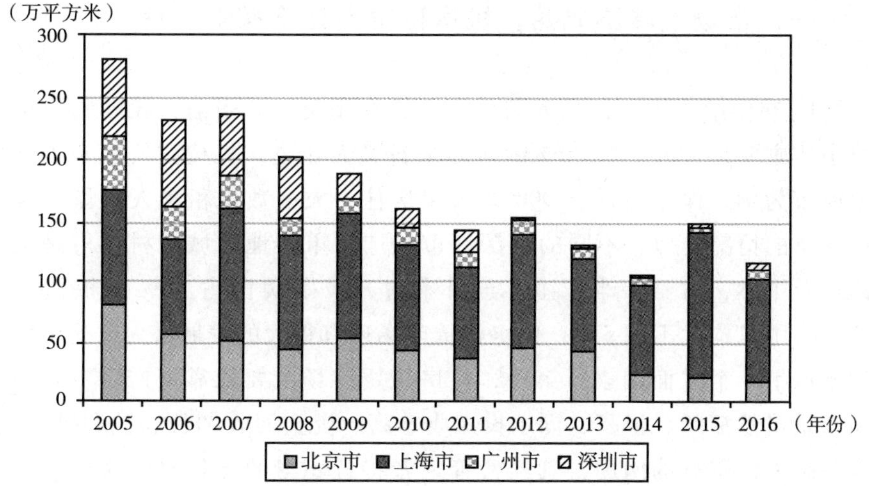


**图 5－3　我国一线城市新增商品住房出租面积**

资料来源：国信房地产信息网。

## 三、从政策端来看，政策利好全方位推动住房租赁市场发展

2015 年以来，中央政府和地方政府相继出台了“租购并举”、商改住、住房租赁税收优惠等一系列政策，旨在规范住房租赁市场，构建更加完善的住房市场体系，更好地满足居民住房需求。2016 年 6 月，国务院办公厅印发《国务院办公厅关于加快培育和发展住房租赁市场的若干意见》（国办发〔2016〕39 号）；2017 年 7 月，住房和城乡建设部等 9 部委印发《住房和城乡建设部　国家发展和改革委　公安部　财政部　国土资源部　人民银行　国家税务总局　国家工商总局　中国证监会关于在人口净流入的大中城市加快发展租赁市场的通知》（建房〔2019〕153 号）；党的十九大明确提出“建立多主体供给、多渠道保障、租购并举的住房制度”。中央从顶层设计明确

支持住房租赁市场发展。迄今为止，已有20多个省市区出台了“培育和发展住房租赁市场”的相关细则，从土地、金融、税收、租房补贴等方面制定政策支持住房租赁市场发展。

## 第二节　我国住房租赁市场存在的问题

### 一、市场发展不成熟，机构租赁尚处于探索阶段

1. 在供给主体上，私人租赁多，机构租赁少。当前，我国的住房租赁供给主体主要是个人，约80%的房源来自私人业主，机构租赁规模占比低。以上海市为例，保守估计有900万人租房住，大多数承租私人房屋。深圳市和广州市的情况类似，不同的是深圳市和广州市两地的城中村住房是租赁市场的房源主体，占到一半以上。与日本占80%、美国占30%的机构化运营相比，我国机构化不到5%，住房租赁市场还有很大的发展潜力。这种状况主要源于以下4个方面因素：第一，住房租赁市场主要依靠资产融资，市场上的需求量虽然活跃，但是，囿于投入成本高、资金回收期长、盈利微薄的现状，容易陷入融资难的困局，其经营管理者将近一半的工作时间用于在市场上融资。第二，机构经营住房租赁尚处于探索阶段，私人业主或对机构经营仍不了解，或其能选择的住房租赁机构有限。第三，住房租赁市场不规范，房东对机构经营管理存有疑虑。第四，特大和超大城市的住房租赁仍为卖方市场，对于相对容易出租的住房，私人业主往往选择直接出租，节省租赁机构服务费而赚取更多租金。

2. 在供应形式上，群租现象较为普遍。由于收入限制，一线城市部分城镇新增就业人员（应届高校毕业生）、农民工（在零售、餐饮、生活服务、培训等低收入行业工作的低职位人群，以及在小型制造业企业就业人员等），他们只能按间或按床位租房住，容易引起社会安全隐患。从承租人角度看，当前租房人群中，有相当一部分是应届高校毕业生和外来中低收入者，由于其支付能力有限，他们更多选择合租或群租方式。

3. 在供给合规性上，非正规租赁比例大。当前住房租房市场上，除通过正规中介机构租赁外，仍有大量是通过“二房东”甚至是“黑二房东”“黑中介”租赁，它们既不备案，又无资质，中介服务得不到保障。以北京市市场为例，相对规范的链家、自如市场规模仅占房源总量的7%—8%，“二房

东”房源占35%，非正规租赁基本不进行备案。此外，机构进行改造的整栋公寓在规划、土地、消防等方面也存在合规性问题。从中介机构角度看，中介服务门槛低，大量“黑中介”涌入住房租赁市场。由于“黑中介”服务不规范，违规群租，偷税漏税，相比正规中介更有价格优势，吸引了部分承租人。“二房东”“黑二房东”与之类似。

## 二、供求结构错位，中小户型、低总价的出租住房供求矛盾突出

住房市场租购失衡、供给结构错配、专业化租赁机构发育不足、房源品质差、品牌渗透率低、租赁人群单一、租赁流程不规范等问题制约着我国住房租赁市场发展。我国住房租赁市场上可供出租的住房，主要是居民闲置住房、少量机构出租的酒店式公寓。居民闲置住房主要包括长期投资住房和居住改善后待售的住房。这些住房中，供给较稳定的是居民长期投资闲置住房和机构出租的酒店式公寓，以大中户型、高档及中高档住房为主。居民居住改善后待售住房以中小户型、中低档住房为主，其供给不稳定，随时会售出，易受房地产市场波动影响而不稳定，2016年以来的房地产市场调控特别是“限购、限贷、限价、限售、限商”（市场上称之为“五限谱”）政策的影响，住房交易量下降，租赁住房供给减少。住房租赁市场上存在高、中、中低和低端多层次需求。高端需求多为境外商务和国内部分高收入人群，前者因在我国境内居住的非长期性而租赁住房，后者则多因特定的消费偏好而承租住房。中端需求主要来自跨城市、跨区域运营的大中型国内企业的中高层管理人员或私营企业主，由于工作的流动性而租赁住房。中低需求主要是城市中低收入家庭、年轻白领，因尚不具备购买住房的经济实力而承租住房。低端需求者则包括收入水平较低行业的低职位从业者、尚未找到工作的高校毕业生和农民工，这类群体迫切需要以最低的成本获得一个基本的栖身之地。

2015年，住房和城乡建设部对16个外来人口较多、租房需求较大城市调研的结果显示，租赁住房为50平方米以下中小户型的需求占75%左右，而市场上中小户型住房供给少，租户只能选择合租方式，合租比例达到了50%左右。从上述各类租赁住房供给、需求的不同特征和变化来看，存在住房租赁市场供求结构错位，中小户型、低总价的出租住房供求矛盾突出的问题。

## 三、住房租赁双方当事人的基本权益保障不到位，租赁关系不稳定

在我国住房租赁市场上租赁双方当事人的基本权益缺乏基本保障，尤其是处于弱势的承租人的权益。经常出现出租人私自涨房租、终止租赁合同、不履行房屋修缮义务，因此承租人因为无法承受租金上涨等而不得不频繁搬家，因而我国住房租约普遍较短，多数仅为1年左右，承租人无法得到“安居感”。出租人无法了解承租人的真实情况，常出现在不知情的状况下住房被转租甚至被用来当作违法行为的活动场所、住房出现火灾等事故被破坏后承租人“跑路”，导致索赔无门等权益受损的情况。

私人住房租赁合同到期或快到期之时，租赁双方需要再次签订协议。即使在租赁期限内，受出租人出售住房或家庭自身原因（如子女结婚等）影响，承租人面临出租人要求提前终止租约的困境，租赁关系不稳定。同时，租赁双方因续约、提前终止租约、公用事业费交缴以及住房装修、设备维修、家具增配乃至第三方损失（如漏水损坏邻居住房）等问题而产生的各类纠纷也很多。

## 四、住房中介机构不规范，违规经营现象多，住房租赁风险大

我国各大城市存在数量庞大的住房租赁中介机构，而已形成规模且规范运作的中介机构甚少。众多房地产中介机构违规经营、缺乏诚信，经常出现发布虚假广告、骗取中介费、漫天要价、扰乱市场租赁价格等违规行为，甚至存在中介机构骗取住房租金后人去楼空的犯罪现象。一部分二线城市住房租赁主要通过亲朋好友介绍达成交易。北京、上海等一线城市的住房租赁部分经过亲朋好友介绍或网络达成交易，部分经过房地产经纪中介机构达成交易。住房租赁市场上专业、规范、充分信息沟通的交易媒介服务严重不足。同时，房地产中介机构主要采用中间方经纪方式，在促成租赁合同后不再负有提供后续服务的责任。对于住房租赁双方在签订租赁合同后较为复杂的债权债务关系，缺乏一个富有专业经验的第三方在“事前”监督、协调，一旦出现矛盾，只能“事后”通过高成本（时间、经济）的法律途径来解决。这是住房租赁市场纠纷频发的原因之一。

住房租赁市场，独特的产权所有人与使用权人分离的性质，迫切需要一

个专业的责任主体对出租住房本身以及住房使用行为进行管理、维护和监督，但是我国住房租赁市场上还没有这一行为主体。物业管理公司只对住宅小区公共部位进行管理，对于住房内部，除了对少数影响住房整体结构（如破坏承重结构）的行为进行监督和干预外，物业公司无权也无意管理。因此，大量出租住房处于无人监管的状态，在结构、装修、设备自然老化和承租人滥用的过程中，安全隐患增加。

## 五、住房租赁市场政府服务不足，监督管理不到位

1. 部分公租房配套设施不完善。在大城市，房租收入比高，居民住房支付能力低、压力大。虽然公租房确实解决了城市中低收入阶层的住房保障问题，但是部分保障房社区的公共配套设施不足、位置较为偏远，难以满足居民需求。尤其是在人口净流入的大城市，一方面，区位、配套较好的公租房供不应求；另一方面，地理位置相对偏远、配套尚不完善的公租房存在闲置现象。

2. 税收、金融等政策支持不足。对于个人出租住房，部分城市已优惠至综合税率5%，但对于租赁机构包租和托管项目，增值税难以进项抵扣。与国外发达国家相比，针对个人与机构租赁的税收减免和抵扣额度较低。在金融领域，我国缺少房地产投资信托基金（REITs）、租约证券化等金融工具，也缺少对机构化租赁的贷款贴息支持。

3. 缺乏公开、透明的信息。目前，各地尚没有专门、独立的公众住房租赁信息平台，不能为住房租赁需求群体及时提供真实有效的租赁房源信息，也缺少分片区、即时的住房租金指导参考标准。在人口净流入城市，住房租赁市场发展的趋势向好，部分城市正在探索建设统一的住房租赁平台，这是一个可喜的现象。

4. 住房租赁市场的管理不到位。快速城镇化进程中，租房消费正成为特大和超大城市居民居住的主要消费方式之一。长期以来，我国住房市场管理重买卖轻租赁，忽视对住房租赁市场的培育和管理，不能适应“租购并举”的住房制度改革要求。当前存量住房租赁市场是一个灰色市场，大多数住房租赁没有备案，处于监管体系之外。此外，住房租赁管理机构和人员现状与加强住房租赁管理的要求也不匹配。住房租赁管理涉及住建、工商、公安等多个部门，由于缺乏专业的住房租赁管理机构，多头管理、信息分隔、联动性差，管理部门对中介服务的常规性监管手段和工具缺乏。

# 第三节 金融支持住房租赁市场发展的中国实践和存在的问题

## 一、金融支持住房租赁市场发展的中国实践

1. 持续构建和完善住房租赁融资体系。近年来，我国住房租赁市场打通了四类融资渠道，即银行信贷、公司信用类债券、资产证券化和股权融资。四大国有银行主动与地方政府、房地产企事业单位签署了一系列的合作协议，银行信贷以租赁住房开发贷款、租赁住房建设贷款、租赁住房运营贷款等租赁住房专项贷款为主。监管机构特设的绿色通道，使房地产企业发行的租赁住房债券（公司信用类债券）提速。自 2017 年 12 月龙湖租赁专项债券申报并获批以来，已有 13 只债券处于推进之中，受主体资质、信用评级影响，住房租赁债券的发行方都是房地产企业，支持将部分融资用以补充公司运营资金。资产证券化产品类型愈发多样化，自 2017 年 1 月 10 日魔方公寓 ABS 正式发行至今，已有 12 只租赁市场资产证券化产品获批发行；股权融资是轻资产类长租公寓运营商的主要融资渠道，起步最早，2012 年至今，主要的品牌长租公寓共完成 59 轮股权融资，随着政策红利的兑现和融资轮次的升级，股权融资规模也在加速扩张。

2. 启动了租赁住房证券化产品创新。面对我国住房市场房价租金比偏高、住房租赁回报率低、投资回收期长的现实，近年来我国启动了高度适合住房租赁市场发展的准 REITs 产品创新和试验。开发住房租赁市场 REITs 产品，将改善专业房地产企业的融资结构，便于灵活搭配融资工具，确保运营现金流；增加投资者的投资选择，提供了小额投资者进入房地产市场的渠道；有助于银行化解不良资产，提高金融体系的安全性；盘活政府的存量资产，促使产业转型升级。

根据戴德梁行统计，已有 69 个内地的物业资源通过香港特区和新加坡的 15 只 REITs 上市。内地资产融资渠道单一，利用境外 REITs 上市是一种途径。境外上市 REITs 虽然在短期内解决了融资问题，但是长期看内地物业的收益被海外资本分享，造成我国资本外流，还会形成内地优质资源被境外抢夺的现象。因此，我国政府一直在推进 REITs 试点，相关政策文件如表 5－1 所示。2017 年 10 月 23 日，保利地产与中联前源不动产基金管理有限公司联合

发行的“中联前海开源—保利地产租赁住房一号资产支持专项计划”获得上海证券交易所审议通过，这是国内首单央企租赁住房类 REITs。

表 5－1　我国 REITs 的政策文件

| 时间 | 政策及事件 |
|---|---|
| 2005 年 | 中国银监会发布《信贷资产证券化试点管理办法》，银行可与信托合作，由信托设计产品并以 ABS 证券的形式在银行间交易 |
| 2007 年 | 中国证监会成立 REITs 研究小组，探索 REITs 可行性；人民银行开始进行 REITs 的课题研究，试图缓解房地产对于商业银行构成的潜在威胁 |
| 2008 年 | 国务院“金融三十条”提出要开展 REITs 试点，拓宽房地产企业 REITs 通道 |
| 2009 年 | 中国银监会发布《关于当前调整部分信贷监管政策促进经济稳健发展的通知》，提出推动 REITs 业务发展，上海市、北京市和天津市成立 REITs 试点 |
| 2013 年 | 中国证监会发布资产证券化业务管理规定的征求意见稿，降低资产证券化门槛，提高资本市场的流动性 |
| 2014 年 | 央行和中国银监会发布《关于进一步做好住房金融服务工作的通知》，积极开展 REITs 的试点工作 |
| 2015 年 | 住房和城乡建设部印发《关于加快培育和发展住房租赁市场的指导意见》，提出要积极推动 REITs 试点的开展 |
| 2018 年 | 中国证监会、住房和城乡建设部联合发布《关于推进住房租赁资产证券化相关工作的通知》，优化完善住房租赁资产证券化相关程序 |

3. 银行业从供求两端支持住房租赁市场发展。2017 年 11 月 2 日，中国建设银行广东省分行与广东省住建厅、佛山市政府分别达成住房租赁战略合作，迈出了政银合作共同推进住房租赁市场建设的第一步。中国建设银行依托技术优势，打造出集五大共享系统于一体的住房租赁综合服务平台。包括在市场监督管理方面建设的住房租赁监管服务系统和监测分析系统，在推动市场规范成熟方面建设的支持多主体运营的政府公共住房服务系统、企业租赁服务管理系统以及住房租赁服务共享系统。通过构建囊括住房租售、社区服务、金融服务以及其他创新模块的一站式住房租赁金融生态圈，为租客、房东、租赁企业和政府机构等相关住房租赁市场主体提供“全链条”产品和服务。该平台立足“全平台支撑、全链条服务和全产品配套”的三大定位，将共享经济和金融科技相结合，在功能上体现“更真实、更可信、更规范、更权威、更便捷、更共享”六大亮点，能够根据客户需求，灵活组装定制，满足住房租赁市场各主体需求，解决各地政府、各类企业和各自建平台的投入大、资源分散、标准不统一、重复建设的问题。中国建设银行广东分行、深圳分行陆续举行系列活动，在佛山市揭牌和奠基首批“CCB 建融家

园”长租社区，在深圳市推出首批5 000余套“CCB建融家园”长租房源，携手政府和各市场主体集中推出多项服务措施。近期“CCB建融家园”社区已在广州、深圳、北京等城市落地，市场反响良好。通过中国建设银行平台出租的房源以3年期租约为主，占到总量的七成。

4. 创新长租公寓融资管理模式。2012年是长租公寓行业快速发展的元年，大量“互联网+资本”平台进入该领域，如You+公寓、优客逸家、青客公寓等。这类平台由于初始资金规模有限，往往以分布式起家，以快速获取房源，抢占市场。除了创投类的长租公寓品牌企业，房地产中介服务机构和房地产开发商也快速进入长租公寓行业参与市场竞争。中介服务机构参与者包括链家、世联行和我爱我家等，其竞争优势是拥有丰富的房源和客源，尤其是分布式收房效率极高，且对租客的定位更加精准。房地产开发商，如万科、招商蛇口、深业集团也在近几年大力推广各自的长租品牌，房地产开发商涉足长租公寓一般具备资金优势，以及装修改造的成本优势。

“互联网+资本”平台案例——青客。青客成立于2012年，是由上海市青年联合会的青联委员提议发起，由国资基金引导社会资本参与投资，为解决青年人才住房问题而设立的股份有限公司。青客主要以分布式获取房源，大多采用“五年一租”方式租赁，从毛坯收房到装修完成一般需要半个月时间，平均一间装修成本在1.5万—2万元。

房地产中介服务机构案例——世联行红璞公寓。红璞公寓是全国新房代理龙头世联行旗下的长租公寓品牌。红璞公寓主要以集中式获取房源，母公司世联行在全国54个城市有分公司，各分公司与当地开发商均有过合作经历，因而集中式获取房源具备先天优势。

房地产开发商案例——招商蛇口壹公寓。壹公寓是招商蛇口旗下的长租公寓业务，目前有3条产品线：壹栈、壹间和壹棠，定位各有不同，壹栈主要面向青年白领，壹间定位城市中产，壹棠目标群体是企业高管，更类似于高端酒店式公寓。

## 二、我国金融支持住房租赁市场发展存在的问题

1. 金融支持住房租赁市场发展定位不明确。由于国家对金融支持的切入点和范围没有明确规定，使得金融支持缺乏针对性和有效性，主要表现为：一是参与金融机构单一。各地参与住房租赁市场的金融机构主要为国有银行和国家开发行。二是开发性、政策性金融是否能够支持住房租赁市场尚存争

议。三是住房租赁类贷款归属不合理。目前，金融机构将此类贷款归属在房地产贷款项下，而我国银行对房地产贷款准入门槛较高，限制了低收益住房租赁项目的发展。

2. 租赁住房证券化产品存在法律法规不完善、税收负担重等发展障碍。虽然中国证监会、住房和城乡建设部联合发布的《中国证监会　住房和城乡建设部关于推进住房租赁资产证券化相关工作的通知》（证监发〔2018〕30号）对住房租赁资产证券化的相关程序进行了优化完善，但是开发权益型REITs产品，支持住房租赁市场发展仍面临一系列的法律法规障碍。权益型REITs产品在准入条件、组织形式、治理结构、分红比例、投资门槛以及关联方的责任方面都没有明确的法律规定。实践中，我国准REITs的融资成本高，特别是税收负担较重。

3. 住房租赁类金融产品存在监管难等问题。住房租赁类金融产品主要是面向中、低收入人群的刚性需求，住房租金收益率低、市场风险大，加大了金融机构的风险控制难度。加上金融机构难以准确核实贷款人还款能力、贷款用途的真实性、资金流向，可能存在借租房名义变相套取资金、资金违规流入股票市场和房地产市场等高风险领域的风险。

4. 住房租赁市场金融支持过度加剧了金融风险。虽然有一部分企业看好住房租赁市场前景且提前布局，但是也有另一部分企业以住房租赁之名、行房地产融资之实，以缓解资金压力。对于配建租赁住房的房地产项目，在实际运营建造过程中，很难做到租赁与非租赁之间资金的绝对封闭、隔离，资金监管更是难上加难。可见，这几类企业在拓展业务规模或投资其他高风险项目中可能加大金融风险。

## 第四节　金融支持住房租赁市场发展的国际经验和启示

房地产业属于资金密集型产业，对资金的需求量较大，金融支持对住房租赁市场具有显著的促进作用。在发达国家住房租赁市场的发展中，金融支持始终扮演着重要的角色。

### 一、政府提供住房租赁政策性贷款，实施减税降费政策

政府依靠政策性住房金融中介，降低中低收入者的购房融资成本，以低

息贷款等政策性贷款产品鼓励私有企业和非营利机构参与租赁住房运营建造，充分发挥政府干预住房市场的职能。英国从 20 世纪 90 年代后期开始，对购房用于租赁的投资者设有专门的租赁贷款，2011 年以前，占新增住房贷款的 8%。日本国土交通省联合金融住宅支援机构提供部分政策性住宅租赁修建贷款，其利率较同期商业银行贷款低 1—3 个百分点，且采用固定利率法，以便借贷者制订还款计划。美国出租房主可以将贷款利息、房地产税从年度应税收入中扣除。德国政府按社会住房租金与市场租金差额，采取无息、低息贷款或者拨款等方式，补贴社会住房投资经营者。

## 二、建立了完善的住房租赁金融体系，广泛吸引社会资本参与运营

日本瑞穗实业银行为满足条件的个人和企业法人在取得、购建、修缮出租住宅过程中提供所需的各类信贷资金。美国则是采用 REITs 等住房抵押贷款证券化工具，吸引社会资本参与。全美房地产投资信托基金协会（NAREIT）数据显示，截至 2018 年 1 月，全美共有 225 只上市 REITs，总市值达 1.1 万亿美元，占全球 REITs 市场规模的一半以上。美国 REITs 中公寓类约占 13%，最大的为 MAA（Mid - America Apartment）、EQR（Equity Residential）以及 AVB（Avalonbay Communities），它们分别持有 10 万套、7.9 万套和 7.8 万套公寓，总市值超过 500 亿美元，构成了美国租赁公寓市场主要的供给主体。美国住房租赁市场 REITs 产品，改善了专业房地产企业的融资结构，便于灵活搭配融资工具，确保运营现金流；增加了投资者的投资选择，提供了小额投资者进入房地产市场的渠道；有助于银行化解不良资产，提高金融体系的安全性；盘活了政府的存量资产，促使产业转型升级。

## 三、创新长租公寓市场商业模式，鼓励企业市场创新

日本的“承建 + 代租”、美国的“核心区域聚焦 + 重资产”商业模式有一定代表性。日本允许土地私有，建筑商是行业内的重要参与者。建筑商在建筑工程完工后，继续与土地所有者签署长期代租合同，支付其固定租金并承担后续全部的运营管理，为土地所有者提供一站式服务。这是日本独有的“委托承建 + 建后代租”的产业链闭环模式，行业内代表企业包括大东建

托、大和房屋工业、积水建房等。大东建托是日本规模最大的“承建+代租”运营商，前期从事建筑业，并侧重商业物业的管理运营，而在1992年后，由于日本颁布的“Revised Productive Green Land Act”使得商业物业供给过剩，公司重心由商业转向住宅，并在2006年7月正式提出“承建+代租”的转型方案，逐步成为行业龙头。截至2016年，公司已连续8年位列住宅建造数量全国第一，连续20年位列住宅管理数量全国第一，目前在管住宅近100万套。

美国“核心区域聚焦+重资产”运营模式的典型是美国知名的出租公寓运营商EQR，专注于收购、开发和管理高品质公寓业务。公司成立于1969年，1993年3月以REITs形式登陆纽约交易所，且是S&P500指数成员，当前市值约240亿美元。公司的经营策略是聚焦美国6大核心沿海区域，包括波士顿、纽约、华盛顿、洛杉矶、旧金山和西雅图，以最大化租金收入及物业升值收益。公司自2005年至今，共处置了非核心区域的近16.8万套公寓，并在核心区域购置了超过6.8万套公寓，截至2015年年底，公司在管公寓仅有11万套，是2000年管理规模的一半，分布区域已降至当前的12个区域，未来还将继续退出非核心区域。2007年美国次贷危机发生以来，美国住宅租赁空置率持续下降，已由2009年11%的高点降至2018年的6.7%，而EQR深耕的6大核心城市住宅租赁平均空置率仅为3%—4%。租金方面，美国居民消费价格指数（CPI）租金指数自20世纪80年代起至今一直处于上升态势，仅在次贷危机爆发时出现过两年的滞涨，EQR核心区域目前平均租金已较2009年的低点平均上涨50%以上。空置率的下降和租金的上涨持续推动公司业绩提升，公司在逐年缩减规模的情况下，实现了收入、营业毛利率、运营收益金的稳健增长。EQR资产负债表中90%以上的资产为房地产类资产，属于重资产运营模式，即通过收购的方式将公寓纳入自持物业再出租，而非二房东的角色将物业转租。

## 第五节　我国住房租赁市场发展的对策建议

根据我国住房租赁市场发展的现状和存在的问题，借鉴发达国家培育和发展住房租赁市场的经验，我们建议采取以下措施，大力推进我国住房租赁市场发展。

## 一、适度扩大租赁住房专用土地供给，加快完善租赁住房供给体系

在土地审批时明确其租赁用途，在房地产开发环节以租赁为出发点进行设计建造，从源头上解决适租住房短缺的问题。允许企业依据市场需要，灵活地把商业用地、集体用地等不同性质的土地用于住房租赁项目的开发建设。在城市更新和综合地块开发建设时，适度提高租赁住房的比例，引导传统房地产开发企业向住房“租购并举”发展。

不断完善多层次租赁住房供给体系。一方面，鼓励社会资本进军品牌公寓和青年公寓等项目建造运营，支持具有一定规模的房地产企业转型为专业化的住房租赁机构。另一方面，促使地方政府重视保障型租赁住房供应，为低收入群体提供充足的廉价租赁住房。

## 二、促进住房租赁商业模式创新，加快搭建住房租赁管理服务平台

住房租赁行业的盈利将主要体现在资本市场和资产升值上，投资方可以探索“投资 = 收益 + 业务”的模式：平安集团采取 S2B2C 模式：通过金融 + 科技（系统）+ 信息平台的打造，在平台汇聚长租品牌公寓，为租房人群提供服务。这种商业模式创新有一定的市场前景。

加大金融支持互联网租房金融平台建设力度，引导阿里巴巴等具有全球影响力的互联网企业进入住房租赁市场，与金融机构、开发商等合作成立大型互联网金融租房平台，加强租房金融产品设计。制订和实施以风险定价为核心的综合金融支持方案，鼓励专业房地产企业与第三方合作，借助已有的互联网平台累积的成交价格、租赁住房套数、资金结算等数据，深度挖掘住房租赁客户的征信数据，识别风险并匹配定价，切实解决银行等线下金融机构参与住房租赁市场风险识别成本过高的问题。

## 三、因地制宜实行住房租金管制，制定落实“租购同权”政策

在租金管制方面，根据我国不同城市的具体情况，借鉴美国和德国的经

验，对租金实行差异化动态上限管制，并以立法形式加大惩戒力度，适当增加住房租赁双方违规违约成本。

“租购同权”是完善住房市场体系的关键制度条件。以我国宪法的住房权理念为核心，加快“租购同权”政策的顶层设计，体现租房者和购房者在原初公民权利与人格尊严方面的平等性，推进租房居住者在户籍管理、子女教育、医疗服务、社会保障等方面的权益与购房居住者一致。

## 四、推进租赁住房证券化产品创新，加快租赁住房 REITs 在主板上市

在建设融资方面，支持符合条件的专业房地产企业发行债券、房地产证券化产品，专注于住房租赁业务。开展住房租赁金融产品研发，鼓励 MBS、REITs 等金融产品创新，满足住房金融业务对长期资金的需求。尽快制定实施 REITs 的专项法律法规，完善现行税制，降低 REITs 产品运作的税收成本。在类 REITs 试验取得成熟经验的基础上，尽快安排租赁住房 REITs 在上海交易所、深圳交易所主板上市。

## 五、打通住房公积金进入住房租赁市场的渠道，健全住房金融监管体系

深化住房公积金制度改革，明确住房公积金增值收入权属，逐步扩大住房公积金增值收益分配的途径和范围，允许住房租赁企业从住房公积金中心获得贷款，放松租房者提取住房公积金交房租的限制，提高新就业的高校毕业生和农业转移人口在就业城市的住房支付能力。

支持商业银行研发租赁住房消费贷款产品。政策性住房金融机构，根据政府提供的公共租赁住房租户名单，精准提供低息贷款，为更需要金融支持的中低收入群体提供住房消费资金。不断健全金融监管体系，准许银行中介运用人民银行征信系统信息，建设更加完善的贷款人信用评价体系。

## 六、构建商业性和政策性金融机构合作共赢的住房金融中介体系，使全体人民住有所居

商业性金融机构为住房租赁市场提供有一定盈利性的金融产品和服务。

当务之急是建立健全政策性住房金融机构，为住房租赁市场提供强大的金融支持。为此，近期加快改革现有住房公积金管理机构，突出植入政策性金融功能，完善住房公积金管理机构体系，服务于所有缴存住房公积金家庭的住房消费和中低收入群体的住房保障。中长期将住房公积金管理机构体系和国家开发银行住宅金融事业部合并，改组为住房银行，以适应住房市场发展和房地产证券化的进程，全面承担政策性住房金融功能，为中低收入家庭和“夹心层”住有所居提供一揽子的金融支持。

**作者：**高　波　南京大学长江产业经济研究院研究员
孔令池　南京大学长江产业经济研究院助理研究员
王辉龙　南京市委党校教授
李　言　南京大学商学院博士研究生

第二篇

# 建设现代产业体系

# 第六章　提升我国战略性新兴产业的控制力和竞争力

2018年4月24日至28日，习近平总书记在湖北省考察时强调，具有自主知识产权的核心技术，是企业的“命门”所在。企业必须在核心技术上不断实现突破，掌握更多具有自主知识产权的关键技术，掌控产业发展主导权。我们要按照习总书记指示，充分意识到未来5—10年是全球新一轮科技革命和产业变革从蓄势待发到群体迸发的关键时期，创新驱动的新兴产业将逐渐成为推动全球经济复苏和增长的主要动力。“十三五”时期是我国全面建成小康社会决胜阶段，也是战略性新兴产业发展大有可为的战略机遇期。要按照《“十三五”国家战略性新兴产业发展规划》提出的五大原则和重点领域，进一步突出产业结构优化，明显提高产业创新能力和竞争力，尽最大努力提升产业控制力和安全度，形成全球新兴产业发展高地。

## 第一节　衡量战略性新兴产业发展水平的重要标准是产业控制力

我国战略性新兴产业振兴计划的重要背景是2008年国际金融危机，科技革命的周期伴生了经济波动的周期，我国发展战略性新兴产业既为了摆脱经济危机束缚的历史使命，又将其作为新经济革命的主攻方向。在此背景下，我国规划的战略性新兴产业重点行业，如信息产业、生物产业、纳米产业、新能源产业、环保产业、海洋产业等规模迅速增大，在金融危机之后数十年来，战略性新兴产业应运成长和壮大，已被世界各国赋予了引领新一轮科技革命、摆脱经济危机束缚的历史使命，成为产业投资发展的重点领域。与此同时，随着2018年的中美贸易摩擦以及“中兴事件”，我国战略性产业缺乏控制力、产业安全得不到保障的问题暴露无遗，引发产学研政各界对当前我国战略性新兴产业发展情况和模式的进一步思考。

## 一、战略性新兴产业控制力的界定与构成要素

产业控制力这一在产业实践中出现的尖锐问题在学术范畴却较少有明确定义，我们综合相关研究和实践，将战略性新兴产业控制力定义为：本国战略性新兴产业具有自主可控的发展能力和国际竞争力，这种能力体现为本国资本具有控股权的实体对核心技术和品牌等要素的掌控能力，通过维护国家在该产业的生存权、定价权、收益权等，在较大程度上掌握和控制产业的发展进程和发展方向，从而保障国家的产业安全。

一国资本对产业控制力的考察，主要是通过对本国资本在该产业中对核心技术的掌控率、标准的拥有率、在产业价值链中所处的地位、高科技产品的市场占有率、品牌的拥有率以及股权的控制率等指标综合进行评估的。而核心技术的掌控率、标准的拥有率、在产业价值链中所处的地位，是决定该产业是否具有话语权和控制力的关键。

从上述界定来看，战略性新兴产业的控制力主要包括以下要素：

1. 国民性。战略性新兴产业的控制力是以国民产业权益为主体的，控制力不能脱离国民这个主体，主要强调要使国民为主体的产业权益在国际竞争中得到保证并不受伤害。国民性的指标主要是指在体现产业控制力的企业主体中，内资所占的比重以及外资在其中的非主导作用等。

2. 竞争力。产业控制力依靠的是产业的国际竞争力，这种竞争力是在开放条件下基于创新技术、标准等竞争优势而形成的。可以说，一个产业没有国际竞争力，就不会有国际控制能力。

3. 主导权。在更高层次上，战略性新兴产业的控制力体现在对这个产业创新方向、技术路线的话语权上，确保产品在较长时间内不被替代。以第五代移动通信技术（5G）标准为例：第三代合作伙伴计划（3GPP）是目前正在开发5G通信标准技术的组织，有超过550家公司作为会员公司参与，它由16个工作组组成，负责制定终端、基站和系统端到端技术的标准规范。3GPP的话语权是根据企业历史对组织的贡献确定的，2016年我国通信企业力推的Polar码成为控制信道编码。这是我国在信道编码领域的首次突破，为我国在5G标准中争取较以往更多的话语权奠定了基础。但是，5G的话语权是最终获批的核心专利数。标准下的专利权掌握在少数厂商手中，其他公司都需要向拥有核心专利的厂商获取专利许可，有的采用专利交叉许可的方式，有的采用

花钱购买的方式。

4. 安全性。产业控制力是实现产业安全的高级层次，是实现产业安全的核心，也是实现产业安全的重要边界。一国对某一产业控制力弱化，即表示该产业的安全边界受到威胁。产业安全边界是产业是否安全的警戒线，通过对产业控制力的考察，来判断产业安全边界是否受到威胁，产业是否安全。同时，产业控制力的提升、实现，也是维护产业安全边界和实现产业安全的重要途径。

## 二、战略性新兴产业控制力的来源

战略性新兴产业控制力主要来源于以下因素：

1. 核心技术。利用核心技术控制产业体系是价值链中“链主”的最常见行为，欧美日世界主要发达国家仍然在主要产业领域垄断核心技术。这些垄断企业大多是产业的隐形冠军，通常是世界上唯一或极少数几家可以把现代高端产业不可或缺、不可替代的关键部件和材料做到极致的公司，大到精密机床、半导体加工设备、飞机的发动机，小到圆珠笔芯、高铁的螺丝钉、电子产业的芯片、液晶显示用间隔物微球、微电子链接用的导电金球、分析检测用的色谱柱填料、生物制药用分离纯化层析介质等。国外一个很小的隐形冠军企业如果不供应相关中间品，就可以让我国万亿级的产业瘫痪，这可不是危言耸听，而是我们面临的残酷现实。与此同时，前沿技术存在很强的产业关联性，一个细分领域的技术缺失，不仅会影响到本产业的控制力，还会影响到相关产业向高端升级，比如我国的芯片之痛，不仅影响到基础通信、军工等行业，还会影响到手机、电脑、家电等民生消费品行业。

2. 标准制定。国际高端产业的竞争直接表现为标准的竞争。比如，较长时间困扰我国发展大型商用飞机的问题是获取欧美的适航证。尽管中国民航有自己的适航证，但国际普遍认可欧洲航空安全局（EASA）和美国联邦航空管理局（FAA）的标准，并且 EASA 和 FAA 是互认的。直至 2017 年中美航空局签署生效《适航实施程序》，我国大飞机项目才真正迈出了进入国际市场的第一步。

3. 商业模式。随着新经济模式发展，部分企业利用商业模式形成的市场势力在产业链条中处于支配地位。比如，亚马逊的商业模式，使其不仅是零售商，还是市场平台、物流和递送网络、支付和信贷服务提供者、拍卖行、主要的出版商、影视节目制作者、硬件制造者和领先的云服务平台。在我国战略性新兴产业“十三五”规划中，明确将新商业模式纳入其范畴当中。

4. 资本联盟。在高端产业的产业链中，一家企业乃至一个国家的企业不太可能控制全部的重要环节，产业链当中的若干企业会通过股权等资本合作建立联盟。在芯片行业中，荷兰企业ASML是生产芯片设备光刻机的垄断企业，而芯片制造环节巨头台积电是ASML的重要股东。此外，ASML的光学系统供应商卡尔蔡司公司属于此领域的最强者，ASML通过参股卡尔蔡司SMT公司24.9%股权，ASML与其核心供应商形成牢固战略同盟。可见，芯片产业中的巨头形成强大的资本联盟控制整个产业链。

## 第二节 当前我国战略性新兴产业缺乏控制力的主要表现

### 一、当前我国部分战略性新兴产业存在的主要问题

1. 战略性新兴产业门类齐全，但是核心技术相对匮乏。我国战略性新兴产业缺乏控制力的表现，是没有占据产业链和价值链的“链主”位置和关键环节。在很大程度上，形成这一局面的重要原因是我们的科技创新能力仍然不足。在新兴产业当中，集中力量突破核心技术是产业界的共识。客观上，新兴产业中的创新之路并不简单。新兴产业虽然兴起的时间不长，但从技术创新的规律来看，还不能独立摆脱现阶段总体科技水平和工业水平的限制。新兴产业之“新”体现在占领行业制高点的核心技术、开拓新的市场应用等，但技术突破并不会凭空产生的，而是在一国现有科技水平和工业水平基础之上的提升。这些技术并不是专用于新兴产业的，而是在既有产业中长期积累形成的。尤其是新兴产业的发展是多学科多产业的交叉发展的系统工程，往往是以碎片化的形式存在的，难以实现独立突破。在新材料、新能源、生物医药、信息技术等行业，涉及相当多的基础科学和应用科学的学科之间的渗透，各个相互支撑、相互补充。我们从国家层面提出了大力实施科技创新，在新兴产业上实现技术追赶和技术领先的时间阶段必将缩短，但也需要一个过程。

当前，我国要主导任何战略性新兴产业，促进国家经济迈向全球价值链的高端，实现产业转型升级，增强经济创新力和竞争力，不是依赖在各个产业投资更多的下游巨无霸组装和加工工厂，而是需要培育更多拥有自主核心

技术，关键材料和部件的上游隐形冠军企业，从而在重大产业上拥有核心竞争力，才能突破我国经济发展瓶颈。

2. 战略性新兴产业存在规模优势，但容易形成局部产能过剩。我国在金融危机之后发展战略性新兴产业的一个目标是为了对抗经济下行压力，因此当时战略性新兴产业的首要任务是先发展起来，主要是数量扩张。在这种导向下，我国战略性新兴产业在世界范围内形成了一定的规模优势，由于过去是鼓励大批量生产，满足个性化、定制化需求比较少，这导致部分产能过剩。现阶段“大而不优”是我国战略性新兴产业发展的公认问题，对此有两个比较形象的说法，一个是把这类产品描述为“高科技产品的劳动密集部分”，比如，我国出口的大部分机电产品都是外资企业的代工产品，包括笔记本电脑、通信设备等；另一个是把这类产品的生产运营模式总结为“国外先进自动化设备 + 中国熟练劳动力 + 国际市场”，比如，过去若干年半导体 LED 行业的发展，这种整合静态比较优势的方式是形成我国出口竞争力的重要原因。仅仅依靠加工能力，我国的产业将无法摆脱“装配工厂、低端运行”的被动局面，而且在依赖于机器设备的组装环节，非常容易形成产能过剩。

3. 战略性新兴产业表现出一定的出口竞争力，但是外资企业占据了相当部分。以我国对美国出口为例，2017 年出口金额最多的产品类别是机电、音像设备及其零配件，金额达到 1.34 万亿元人民币，该类别产品也是此次中美贸易摩擦中美方关税清单的重要目标。在该类别产品中，我国对美国出口的核反应堆、锅炉、机械器具及零件总金额约6 208.49 亿元人民币，电机、电气、音像设备及其零配件则为 7 223.55 亿元人民币。同期，我国对美国出口车辆、航空器、船舶及运输设备共 1 334.54 亿元人民币。可见，我国对美国的出口中，战略性新兴产业占据了相当的部分。因此，在中美贸易摩擦中，美国征收关税的产品主要针对“中国制造 2025”中的产品，也就是说，主要是属于战略性新兴产业的门类。但是，从出口高科技产品的企业来看，外资企业占中国高科技产品出口的三分之二，在中国出口前十强当中，除了华为之外全部是外资企业。另外，外资在华生产智能手机等高科技产品，其实主要是由中国的完整系统的工业配套能力产生的，而不是科技能力带来的。

4. 战略性新兴产业集聚明显，但存在多点开花、聚而不优的劣势。在长三角地区调研发现，很多战略性新兴产业集聚的形态表现为：在一个县域经济的范围之内，依靠招商引资形成一个较大规模的企业，然后引进一些上下游的配套企业。并不是说这种产业链发展模式一定不好，但目前看来至少存在以下问题：一是这种发展模式几乎是区县处处开花，都在做相似的产业，长三角地区众多县市主要集中在新能源汽车、锂电池等领域。二是正是因为多点开花，这种产业集群与我们提出的要打造世界级产业集群的目标相比，存在较大的差距。比如，硅谷集中了美国三分之一以上的信息技术类的高科技企业；北美五大湖城市群集聚了美国通用、福特和克莱斯勒三大汽车公司，其产值和销售额约占美国总数的80%；日本的丰田城，一个城市都是围绕丰田汽车的汽车产业链。与这些世界级的产业集群相比，我国战略性新兴产业集聚的规模和质量尚有较大的差距。

5. 战略性新兴产业需求增长较快，但是部分产业受政府政策波动影响较大。由此也产生产业周期随着政府补贴政策波动的问题。从近几年的实际情况看，新能源汽车、轨道交通、节能环保、新能源应用、质量检测等行业的企业发展较好，这些行业都是国家运用产业政策在需求端大力支持的。但是，也因为国家产业政策的调整，出现了行业的周期波动性。比如，新能源汽车行业在2016年出现了较为严重的“骗补”问题；2018年下半年随着光伏行业国内补贴政策的变化，行业再次陷入萧条，前几年根据原来补贴政策扩张产能的企业陷入了困境，2018年年底以来，随着政策面的回暖和出口复苏，光伏行业又开始好转。但是，近10年来光伏行业多次陷入这种周期性的局面。

6. 创新要素的集聚程度正在提高，但却依赖于优惠政策和补贴。一方面，近年来，虽然很多地区战略性新兴产业发展的重点已经从过去的光伏等领域转向锂电等领域，但是不少地区正在沿用过去发展传统产业的路径和思维来推进。很多情况下，仍然是通过降低土地、资源、能源等价格的方式，希望短期内实现新兴产业快速发展，这就导致依赖低端要素的产业和环节产能增长最为迅速。另一方面，由于地方发展战略性新兴产业的竞争和压力，产业相关的创新资源显得非常稀缺。在这种情况下，各个地区争夺这类资源的价码也水涨船高。比如，不少地区为了推进产业化成果落地，与科研院所成立院地合作的新型载体，由于高水平院校是各个地区争取的对象，因此设立此类载体的壁垒也越来越高。我们在调研中了解到，清华大学进行院地合作的门槛是地方政府5年支持经费3亿元、载体1万平方米。再比如，当前进行的各类争夺人才的大战，其初衷是为了推进高水平发展，但也导致不少人员从事相关产业的创新、创业是冲着补贴和优惠政策的，甚至还会导致为获取相关优惠政策的人才包装。

7. 进口替代成为主要的创新模式，但仍以模仿性创新为主，容易形成同质化竞争。主要方式是在产业链的若干重要环节进行创新，以本国产品替代进口产品，为本国工业发展创造有利条件，有利于本国企业走向产业链中高端。目前，在很多行业技术水平为中等要求的领域和环节，都有若干国内的厂商跃跃欲试，努力进行国产化。但是，这一模式也存在一定的问题：第一，创新模式以本土“挖人”或者跨国公司技术团队离职创业为主，总体来说是以技术的模仿性为主，技术的原创性、主导性尚不够。客观上不少是游走在知识产权保护的边缘的，这种模式存在天然的局限性。第二，一般来说，当国内厂商研发成功之后，外国厂商就会大幅度降低产品价格，导致毛利下降。此时，产品在国内厂商之间形成快速溢出，国内厂商容易在较短时间内又形成同质化竞争。

## 二、我国战略性新兴产业控制力缺乏对产业安全的影响

正是因为我国战略性新兴产业缺乏控制力，所以国外企业利用核心技术、资本联盟等优势打压我国战略性新兴产业升级，表现形式为：

1. 垄断定价。当本土产业缺乏控制力时，跨国公司就将进行垄断性定价，国内厂商和消费者被迫接受垄断价格，福利受到损失。比如，美国高通搭建了一个交叉许可的专利平台，所有相关专利都被高通整合，高通收取不公平的高价专利许可费。手机行业是净利润并不高的行业，但高通的专利许可费用高达售价的5%。与此同时，高通对三星、诺基亚等公司的许可费标准远远低于我国手机厂商，进行歧视性定价。

2. 纵向排斥。拥有核心技术的企业可能通过纵向一体化的方式排斥产业链中的对手。中高端机器人产品仍以外资品牌为主，外资品牌机器人将核心零部件供应与本体捆绑式销售。比如，工业机器人行业的重量级企业安川电机，直至2018年春季正式面向中国的工业机器人企业销售核心零部件“控制器”和“伺服电机”，把两种零部件打包向多家中国企业销售，同时，安川电机将向用于电子设备组装等工序的平面关节型机器人（SCARA）等提供零部件，但其自身不销售这些机器人。而在高端机器人产品系列中，这些企业通过不销售核心零部件的方式阻止中国企业从事终端产品生产。

3. 禁止销售。发达国家和跨国公司通过直接禁止销售高科技产品的方式，阻碍中国产业升级。其中，最典型的就是美国主导的《关于常规武器和两用物品及技术出口控制的瓦森纳协议》，这一协议以防止武器扩散的名义，制定了军民两用商品和技术出口控制的清单，涵盖了先进材料、材料处理、电子器件、计算机、电信与信息安全、传感与激光、导航与航空电子仪器、船舶与海事设备等，使得我国这些产业的升级面临重大困难。

## 第三节　增强我国战略性新兴产业控制力的两个层面

我国是一个工业门类齐全的大国，但是考虑到国际分工，即使是最强大的国家，既没有可能也没必要在战略性新兴产业的所有领域和环节都取得绝对控制地位，企业目前欠缺的技术也不可能全部由政府来不惜代价地组织追赶。这就需要我们扬长补短，考虑哪些产业和产业环节最要集中力量补短板，因而使边际收益更高。

### 一、哪些产业需要控制

从发达国家的经验和现状来看，每一个科技驱动的发达经济体都是在几个重大产业领域处于领先地位。作为后发追赶型的国家，在工业化和信息化的过程中实施产业政策、发挥市场和政府的两个作用，需要确定若干对国家利益和国家安全影响重大的产业率先发展。选择这些产业需要按照以下原则：

1. 市场容量原则。对于中国市场容量巨大，但是核心技术掌握在国外企业的产业，由于缺乏与跨国公司竞争的本土企业，国家和消费者将为外国垄断价格付出巨大的经济代价和外汇储备。中国市场占国际市场比重较大，但国内企业控制力亟待加强的代表性产业，比如：（1）新能源汽车。我国燃油汽车在30年的追赶历程中，通过以“市场换技术”的策略初步建立了较为齐全的汽车工业体系，但是在燃油发动机等领域与国际老牌一流厂商仍然具有难以逾越的差距，目前正在通过国际并购等方式进行国际产业转移。新能源汽车的发展以及未来对燃油车的替代趋势，为我们提供了“弯道超车”的机遇，在新能源汽车的若干环节，我们可以与发达国家一样通过国际风险投资等方法获取国际创新的最新成果，与国际厂商在相似的起跑线竞争。（2）环保产业。发达国家大都经历了“先污染、后治理”的道路，治理环境的技术和经验丰富，且环境治理的工作在发达国家已经基本完成，我国的环保投入居于世界前列。我们要利用环保产业的内需优势，通过各种有效合作将国际先进技术为我所用，使得我国的环保产业水平达到世界前列。

2. 产业安全原则。部分战略性新兴产业发展在相当程度上需要依靠军民两用技术，这些产业和技术发展涉及国防安全乃至国家领土安全等问题，与此同时，从美国的经验看，通过国防军工产业形成的技术优势扩散到民用领域，是这些产业竞争力的重要来源。比如：（1）航天航空产业。在国际空间竞争中，世界各大国和经济体都有长期战略布局，航空航天关系到对未来世界的探索。从国家安全角度考虑，我国一定需要有自己的航空航天战略。（2）海洋工程产业。党的十九大报告中明确要求“坚持陆海统筹，加快建设海洋强国”，维护国家海洋安全、大力发展海洋经济，就要形成我国具有控制力的海洋工程产业。

3. 基础产业原则。很多战略性新兴产业的发展受制于我国的基础产业没有掌握在自己手中，这些基础产业不同于工业化时代的能源、原材料、交通运输等传统产业，而主要表现为信息产业、高端装备、生物医药等行业运用到的基础技术和材料。比如，通信产业是技术快速变化的产业，尤其是进入5G时代，我国信息产业也进入了关键的时代。从通信基础设施设备到移动通信终端，我国企业占据了国内国际市场的一定份额，但是产业整体附加值并不高，通信产业的基础芯片、元器件都需要进口。战略性新兴产业的基础产业主要包括：（1）半导体产业。我国每年对半导体产品的进口已经超过石油，要花费2 000亿美元的外汇储备，并且军用级等高端芯片很多禁止出口我国。“中兴事件”表明，只要在芯片领域禁止向我国出口，我国相关衍生的战略性新兴产业将受到重创。（2）新材料行业。新材料是多种学科和技术的交叉，运用到的产业范围非常广泛。因此，“十三五”规划中提出要提高新材料基础支撑能力、实施新材料提质和协同应用工程。这就要使新材料行业面向航空航天、轨道交通、电力电子、新能源汽车等产业发展需求，提高这些行业关键材料的国产化率。

4. 前沿趋势原则。增强战略性新兴产业的控制力，要对前瞻性产业未雨绸缪、积极布局，不能等到发达国家和跨国公司再次领先我们很多，再来实施赶超战略。比如，人工智能产业。类人神经计算芯片、智能机器人和智能应用系统等人工智能产业重点领域的发展，将引导人工智能新技术嵌入各领域。要面向未来，在制造、教育、环境保护、交通、商业、健康医疗、网络安全、社会治理等重要领域开展试点示范，推动人工智能规模化应用。

## 二、对哪些产业链的环节进行突破控制

即使是战略性新兴产业，决定产业价值链分配的也只是若干核心环节。另外，随着战略性新兴产业产业链分工的细化，一个产业链中可能存在多个重要的环节。作为后发国家培育动态比较优势，需要在重点发展的战略性新兴产业中梳理出若干重要的产业链环节，并对这些环节进行率先突破。现阶

段，我们的比较优势不能再是劳动密集、资源消耗，而是要通过合理的产业政策、发挥市场和政府两个作用，发挥出我们当前具有的相对优势。

1. 相对资本优势。从日本、韩国等国家追赶的历史经验来看，产业政策有效性的一个表现在于能够集中资金等资源对重点技术和环节进行集中发力。相比过去资金匮乏、科技投入能力有限，现在的我国则完成了资本和外汇的初步积累，这种积累使得我国可以在短时间内调集大量的资本在某个领域进行投资攻关。在一定程度上，资本成为我们的相对优势。因此，我们应该加强对资本密集型的产业链环节的突破。比如，半导体行业是一个需要着力突破的产业，据统计近年来各地设立的半导体产业基金总规模已经达万亿元，如何科学利用好资本优势、选择好适当的环节集中发力是当前的紧迫问题。

2. 独特市场优势。我国具有某些相对独特并且规模巨大的市场，市场因素将促进前沿技术的运用，也为技术创新提供物质基础。比如，在移动支付、移动社区方面积累了海量用户和数据，这是其他国家没有的优势，因此就可以选择在物联网、大数据领域的重点环节进行突破。我国是世界上制造业产能和规模最大的国家，理论上说工业机器人将在我国得到最广泛的运用，国际先进企业在这一领域布局较为充分，可以从工业自动化的若干环节突破。再如，随着老龄化的到来，一些生物医药的市场主要在中国，可以选择这些环节进行攻关研发，为生物医药技术进步提供基础。

3. 相对后发优势。当前处于第三次科技革命前期，涌现出众多的新兴技术、产品和商业模式，表现为从传统技术和产业的跳跃式发展，这为我们提供了直接切入的机会，这种“弯道超车”的机会是非常难得的。比如，新能源电动汽车、三网融合、3D 打印方面我国与国际实现同步应用，可以选择这些领域进行突破。

4. 国家科研体系优势。我国需要不断创新和完善科研体制，发挥现有体制中联合攻关的优势。国有企业和民营企业在研发攻关的领域要差异化，让大型国有企业承担连续性的累积性创新，现有联合攻关的体制有能力承受一定时期的甚至较大的亏损，比如，大飞机项目、大型船舰、大型电机工程等。

## 第四节 增强我国战略性新兴产业控制力的战略对策

增强战略性新兴产业的总体思路，是要根据动态的竞争优势理论，对战略性瓶颈部门的战略可以按照日本、韩国发展幼稚产业的经验，对部分战略性新兴产业设置阶段性的成长保护期，以隔开外来竞争。在保护期内，政府要采取一切行之有效的措施，集中资源进行攻关，鼓励企业提高竞争力。具体可以从以下角度进行考虑：

## 一、选择产业链环节实施市场势力对等战略

随着产业链分工的细化，我们应该清醒认识到在整个产业链进行全方位的赶超战略是不现实的。就半导体行业来说，不能因为中兴公司受到制裁，就期望在芯片领域不要国际分工去建设我国的半导体体系，要在关键产业的关键产业链，集中若干环节进行突破，可以设想：即使我们没有高通、博通那样的芯片设计企业，但在芯片制造环节有台积电这样的企业，美国也不会轻易禁止高通对中兴公司销售，因为即使是高通和苹果，建设一个台积电这样的企业几年内也是完不成的。当前我国在集成电路前段和后段的相关设备和材料公司有 30 多个，几乎所有的设备行业都有涵盖。除了美国之外只有我国涵盖的范围这么广，但我们绝大多数关键设备还都是不够成熟的，无法商用化。“大而全”不能形成对等势力。“十三五”战略性新兴产业规划对发展中的新动态进行了新一轮的规划，可以在上述基础上，考虑适当缩小集中攻关的范畴，并且根据实际情况将发展重点细化到产业链的环节，突出重点环节和重点企业带动整个产业链，不是将“新兴产业”作为笼统概念，而是致力于培育若干个“独一无二”的环节体现中国产业实力。

## 二、努力建立与国际接轨的产业政策框架

支持战略性新兴产业发展的产业政策应该向更加符合国际惯例、与国际接轨、法制化的方向靠拢。要总结和研究“中国制造 2025”在国际上引起部分争议的原因，改善我们产业的实施方式。第一，国家层面的产业政策应当更加注重宏观上的指导性、引领性，让各个地区在国家规定的法律框架下，进行产业政策创新和探索，减少产业政策的国家意志色彩，多使用符合国际惯例的表述。第二，增强产业政策的平等性，国有企业和民营企业一视同仁。对致力于在我国发展的外资企业，要努力做到政策开放、为我所用。

## 三、协调战略性新兴产业之间的协同发展

新兴产业的发展不是孤立的，它与其他产业之间具有相当的协同性。即

使在新兴产业之间，一个产业的发展可以带动其他新兴产业的发展；一个产业的瓶颈，可能也将制约其他新兴产业的进步。比如，新能源汽车行业的发展受到新材料行业的制约：在新能源电池汽车的4大核心材料中，正负极材料、电解液都已实现国产化，唯独隔膜仍是短板，高端隔膜目前依然大量依赖进口；在新一代燃料电池车领域，我国车用燃料电池的现状是几乎无部件生产商，多项关键材料，决定着燃料电池的寿命和性能。电子信息产业也是如此，LCD用光刻胶几乎全部依赖进口，核心技术至今仍被TOK、JSR、住友化学、信越化学等日本企业所垄断，在国内有一定影响力的京东方用于高端面板的光刻胶，仍然由国外企业提供。因此，从国家政策层面上来说，发展新兴产业不应是孤立支持某个产业或企业，应是建立新兴产业和企业之间的联合技术攻关的机制平台，实现相关行业企业之间的有效对接。

## 四、着力优化战略性新兴产业空间布局

从发达国家来看，战略性新兴产业都是以集群形式存在的，比如，旧金山湾区、东京都市圈等。近年来战略性新兴产业在实现快速规模扩展的同时，区域布局不合理现象日益凸显，以战略性新兴产业的名义处处开花，这种不合理的生产力布局方式必须得到修正。第一，从国家层面，战略性新兴产业中市场化的部分应主要集中布局于围绕上海市的长三角地区、围绕北京市的环北京地区、围绕深圳市的粤港澳大湾区，科技创新和产业创新的政策要在这些地区集中发力。第二，战略性新兴产业的含义是动态的，也要提出实施梯度转移的概念。“十三五”规划中战略性新兴产业的范畴和内涵与“十二五”规划就有很大的差异。对于“十三五”规划之前确定的范围之内，但主要是加工性质、需要一定土地环境承载能力的产业，同时仍然具有发展潜力的产业和环节，比如光伏等，可以引导企业向中西部地区实施产业转移。第三，在小区域范围之内，比如，本省、本市之内要避免对项目的恶性竞争，可以借鉴南京市等地一些实践中比较好的做法，如在同一个行政范围内建立项目信息首报避让机制，减少不合理的重复建设。

## 五、引导最优秀、最有实力的企业加入战略性新兴产业的攻关中

战略性新兴产业需要长期的积累，有时甚至必须承受一定时期较大的亏

损。这需要在国家的支持下持续投入，除了政府各类专项资金支持外，更需要已经具备强大实力和资本持续投入的企业：一是大型国有企业集团，部分大型央企在军工、核电、工程等领域已经具备相当的技术能力。二是在国内外市场充分竞争中成长起来的中国的国际型企业，比如华为、科大讯飞等，这类企业数量还非常少。三是国内强大的内需发展起来的以互联网为代表的新经济、新模式企业，比如阿里巴巴、腾讯这样世界级的“独角兽”。四是万科、恒大利用中国房地产黄金阶段累积了雄厚实力的房地产企业，中国平安等大型金融控股集团。对这几类有实力的企业，要按照积极引导参与战略性新兴产业攻关总体原则采取分类指导，对国企、央企要多采取市场化的激励办法；对国内优秀的互联网企业，除了支持他们商业模式的创新，还要引导支持他们向与自身商业模式密切相关的核心技术进军；要积极引导房地产、金融等企业按照供给侧结构性改革的要求转型升级，如宝能集团从房地产金融行业投身到实体经济就是一个很好的案例，需要引导这些企业运用资本、管理方面的能力投身到战略性新兴产业中来。

## 六、运用市场优势增强技术引进的谈判能力

我国巨大的、特有的市场是引进国外高端技术的重要优势，高铁行业是利用国内市场引进、消化、创新技术的重要成功案例，汽车行业以“市场换技术”总体上也取得了良好的效果。针对这一模式，首先，要选择对我国市场依赖较大的产业，目前看来，环保行业、核电、老龄化产业都是属于这样的类型。其次，为了增强买方市场势力，对跨国公司进入的技术转让要通过行业协会等组织联合，从国家利益的高度出发进行集中谈判。高铁行业的谈判就说明了这一点。最后，要构建技术引进—消化吸收—再创新的平台，只有具备强有力的对接消化能力，引进技术才能在国内落地生根。

**作者：**陈　柳　长江产业经济研究院研究员

# 第七章　培育世界级先进制造业集群的路径、模式与政策

制造业是国民经济的主体，是立国之本。党的十九大报告明确提出，贯彻新发展理念，建设现代化经济体系，必须把发展经济的着力点放在实体经济上，把提高供给体系质量作为主攻方向，加快建设制造强国，加快发展先进制造业，加快培育若干世界级先进制造业集群，促进我国产业迈向全球价值链中高端。这一任务的提出，是在当前强调高质量发展、建设现代化经济体系的目标下，党中央对我国产业发展，尤其是制造业发展现状做出的重大决策，具有重大的时代意义。早期我国传统产业集群大多是自发形成的。由于自然资源或其他生产要素的优势，在某些地区"历史性"或"偶然性"地形成了部分产业的集聚，并通过一些"自我强化"机制，如学习效应、协调性等相互模仿，最终形成了现有的传统产业集群。当经济进入高质量发展阶段，在构建现代体系的当下，产业集群的培育需要瞄准世界级先进制造业产业集群，依托高端和专业性的生产要素，通过知识和技术的溢出，提升集群内企业利润和附加值，促进我国制造业迈向全球价值链中高端。

世界级先进制造业集群作为我国未来的重点发展对象，被寄予了推动科技创新、产业转型，实现经济新一轮增长的厚望。将世界级先进制造业集群培育置于国家战略的高度，是为了在新一轮的全球产业革命和科技革命中抢占制高点，从而提高自主创新能力，使经济发展模式从长期依靠低成本要素转向依靠创新驱动的道路，使我国在资源环境约束的条件下完成新旧动能转化进而实现经济的高质量发展。

# 第一节　世界级先进制造业集群的内涵和特点

“培育若干世界级先进制造业集群”从我国与世界的比较看，要基于产业组织结构的空间布局调整，提升制造业集聚的水平和高度，推进高质量经济的发展。

世界级先进制造业集群，是以世界先进发展理念为引领，以世界先进技术手段为支撑，以具有高新技术和高附加值的先进制造业为主体，现代服务业与先进制造业融合发展，具有世界知名品牌和较强国际竞争力的创新型产业集群。

## 一、世界级先进制造业集群的基本内涵

我国要培育世界级先进制造业集群，首先需要明确的是其基本内涵。这需要从以下几个方面进行思考。

### （一）世界级先进制造业集群的先进性

先进制造业，是和传统的制造业相对应的，其产业载体要能引领未来的科技方向，需要在以下方面有所体现。首先，产业具有先进性，集群内的行业需要是具有高技术含量以及高附加值的高端产业，要以当代高新技术为基础，代表着未来的产业革命发展方向，具有强大的战略引领性，能够引领其他相关产业技术进步、产业调整升级和产品创新。其次，技术具有先进性，企业要有较强的自主创新能力，具有较高水平的关键工艺，掌握一批具有自主知识产权的前沿技术和关键核心技术。再次，产品具有先进性，产品技术含量高，具有较高的质量和工艺水平，具有较强的国际竞争力，占有较大的国际市场份额。最后，组织管理具有先进性，企业生产组织具有良好的经营理念，集群内有高效优质的服务平台和合作平台。

### （二）世界级先进制造业集群的集群性

集群性包含了两个方面的内容。首先，先进制造业在特定区域的地理集中和空间发展，是一批产业链上相关的企业在特定区域空间的集聚，囊括从原材料到终端生产制造的产业链的上下游环节，拥有较为完整的产业链、供应链和服务链。不仅包括加工生产制造环节，还包括价值链上下游的生产性

服务环节。因此，先进制造业集群不再是传统意义上的某些特定产品的“生产加工基地”，而是具有自主核心技术、自主知识产权和自主品牌的“服务型制造基地”。另外，集群具有较强的溢出效应，对本地产业发展乃至相邻区域经济发展具有较强的带动和辐射作用。其次，先进制造业在空间组织形态的虚拟集聚。互联网的发展导致产业可以在网络空间而非地理空间进行虚拟集聚。虽然互联网降低了传统产业地理空间集聚的优势效应，但是其促使新的物流形式的形成，降低了地理空间集聚的运输成本。此外，各种交流以及讨论可以通过互联网进行，大大节约了交易成本、信息匹配和选择成本。

### （三）世界级先进制造业集群的世界性

首先，世界级的先进制造业产业集群，强调的是该特定区域的产业集群在全球分工和世界经济格局中具有重要的地位。集群中的产业高度融入全球化，积极参与经济全球化和国际产业分工体系，其制造业产品能够深度嵌入全球价值链，集群内企业能够组织运用全球范围内的生产要素生产出适应全球市场需求的产品。其次，产业集群在全球价值链和创新链中占据主导地位，在产业价值分配中具有较大的话语权，产品具有较高的附加值，在国际市场上具有较大的市场份额和较强的市场势力。

## 二、世界级先进制造业集群的特点

### （一）具有显著的规模优势和较大的市场份额

世界级先进制造业集群，通常具有全球领先的综合竞争力，不仅具有较强的规模效应，同时其产业规模在本国以及全球也都占据较大的市场份额。例如，美国华盛顿州的西雅图埃弗里特航空产业集群，在长期产业结构变迁中逐渐形成了以波音公司为核心的航空产业集群，素有“飞机城”之称，是世界航空业巨头波音公司的商用客机生产中心和波音 737、757 和 747、767、777 和 787 客机的生产线所在地，航空就业人数占西雅图主要都市区制造业就业人数的 40.6%，其中波音公司 7 个业务部门中有 5 个业务部门位于西雅图地区，涵盖了生产部门、售后服务和安全训练服务部门、波音联通公司、波音空中交通管制部门以及波音资产公司等，拥有全球 60% 的客机市场份额，波音公司全球 5 200 多个配套商，有 1 000 多家坐落在西雅图，形成了以波音飞机的制造装配基地为龙头的研发、制造集聚，初步构建完整的航空制造产业链。

### （二）具有全球竞争力的龙头企业和世界一流品牌

世界级的制造业集群，必然有一大批在全球价值链中处于中高端地位的龙头企业。这些龙头企业，不仅具有较大的产出规模，在资产总量、销售收入等总量指标上排名世界前列，而且在产出绩效，如技术、品牌、利润指标等方面也处于全球领先水平，并且能够主导行业的国际标准的设定。例如，美国加利福尼亚州的硅谷地区，集中了美国近三分之一的大型科技公司，包括英特尔、苹果公司、谷歌、思科、Facebook、特斯拉、英伟达等。美国底特律汽车产业集群，则集聚了美国通用、福特和克莱斯勒三大汽车公司，其产值和销售额约占美国总份额的80%。以底特律为中心的汽车产业集群，在三大汽车巨头的品牌引领下以其强大的竞争优势，长期保持了美国汽车产业在国际中的领先地位。

### （三）掌握世界领先的核心技术和创新能力

世界级先进制造业集群要具备可持续的创新能力，不仅掌握着某个领域具有国际先进水平的关键核心技术，也要瞄准前沿、颠覆性等技术，引进技术变革、产业、标准的发展方向，推动技术不断从低级到高级演进、上升和发展。例如，美国硅谷是最具创新能力的高技术产业集群，引领全球科技革命和技术创新的潮流；英国伦敦能够形成世界级生物医药产业集群，主要原因就在于伦敦拥有卓越的研发能力，集聚了剑桥大学、牛津大学两大世界著名高校以及国际知名的生命科学研究机构，成为生命科学领域的技术创新孵化中心和产业策源地。

### （四）具有规范而高效的集群治理模式

集群治理，是指基于一定的产业关联和社会网络关系的集群各行为主体，在相互信任和互动的基础上，为保证集群整体利益最大化而存在的各种正式或非正式的内生性协调机制的总称。世界级先进制造业集群代表着产业组织发展的高级形态，为保持网络化组织的稳定与顺利运转，在治理机制上也在不断地探索创新，通过正确协调集群行为主体间的关系，建立和维护集群竞争优势，实现集群集体行动的高效率。集群的治理机制包括政府及部门的公共治理、集群内领导企业的层级治理、集群行业的自律自治以及集群隐性规范的自发协调四个层面。

# 第二节 中国培育世界级先进制造业集群面临的挑战

## 一、国家缺乏对世界级先进制造业集群建设的总体规划

我国长期以来一直重视对产业集群的发展。2015 年，《工业和信息化部关于进一步促进产业集群发展的指导意见》（工信部企业〔2015〕236 号）出台，要求推动全国产业集群转型升级。2017 年年底，全国工业和信息化工作会议上透露，工业和信息化部有望在 2018 年制定出台《关于培育发展世界级先进制造业集群的意见》，但至今未出台任何国家战略意义上的先进制造业集群相关政策。然而，各级地方政府却纷纷出台相关政策，力争建立世界级先进制造业集群。

2017 年，江苏省出台了《产业集群创新提升行动（2017—2020）》。2018 年，江苏省政府又出台了《关于加快培育先进制造业集群的指导意见》，提出将加快培育 13 个具有国际竞争力的世界级先进制造业集群，具体包括的行业是新型电力（新能源）装备、工程机械、物联网、前沿新材料、生物医药和新型医疗器械、高端纺织、集成电路、海工装备和高技术船舶、高端装备、节能环保、核心信息技术、汽车及零部件、新型显示等。上海市制订了《全力打响“上海制造”品牌 加快迈向全球卓越制造业基地三年行动计划（2018—2020 年）》，指出到 2020 年，初步建成若干个世界级先进制造业集群，全力打造 2 个世界级产业集群，积极培育 4 个世界级产业集群，重点产业集群面向长三角核心配套率达到 60% 以上。天津市提出，到 2020 年，要培育高端装备、新一代信息技术、节能与新能源汽车、现代冶金、航空航天、节能环保、新能源、新材料、生物医药等 10 个产业集群。浙江省早在 2003 年就印发了《浙江省先进制造业基地建设规划纲要》，后 2010 年出台了《关于加快推进产业集聚区建设的若干意见》和《浙江省人民政府关于印发浙江省产业集聚区发展总体规划（2011—2020 年）的通知》，此后又印发《2018 年传统制造业改造提升工作要点》。广东省指出，要加快现代化产业体系建设，筑牢实体经济发展根基，打造战略性新兴支柱产业，推进优势传统产业转型升级，建设世界级先进制造业集群。山东省 2015 年出台《山东省加快推动创新型产业集群发展的意见》，在《山东

省推进工业转型升级行动计划（2015—2020年）》基础上，又出台《关于支持开展产业集群转型升级示范工作的通知》，并对15家先进制造业产业集群进行扶持。安徽省在2017年出台《安徽省促进战略性新兴产业集聚发展条例》，同时也指出，要打造更高质量的供给体系，培育具有国际竞争力的先进制造业集群。

由此可见，我国目前还缺乏培育世界级先进制造业集群的统筹规划。基于GDP的竞争，在制造业集群的培育中，各级政府纷纷出台政策鼓励发展战略性新兴产业集群，出台各种优惠政策来促进其发展，但产业发展存在同质性，都主要投向物联网、生物医药、新一代信息技术等产业，产业布局单一化，不利于先进制造业的整体发展。

## 二、制造业整体技术水平落后，全球竞争力不强

我国实施制造强国的战略部署主要是实施五大工程，包括创新中心建设工程、智能制造工程、工业强基工程、绿色制造工程和高端装备创新工程。当前五大工程稳步推进，一批重大标志性的项目和工程陆续落地，制造强国迈上一个新台阶。但是，从整体来看，制造业技术水平还比较落后，缺乏全球竞争力。

第一，在全球价值链中，中国制造业以劳动力成本较低的比较优势加入全球分工，赚取微薄的加工费，获得的附加值比较低，且在十几年来没有明显的改善，反而一定程度上出现了恶化。以美国苹果公司在中国的代工企业生产为例，2005年中国企业为苹果公司生产iPod音乐播放器，售价约为299美元，每台iPod的组装加工费是8.46美元，占售价的2.8%；2017年中国继续代工生产iPhone 7 Plus手机，售价约669美元，每部手机所赚取的组装费依然是8美元左右，占售价的1.2%。

第二，制造业的技术含量相对较低。虽然经过40年的赶超，中国制造业在各方面都有了长足进步，但高技术产业发展与发达国家还有不小的差距。尤其是在机械制造领域，在高档数控系统、数字化工具系统及测量仪、涡扇发动机智能控制系统与美国约有20年的巨大差距。此外，虽然中国高技术产业占GDP的比重在逐年提高，但是很多产业仅仅是占据高技术产业中的低技术密集型环节，从事的依然是低技术附加值的加工组装等生产。

第三，制造业企业研发投入相对较低。《2017年全国科技经费投入统计公报》显示，2017年全国研究与发展（R&D）投入经费17 606.1亿元，增长

12.3%，研究与发展（R&D）经费投入强度（占 GDP 比重）约为 2.13%，但投入总量与美国依然有较大差异，约占美国 R&D 经费投入的 60%，投入强度也仅处于全球第 13 位。但是，企业研发投入增长相对较慢，企业 R&D 经费增速分别较 2016 年提高 0.9 个百分点，而同期政府所属研究机构和高等学校的 R&D 经费投入则提高了 2 个和 10.7 个百分点。普华永道 2018 年的报告指出，美国上市科技公司在研发方面的投入是中国上市公司的 5 倍，即中国上市公司在研发方面每投入 1 美元，则美国投入 5 美元。中国共有 145 家企业进入全球研发前 1 000 强，领先的是阿里巴巴和腾讯，但都排名在 45 名以外。其中，阿里巴巴研发投入 36 亿美元，腾讯研发投入 27 亿美元，而美国亚马逊是 226 亿美元，谷歌母公司 Alphabet 的研发投入则为 162 亿美元。中国企业与美国企业的研发投入差距依然很明显。

## 三、缺乏具有世界级影响力的制造业龙头企业

世界级先进制造业集群需要有一批在全球价值链处于中高端地位的龙头企业，在其行业中处于领先地位，如在营业收入、资产规模、利润、技术水平、创新能力等方面都处于同行业全球领先水平。中国目前大部分制造业还处于全球价值链中低端，本土龙头企业，尤其是先进制造业龙头企业缺乏，对先进制造业产业集群的带动作用有限。

《财富》杂志评选的 2018 年世界 500 强企业，根据营业收入排名沃尔玛位居全球第 1，排名 2—4 的分别是中国的国家电网、中石化和中石油。全球制造业企业排名最靠前的是日本丰田汽车公司、德国大众公司、美国苹果公司和韩国三星公司，分别位居 500 强企业的第 6 位、第 7 位、第 11 位和第 12 位。我们可以发现：虽然在上榜公司数量上来看，中国公司达到了 120 家，与美国的 126 家企业数相差无几，远超第 3 位日本的 52 家的数量，但上榜企业产业分布面临严重挑战，排名靠前的基本上是垄断性国有企业，其行业集中在能源、电力、金融等产业领域，虽然互联网公司排名大幅提升，但具有影响力的也仅有京东和阿里巴巴两家企业。中国制造业企业排名最前的是鸿海精密工业股份有限公司（中国台湾），2018 年排名第 24 位，比上年提升了 3 位；其次是上海汽车集团股份有限公司，排名第 36 位；华为公司排名第 72 位。在汽车制造领域，中国有 7 家上榜公司，但都是国有汽车制造商，吉利公司是中国唯一一家上榜的民营汽车制造商。

龙头企业还要求具有较强的创新能力，引领技术前进方向。美国三大商

业媒体之一《快公司》（Fast Company）公布了全球具有颠覆性创新能力的企业领导者，2018 年排名第 1 的是美国公司，中国企业有 4 家入选前 50 名，腾讯公司凭借着微信和庞大的内容位居第 4 位。而在“2018 中国企业创新能力 100 强”的排名显示，华为技术有限公司排名第 1，排名前 10 位的企业分布大多是电子计算机和通信产业领域，地域分布主要在广东省、上海市、浙江省和北京市等地区。

## 四、制造业集群效应没有充分发挥，缺乏有强大战略引领性的产业集群

中国传统制造业空间组织形态是地理上的集聚，如广东省的“特色专业镇”，浙江省的“块状经济”。从中国制造业产业集聚情况看，按照区域分，目前形成了三类制造业集聚区：第一类是由北上广深为代表的国家高精尖制造业集聚区；第二类是以长三角的无锡市、苏州市，珠三角的佛山和东莞市为代表的大众制造业高端制造中心；第三类是承接大量制造业转移的内陆城市，如武汉、重庆、成都、合肥等地区。大致说来，现有的制造业集群效应还没有充分发挥。

第一，产业集群发展相对分割，基本覆盖范围均为设区市、县及以下，甚至为镇和村，还没有跨市以及覆盖至全省层面的产业集群，更缺乏跨地区的产业集群。产业集群空间分布主要集中在长三角、珠三角和渤海湾地区，如浙江省义乌市的小商品市场、浙江省永康市的中国科技五金城、广东省西樵镇的中国纺织面料名镇、江苏省无锡市的电动车产业集群等。各产业集群基本上都是在各地区行政区划内发展，行政区划所形成的界限大大制约了产业集群的自然发展，各个集群“各自为政”“行政分割”现象较为严重，要素和各种资源流动严重受阻，资源分散、市场分割、重复建设问题较为突出。

第二，从行业分布来看，主要集中在化纤纺织、丝绸、服装、制鞋、五金制品、精细化工等劳动密集型轻工领域，如，浙江省嵊州市的领带集群、浙江省温州市的打火机集群、山东省青岛市的家电产业集群等。重工业中只有交通运输设备制造业的集群特点相对较为明显，如安徽省芜湖市的汽车产业集群、河北省唐山市钢铁产业集群等。高新技术产业集群也仅有较少的科技园区。总体来说产业规模较小，集群的竞争优势主要还是成本低，大多数集群还处于低端发展道路的位置。

第三，现有产业集群内链条的延展性相对欠缺，集群内的制造业企业专

注于价值链低端环节，产业上下游的链条联动效应薄弱，影响了协作配套效率。作为产业集群竞争优势的专业化分工、创新能力、品牌声誉和网络协作能力等优势还未得到充分体现。

第四，集群内公共服务水平也较为欠缺，基础设施建设相对滞后，现代物流、金融服务、研发设计、公共平台、信息技术服务等发展都相对欠缺，限制制造业集群整体竞争力优势发挥。

## 第三节　发达国家先进制造业集群的发展模式及经验

世界发达国家都高度重视先进制造业的发展，进入 21 世纪，尤其是 2008 年全球金融危机以来，美国、德国、日本等发达国家都开始试图将先进制造业集群作为提升自身国际竞争力和影响力的主要手段，纷纷提出各自的集群战略和计划，作为其谋求全球竞争优势的核心战略，鼓励和引导本国优势产业集群向世界先进水平迈进。虽然都属于先进制造业集群，但各个国家都形成了不同的发展模式，也有着不同的经验。深入分析发达国家先进制造业的发展模式及其培育先进制造业集群的做法与经验，对我国建设世界级先进制造业集群有着非常重要的启示。

### 一、美国

美国政府高度重视制造业以及制造业的集群建设。早在 19 世纪末期，美国首任财政部长汉密尔顿就向国会提交了《关于制造业的报告》，论证了发展制造业的重要性，提出国家扶持制造业发展的措施。近年来，尤其是 2008 年全球金融危机后，美国政府将改革重点也放在促进创新和振兴实体经济上，提出了重振制造业的战略计划。如，2009 年的《重振美国制造业框架》；2012 年实施“国家制造业创新网络”（NNMI）计划；2014 年通过《振兴美国制造业和创新法案》（RAMI 法案）；到 2016 年，“国家制造业创新网络”正式更名为“制造美国”，美国制造业创新战略进入新阶段；2018 年，又出台了《美国先进制造业领导战略》。

在先进制造业集群的建设方面，美国政府也有丰富的经验。具体可以借鉴的经验有以下 4 个方面：

**（一）推进政府多部门协作机制，促进先进制造业集群发展**

从联邦政府层面看，美国商务部、小企业管理局等部门通过设立产业集群发展基金，制订区域创新集群计划、产业集群测绘计划等战略来推动产业集群发展，其在构建多部门协作机制、营造活跃的金融环境和打造共享的信息平台方面有许多值得借鉴的经验。以“能源区域创新集群计划”为例，该计划由能源部主导，经济发展局、小企业管理局、国家标准技术研究院、劳工部、教育部和国家科学基金委员会等部门共同参与。各部门从不同角度协作推动集群发展，如能源局负责集群内的技术研发合作、网络化、资本及技术支持等，小企业管理局则侧重于提供贷款申请、专利申请等服务，建立了“能源创新中心”——太阳能、节能建筑、核能和先进电池的区域创新集群。联邦与州机构和国防部合作，帮助在密歇根州、弗吉尼亚州和夏威夷州建立机器人集群。密歇根州在4年多的时间里，发展成为世界上主要的锂离子电池生产中心之一，用于未来的电动汽车和电网储存。在纽约州，政府通过多部门相互协作，推动纽约城市群科技创新进程，涉及相关政策的规划制定、资源协调、研究经费支出、基建与增加就业等全方位服务，如纽约州政府下属协调和实施州政府科学技术政策的主要机构科学技术与研究办公室，通过5个项目中心开展工作。这些项目中心聚焦科技资源集聚的地区，以高精尖科技产业为立足点开展科学研究，进而使纽约州在纳米电子技术、生物信息学、光电子、环境系统、无线应用技术以及新型生物诊疗技术等高精尖领域获得了一系列重大突破与成果。

**（二）通过各种税收优惠、补贴以及政府购买等政策支持先进制造业集群内的龙头企业**

以美国西雅图埃弗里特航空产业集群为例，政府提供了各种政策以支持龙头企业波音公司的发展。首先，通过军事研发项目及采购合同提供补贴。长期以来美国鼓励军民机产业的相互融合与协调发展，通过委托航空工业参与军用飞机发展项目，使民机产业积累飞机制造的相关技术和能力，减少民航工业研发经费，同时采用民机军用方式，通过军事采购合同给予民航工业大额利润。其次，通过间接补贴飞机进口商以支持民机出口，向国外大买家提供低息贷款，或者向国外买家的私人银行贷款提供担保，美国政府还利用外交方式，对拟购买飞机的国家和地区施加压力或者提供有吸引力的政策，这样给波音公司赢得了更多的订单，获得了更高的市场份额。最后，通过税后优惠政策支持波音公司发展。华盛顿州通过税收豁免和所谓的“波音债券”向波音公司提供了9亿美元补助，此外给予波音公司的各项减税的优惠政策长达40年，可以使波音公司多获益4 100万美元。

### （三）营造活跃的融资环境，鼓励创新，促进先进制造业集群发展

先进制造业通常是资金和技术密集型行业，需要较大的资金投入，因为创新本身伴随着较高的失败风险，且研发创新周期较长，对资金更是有着更高的需求，不可能完全依靠企业内部融资，而需要改善外部融资环境，激发各种风险资本对先进技术创新的投资兴趣，引导资金流入。例如，美国商务部2010年推出的“区域创新战略计划”中的“种子基金”项目，重点针对区域集群内的初创企业进行股权投资。硅谷高新技术集群的创新发展便得益于政府对风险投资的引导，斯坦福大学周边集中了大量的风险投资机构，其风险投资金额超过了全美风投基金的30%，大大促进了集群内企业从技术开发到市场推广的关键跳跃，进而实现先进技术的产业化。

### （四）通过各种政策加大产学研合作，推动共建共享的信息平台

首先，支持大学与市场的联系。大学“种子基金”项目和孵化器可以帮助创业公司从研究项目中获利。政府加大对项目的早期资助，以支持大学研究的商业化，不断建立新的卓越中心，以促进新兴技术在商业、工业和大学、政府之间的合作。其次，吸引大学进入科技园区，鼓励大学和国家实验室与工业合作，并以慷慨的税收优惠吸引跨国工厂和研发中心进入世界一流的科技园区。最后，高度重视同商会、行业协会、高校商学院等非政府机构的合作，利用其掌握的大量集群和区域经贸环境相关信息，为集群发展提供信息服务。2014年，美国商务部同哈佛大学、麻省理工学院等合作开展的“产业集群描绘计划”，在累计搜集与美国集群发展、区域社会经济特征、商业环境质量相关的5 000万条数据后，对外发布了美国集群地图。同时，建立了一套帮助政府和企业对集群分类和比较的算法，构建了集群内企业间沟通交流以及企业获取各级政府正在开展的集群项目信息的平台。

## 二、德国

德国制造业举世闻名，一个重要原因在于德国政府高度重视先进制造业集群的发展。早在1995年，德国政府就开始实施“生物区域计划”；2006年，

德国联邦政府开始启动“尖端集群竞争计划”，打造15个世界级尖端产业集群；2007年，重点推出“领先集群竞争计划”；2008年，欧盟启动欧洲集群备忘录，实施多方位创新战略支持发展世界级创新集群，提升其在全球竞争中的主导地位[①]；2012年，德国又开始实施“走向集群计划”；2014年，推出《新一轮高技术战略——创新德国》；2015年，在此基础上又进一步启动“集群·网络”计划，加快构建其在全球范围内的协作创新网络。由此可见，德国政府将制造业集群战略作为国家顶层设计的重要环节进行推进，目前已经形成以集群战略、高新技术战略和工业4.0战略为代表的“三位一体”国家战略体系。德国在顶层设计、推进机制和集群网络化协作建设等方面都有许多值得中国借鉴的经验。

**（一）注重顶层设计，联邦政府和州政府并行推进，实施分类集群发展政策促进先进制造业集群发展**

20世纪90年代中期开始，德国实施联邦政府与州政府并行推进的模式，推进创新集群发展。联邦政府层级的支持基金主要由联邦经济事务与能源部及联邦教育与研究部发起，而州政府层级则由各州政府及相关部门依据自身情况发起相关支持计划和政策，促进产学研联合，重点支持研究机构与企业结成创新联盟，以及创新集群建设，使得集群发展成为德国科技战略的核心内容。具体集群发展又分为3类：第一类是针对单一技术和产业的推进计划，如生物区域计划；第二类是针对部分地区实施的集群推进计划，如创新区域计划；第三类是综合提升类计划，对集群的产业、区域并没有限制，设置的目的是为了提高集群的创新能力、管理能力和国际化水平等的项目，如尖端集群计划、走向集群计划等，在实施方式上有较大差异。

**（二）政府通过公平竞争选拔设立先进制造业集群并予以资助**

2007年，德国联邦教育与研究部和经济事务与能源部共同推出“尖端集群”项目（Leading – edge Clusters），2012年又开始实施“走向集群”计划（Go – Clusters）。是否入选这两类先进制造业集群需要申报，提交集群建设战

---

① 事实上，欧洲其他国家也加大政策力度支持制造业集群的发展。法国政府2004年起在全国范围内实施“竞争力集群计划”，侧重基于科研项目的研发合作、网络化、技术服务、国际合作以及集群间合作。工业部、国防部、基础设施部、农业部、卫生部、空间规划部6个部门组成部际区域规划发展委员会，建立了部际共同基金，资助集群成员的研发活动；两个管理局和一个银行负责集群计划的运行：OSED（创新管理局和国家研究管理局）资助竞争力集群中产学研的研发合作项目，半公立的CDC（法国信托储蓄银行）支持集群中的创新平台建设。

略申报书。这两类集群计划都没有设定特定技术领域，面向所有先进制造行业，由来自科学界和经济界的15人组成评审委员会进行评审。“尖端集群”的每一轮竞争都是通过专家从申请者中筛选出创新能力、财务能力、人才培养等方面综合实力最强的5个集群，经过3轮评选筛选出15个尖端集群获得特别资助，其中德国政府出资4 000万欧元，企业等比例筹资4 000万欧元，最长资助期限是5年；“走向集群”的申请者则必须获得欧洲卓越集群计划银标或金标，再由专家筛选，每个项目资助金额是4万欧元，企业等比例筹资4万欧元，最长资助期限为9个月。该政策一方面解决了联合研发项目平台的资金和科研人员问题；另一方面减少了创业企业的负担。此外，企业必须等比例筹资，也避免了企业假借科研项目骗取政府资金支持的情况发生，有利于加强公共资金的管理和高效使用。2014年的一份评估报告表明，这些“尖端集群”获得了900项创新项目、300项专利，并成立了40个新创企业。

### （三）政府注重通过相关政策，支持重点企业和重点产业来促进先进制造业集群发展

德国政府制定各种标准和法规，前瞻性地支持部分先进制造业的产业发展。以汽车产业集群为例，德国斯图加特汽车产业集群是世界上规模最大的汽车产业集群之一，具有世界一流的整车品牌，聚集了奥迪公司、保时捷公司、奔驰公司等汽车龙头企业和博世集团、采埃孚集团等众多汽车零配件企业。德国政府通过制定严格的汽车标准，形成非贸易壁垒排斥外来竞争者，此外还制定排放法规，推动清洁排放轿车在欧洲畅销。

### （四）构建高效的集群合作机构，加强先进制造业集群的内部治理

德国的集群合作机构是介于市场和政府之间中立的“第三方”，这些机构多数是公司型组织，部分是联合会型组织，重点发挥精准服务集群成员的纽带作用。如德国东威斯特法伦—丽璞（OWL）集群，就存在专门的集群合作机构。采用联合会的集群管理组织方式，下设董事会、执行局、科学咨询委员会。董事会由大学以及企业的杰出人员构成；执行局负责确定集群发展的战略方向；科学咨询委员会由国际知名科学家组成，协助由当地政府负责的集群运营管理方构建技术平台，核心职责主要有引导创新项目申报、技术转移、外部合作对接、专业知识共享与资金分配等5个方面。目前该集群已是世界级智能制造产业高地、德国工业4.0技术应用的主引擎，直接影响德国以及整个欧洲

的制造业升级。

再如，德国汉堡的医疗卫生产业集群，目前由企业、科研和教学培训机构、行业协会、主管政府机关、非政府组织等社会伙伴协同合作，汉堡卫生主管部门——汉堡卫生与消费者保护部于2009年与汉堡商会共同创建了汉堡卫生产业有限公司，作为集群专门的组织管理和协调联络机构。该公司2013年年底固定资产仅为9 000欧元，流动资产20万欧元。集群的另一个重要联络机构是汉堡卫生大都市协会，这是一个拥有60家会员企业的机构网络。两家机构共享资源，共同治理汉堡医疗卫生产业集群。

## 三、日本

日本政府也长期重视制造业集群的推进和发展。早在20世纪50年代，日本政府就开始着手制定推进产业集聚的规划，通过颁布相关法律等推进产业集群的建设与发展。在经受了90年代泡沫经济破灭的考验后，日本政府对传统产业集群的发展策略进行了调整，将推进创新产业集群作为其发展经济的重要推进力量。日本政府在产业集群政策方面的长效发展规划等经验非常值得中国借鉴。

### （一）政府注重产业集群政策的长效发展机制

在21世纪初，日本就发布了3个产业集群相关的计划，即2001年的产业集群计划、2002年的知识集群计划和2002年的城市区计划，在建立集群计划的精准长效机制、推动跨部门协同、构建区域性政产学研合作创新系统等方面积累了丰富的经验。日本政府高度重视集群计划的延续性与演变性，通过集群政策和机制的不断完善精准、可持续地解决发展中面临的问题。以3个计划为例，产业集群计划主要支持网络化、集群促进组织、培训、营销合作，下设19个子项目；知识集群计划主要支持基于联合研究中心的研发合作、网络化、孵化服务，下设10个子项目；城市区计划重点支持产学政合作。在借鉴各国产业集群形成经验的基础上，日本经济产业省将产业集群计划的规划期选择为20年，并分为3个阶段实施：2001—2005年为启动期，重点建设产学政合作网络；2006—2010年为成长期，重点推进新产品研发与产业化；2011—2020年为发展期，逐步减少财政扶持过渡到以自主发展为主。目前，计划共推动形成了18个产业集群，总计10 700家企业参与，涉及产品制造、生化、环保等多个新兴领域。

### （二）政府高度主导先进制造业集群的筹建和运营

日本的筑波科学城是日本最大科学研究中心，成立于 1968 年。日本政府直接介入筑波科学城的形成和发展过程，从规划、审批、选址到科研等整个过程和运行完全是政府决策，科研机构和科研人员都从东京迁入，各种设施都需要经过行政审批，私人研究机构和企业也由计划控制。日本政府用 10 年时间完成规划、立法、筑波大学的迁入，设立首个国家级无机材料研究所。2001 年，日本科学技术厅在无机材料研究所基础上，集中优势资源进行纳米技术研究与开发，研发领域集中在新型纳米电子元器件制造和能源方面，如高性能半导体元件、高效率太阳能电池材料等。经过多年的发展，筑波科学城已成为全球 7 大纳米产业集群之一，在国内外拥有较高的知名度。2011 年，筑波科学城被日本政府指定为“国际战略综合特区”。

### （三）为先进制造业集群提供了全方位的资金支持

首先，为产业集群计划提供预算支持，日本政府产业集群计划列入政府年度财政预算的范围。2002 年经济产业省安排了 294 亿日元（约 2.29 亿美元）的预算发展产业集群计划，后来增加到 568 亿日元（约 5.45 亿美元），财政预算中有专门的资金用于促进研发，并支持大学、研究所和企业之间合作研发。一些政府部门和产业促进机构也提出研究开发合作计划，如经济产业省的地方局、日本的新能源与产业技术开发组织（NEDO）以及其他部门，都提供资金，制订计划，通过项目来促进产学研合作。经济产业省还开展“区域新产业创建技术开发补贴计划”，提供资金补贴，促进企业进行高风险技术开发，使中小企业进入新领域。其次，政府为各地孵化器的硬件设施提供财政补贴。截至 2004 年 9 月，日本共有 329 家孵化器发展起来。其中 150 家孵化器由政府补贴（补贴与日本中小企业和区域创新协会（SMRJ）的发展与投资）发展而来。

### （四）建立专门的集群促进机构和研发平台，促进先进制造业集群的形成和发展

首先，日本政府设立专门的产业集群促进机构，如日本中小企业与区域创新组织、国家先进产业科学技术研究院、日本对外贸易组织，以此来促进集群之间的政产学网络的形成。其次，日本成立区域内的研究院所和公共实验室，在支持新产品开发、本地中小企业技术发展以及传统技术咨询方面发挥

着重要作用，同时促进大学科研成果转移到企业，在大学基础研究成果、公共研究院所实际应用研究成果与企业需求之间起了桥梁作用。再次，建立信息交流平台，共享有关技术、人员、市场等方面的信息，此外还专门成立中小企业情报信息中心和公立试验研究机构技术信息室，向中小企业提供海外投资、技术合作信息，有关新技术、新工艺、新产品的信息，以及经营管理与市场营销信息等。最后，日本政府还加强产业集群的海外宣传，如建立海外网站，介绍整个产业集群计划，积极进行国际交流，派代表团与其他国家产业集群互动等，同时积极参与国际集群大会，吸收借鉴其他国家发展先进制造业集群的经验。

# 第四节　中国培育世界级先进制造业集群的路径

## 一、通过嵌入全球价值链和构建国内价值链奠定世界级先进制造业集群的要素基础

第一，全面嵌入全球价值链，实施新一轮高水平开放，为世界级先进制造业发展吸收国际先进要素，抢占国际市场。

目前全球价值链分工主要是两种类型。一是大买家驱动型，跨国企业依托巨大的国内市场需求，主导形成市场驱动型全球价值链，以品牌、设计、市场、营销、网络等优势，向全球供应商发出巨额采购订单。二是生产者驱动型，具有整体科技创新能力和技术水平的企业主导，形成生产者驱动的全球价值链。继续全面嵌入全球价值链，实施高水平开放，可以吸收为发展世界级先进制造业所需的优质人才、资金以及先进技术。

第二，主动构建基于内需的国内价值链，为世界级先进制造业集群发展奠定物质基础。

长期以来，我国东部地区融入全球价值链，中西部地区廉价的生产要素和自然资源在本地不能有效利用，只能源源不断地流向东部，沦为低端要素的供应地，打乱了我国地区产业布局和分工。发展先进制造业集群，需要重视内需和国内市场，构建国内价值链。国内价值链以本土企业为主，其高附加值环节带来的利润留在国内，为先进制造业集群发展奠定物质基础。国内价值链可以发挥产业间关联效应，带动上下游产业发展，使生产更加迂回化和专业化，加速先进制造业的集聚，从而能更好地发挥其规模效应和范围经济。

## 二、通过发展高端生产性服务奠定世界级先进制造业集群的产业基础

第一，先进制造业的发展，需要有专业化的、高级生产要素的投入，即需要有高端的生产性服务业与其匹配。从投入产出关联度来看，作为制造业的中间投入，生产性服务业所内含的知识资本、技术资本和人力资本，可以大幅度提高制造业的附加值和国际竞争力。生产性服务有两个特点：知识密集型和差异化。在柔性的知识技术主导型生产体系中，生产性服务业和制造业相互融合，无论是作为制造业内部的某个部门，还是独立的企业，在扩展劳动分工、提高劳动生产率方面，都发挥着关键作用。作为制造业的高级要素投入，高质量的技术服务嵌入制造业的生产环节，通过技能的提升降低了制造业的生产成本，从而有利于制造业向产业链高端攀升。

第二，先进制造业集群的发展，需要有高端生产性服务业在空间上进行配置。一般来说，制造业和服务业在空间分布上具有协同定位效应。在一定的区域内，生产性服务和制造业的协同定位主要取决于商务成本。随着商务成本提高，对交易成本较敏感的生产性服务业主要集中在中心城市，而对要素敏感的制造业分布在中心城市外围地区，形成区域内生产性服务业和制造业的协同定位效应。这种联动效应主要基于两者之间的“客户—供应商”关系，即制造业需要在较近的空间距离中充分利用生产性服务的投入，进而促进先进制造业的发展。

## 三、通过培育龙头企业奠定世界级先进制造业集群的微观基础

企业是创新的主体，也是产业集群的微观基础。通过培育龙头企业引领整个产业集群的前进方向，是培育世界级先进制造业集群的重要路径。

第一，扶持集群内现有的大企业发挥自身优势，创建自身品牌。要鼓励有条件的国际代工企业利用国内市场需求，及时转换为具有原创技术和自有品牌的企业。例如，努力建立国内统一市场，拆除市场壁垒和进入障碍，塑造培育和扶植原创性成果的市场基础；政府采购项目向先进制造业集群企业倾斜；利用税收优惠等财税政策加强扶持。

第二，围绕主导产业出台培育龙头企业的评价标准，把龙头企业的培育作为衡量先进制造业集群发展的重要指标，强化龙头企业的引进、培育工作，

并进行定期评估。

第三，可尝试建立龙头企业专项培育基金，资助集群内龙头企业联合高校、科研院所等设立技术创新中心，开展前瞻性技术与关键核心技术的研发，提升其自主创新能力，并且有重点地指出集群内龙头企业在境外设立和收购研发机构，通过境外科技创新带动本土技术升级。

第四，培育集群内有潜力的中型企业做大做强，同时围绕龙头企业，做好配套企业的培育工作，形成企业之间的垂直分工联系，构建大中小微企业分工协作的产业生态体系。

## 四、通过培养城市群奠定世界级先进制造业集群的空间基础

城市化和产业集群是现代经济增长的两个重要引擎。发展先进制造业集群，需要培育城市群来奠定其空间布局基础。

世界级先进制造业集群，一方面表现为地理空间上的物理集聚，另外一方面表现为基于互联网的虚拟集聚，这也意味着先进制造业集群要突破某一特定区域的限制，需要在空间布局上范围更大。经济发展中，由于种种原因，某些产业会在一定区位产生并得到发展，并逐步吸引关联产业向该区域集中，进而突破区位点的地域空间而在区位面上布局，产业在区域内集聚及成长促使产业集群的形成和发展。产业集群发展到一定阶段后，集群内企业的竞争导致资本收益率下降，要求产业集群突破现有区域空间限制，在更大的跨区域空间实现产业整合，从而促进城市群的发展。因此，发展城市群，在一个较大的区域范围内，以1个大城市为核心、3个以上的城市为构成单元，依托发达的交通信息等基础设施网络，实现该地区的高度同城化和经济一体化，是培育发展先进制造业集群的重要路径。

通过城市群的发展来培育先进制造业集群，可以有效避免各地方政府各自为政的分割局面，能避免无序竞争，在一个更广的区域范围内资源共享，有效协调，充分发挥集群的协作性。如以长江三角洲、长江中游、成渝等跨区域城市群为主体，黔中、滇中等区域性城市群为补充，促进城市群之间、城市群内部的产业分工协作和有序转移，构建五大城市群的产业发展圈，利用现有产业基础，加强产业协作，突破核心关键技术，培育知名自主品牌，依托国家级、省级开发区，在电子信息、高端装备、汽车、家电、纺织服装五大领域形成产业链完备的跨区域先进制造业集群。

# 第五节　中国培育世界级先进制造业集群的政策

## 一、加强顶层规划，注重机制设计长效精准

传统的制造业集群的形成大多具有一定的自发性，这也与一定地区的现有产业基础有较强的相关性。世界级先进制造业集群的培育则更依赖顶层规划和机制设计，要求其机制精准长效，因此要从国家战略高度制订连续性、系统性、演变性的集群计划，给予集群计划多层次、连续性的支持。充分考虑区域、产业的生命周期，制订好产业集群计划的阶段性目标，并重视对集群计划的质量评估与动态监管。具体要做好以下几个方面的工作。

第一，实施分类集群发展政策。国家在制订制造业集群发展计划时，对于产业和技术的选择要有差异性和层次性，实施分类管理。可以尝试在不同地区实施单一技术和产业推进计划，如专门的生物医药先进制造业集群、先进汽车制造业集群、航空航天制造业集群，也可以设立综合技术类的先进制造业产业集群，对其产业和技术不做限制，主要目的是为了提升其集群的综合技术能力和产业发展能力。

第二，加强对集群和集群政策的评估工作。要建立先进制造业集群的评估体系，对集群发展的全过程进行考核。界定投入的资源，如人力资本、财务等，将预定目标产生的直接结果界定为产出成果，另外还要考察其对区域经济、社会和环境的影响，基于这个评估体系，将具体评估内容细化为相应的指标来进行考察。具体方法是，需要与不同利益相关者合作，识别评估的目标、特殊的评估对象和对评估标准达成一致意见，开展初步评估，然后得到初步结论，与利益相关者群体讨论与反馈，找到新的观点，进一步改进和完善评估结论，完成包含建议的评估报告，最后完成评估工作。要重视对集群发展状况的监测，了解参与主体面临的需求与困难，定期发布监测报告，并向社会公开，使政策和财政资助更加透明、公开，有利于政府根据评估结论对政策和资助计划进行相应的调整。

## 二、构建公共服务平台，加强集群内外各项配套服务

产业集群的发展主要是通过市场机制发挥作用，政府的作用主要表现在公共平台的建设上，积极完善软硬件基础设施，利用“互联网+科技服务”“互联网+商务服务”“互联网+金融服务”及“互联网+政务服务”等，通过突出公共性、公益性，兼顾各方面利益，以解决企业共性需求为主要服务内容，从而建立良性循环、自我发展的运行机制。

第一，专业化的市场平台。专业的交易市场一方面集聚了人气，带动了就业，形成了税收，推动了区域经济发展，另一方面对生产型企业有信息传递作用，能够将消费者的需求以最快的速度反馈给生产企业，有利于生产企业紧紧抓住市场脉搏，对市场快速反应。

第二，通用设备和技术检测平台。产业集群区域中的技术检测平台具有半公共品的性质，可以按照企业主导投资、政府参股的方式，在集群中投资建设通用设备使用和检测平台，按照“谁投资、谁收益、谁使用、谁付费”的原则，在政府部门或行业协会的监督下实现有效运营。

第三，信息化平台。通过互联网实现整个产业集群资源的整合，是企业低成本获取有效信息的重要手段，为提升产业集群的集体行动能力和效果，克服“搭便车”困境，政府推进信息物流平台、产品研发平台、行业人才平台、企业应用平台等建设，为制造业集群内企业提供先进专业的服务，同时也为制造业集群的整体升级提供优良的环境。

## 三、构建多组织参与的集群合作机构，推动集群网络化协作

集群是高度网络化和高度创新性的产业组织，培育世界级先进制造业集群的核心是加快组织变革，建立网络化协作机制，实现跨主体、跨组织、跨领域、跨区域的全方位网络化协作。通过创新要素的有机配合产生协同创新的积极效果，弥补市场和政府在创新驱动发展中的不足与缺陷，促进整个产业集群持续活力、开放包容的创新发展。

第一，构建全球创新合作网络机制。世界级先进制造业集群的持续发展需要专注面向未来产业的前沿技术研究，因此需要搭建面向全球竞争、开放协同的全球科技合作网络，瞄准全球各领域的基础研发人员和技术研发人员，搭建若干具有国际先进水平的虚拟化全球性学术合作平台，联合攻关，在重

大基础性理论领域和关键技术领域有所突破。

第二，搭建产学研协同创新平台。促进集群内企业和大学、科研院所共同培养创新人才。鼓励大学和各类研究所设立面向企业创新人才的客座研究员岗位，选聘企业高级专家担任兼职教授或研究员，并且选择一些重点企业，设立一些专门的研发岗位，由大学和科研院所研究人员共同从事研发活动。此外，支持企业为高等学校和职业院校建立学生实习、实训基地。通过政府奖励政策指导企业把研发中心建在高校、科研院所，鼓励高校和科研院所向企业开放科研资源，推动在企业设立联合研发中心和专项实验室。成立科技成果专项基金，促进科技成果转化，使科技领域的重大标志性科研成果尽早产业化。

第三，加大对产学研合作创新平台的绩效考核和评估。具体执行层面，推行创新成果质量的“一票否决”制，创新成果质量衡量标准在于是否属于国际、国内及行业的“高、新、专”；同时改变经费下拨方式，从目前经费按年度全额下拨转变为年度只部分下拨，建设期结束后依据成果质量酌情下拨经费。对于创新成果数量多、质量高的加大激励力度，引导产学研协同创新平台多出成果，出高质量成果。

## 四、加强教育、培训和集聚先进制造业的劳动力政策

培育和发展先进制造业集群，其核心是需要吸引和发展先进制造业所需的劳动力。

第一，把我国的科学、技术、工程和数学（STEM）教育纳入国家创新人才培养战略。培养面向未来的创新型人才，提高学生的科学探究能力、创新意识和解决复杂问题的能力。依托《中国 STEM 教育 2029 创新行动计划》，除高校和科研机构外，加强参与机构的普及性，让更多的社会力量协同开展 STEM 教育创新，引领学校开展 STEM 教育课程，探索有效的 STEM 教育实践，形成 STEM 领航学校，培育 STEM 种子学校，开展 STEM 教师培训计划，争取培养更多具有国际竞争力的 STEM 创新人才。

第二，加强培训和发展高度专业化的人才。要加强专业化制造人员、技术管理人员、技术鉴定人员等的培训。可由专门的机构设立企业技术人员和管理人员的培训项目，不定期给企业技术人员进行培训，或者与第三方合作机构合作，由国家专门提供补助经费，由中介机构开设培训项目。此外，还可以促进学徒制度完善，培养有先进技术的工匠。

第三，加强对先进制造业集群的管理人才的培训。例如，培训集群经理人，在产业集群计划中形成广泛人力网络时，由于网络的扩充和支持项目的增多，还需要进一步加强系统管理。为了更好地促进网络的进一步改进和扩充，政府专门培训集群经理人，加强集群管理，提高管理效率。政府还可以学习日本经验，培训孵化器经理人。孵化器经理人需要具备工程知识，以及管理、财务与知识产权的知识与经验等。专门对孵化器的经理人进行培训，包括理论培训和实践培训等，提高孵化器经理人的素质，更好地实现科技成果向产业转化。

第四，通过人才倾斜政策鼓励科技人员就业创业。提供补助，利用所得税优惠等鼓励科技人员到先进制造业集群内企业就业。创新人才的奖励机制，对参与科学技术创新项目的大学教师以及博士研究员根据其贡献给予不同程度的奖励。可以制定国家战略引进海外优秀人才，通过改善研究环境及提高待遇等方面的政策，激励外籍人员最大限度发挥潜力。

**作者：**江　静　南京大学长江产业经济研究院研究员，
南京大学商学院教授，博士生导师

# 第三篇

# 区域协调发展

# 第八章　以城市群经济推进区域经济高质量发展

党的十九大报告指出，我国经济已由高速增长阶段转向高质量发展阶段。近年来，随着区域发展总体战略逐步落实，区域发展协调性不断增强：大规模基础设施建设迅速展开，地区之间互联互通明显加快；城市群在经济社会发展中发挥重要作用，大城市对中小城市的辐射和带动能力逐渐提升；农业转移人口加快市民化，新型城镇化发展格局初步形成。同时，必须清醒看到，发展不平衡、不充分等一些突出问题尚未得到解决，是全面建成小康社会、全面建设社会主义现代化国家的短板、弱项，因此党的十九大报告明确提出实施区域协调发展战略。

新型城镇化是区域协调发展的重要途径，要以提高单位面积产出效率为“牛鼻子”，推动城市群建设，提升区域发展质量、优化区域经济结构、转换经济增长动力。国际经验和教训表明，需要制订科学的区域协同发展规划，并由权威协调机构保障落实。同时，城市群建设要立足本国实际，以功能区划分为主取代行政管辖边界，强化高质量发展的目标管理和创新意识，着力提升基础设施互联互通水平，以长远眼光、超前理念整体推进环境保护工作，使市场在区域资源配置中起决定性作用和更好发挥政府作用，以农业集中经营、农村统一规划、本土人才回归推动乡村振兴。

## 第一节　以城市群建设为重点推动区域协调发展

中国特色社会主义进入新时代，经济发展呈现阶段性变化：从增长动力来看，我国经济开始由工业化主导转向城镇化主导；从城镇化进程来看，城市群是新型城镇化的主要载体。以单位面积产出效率提升为核心推进城市群发展，既是区域协调发展的必然要求，也是比肩世界级城市群、提高国际竞争力的现实选择。

## 一、进入经济发展新阶段，增长动力开始从工业化转向城镇化

改革开放以来，我国充分发挥后发优势，积极参与世界分工，逐步奠定"世界工厂"地位；以外贸带动内贸，通过溢出效应提高了劳动生产率水平和居民收入，在工业化进程中实现经济腾飞。随着工业化不断深入，生产要素和经济活动在空间上集聚，服务业开始发展壮大。一方面，制造业的集聚催生了现代物流业、金融业、信息产业等生产性服务业；另一方面，随着居民收入的增长，对服务业的需求不断扩大，商贸服务业、餐饮业、旅游业、文化产业等生活性服务业得以发展。因此，服务业 GDP 增长贡献率不断提升，并于 2014 年首次超过第二产业。

城镇化与工业化相伴而生，工业化进程引起人口集聚，开启了我国历史上第一次大规模快速城镇化进程，城镇化率以年均 1.0% 的速度增长，2017 年这一数据达 58.5%，超过世界平均水平。但是，如果改变统计口径[①]，2017 年城镇化率仅为 41.2%，这 16.2 个百分点的差距主要来源于农村转移劳动力。我国城镇化进程有力推动了经济高速增长和快速转型，成功避免了大规模失业和"贫民窟"现象，新一轮城镇化将继续释放巨大需求，如果按常住人口城镇化率达 70% 来算，我国还有巨大的发展空间。党的十九大报告从促进区域协同发展层面明确了新型城镇化的重点任务，即以城市群为主体构建大中小城市和小城镇协调发展的城镇格局，加快农业转移人口市民化。

## 二、推进城市群建设是区域协调发展的必然要求

新时代下提升经济增长质量和效益成为区域协调发展的优先选项，城市群建设刻不容缓。从区域创新发展来看，人力资本积累引发知识溢出，人才向城市集中，因此城市群是创新的空间载体。从区域协调发展来看，运输网络加快了知识和信息的传导，非中心城市在这一过程中不断流失生产要素，但其同时能够更快、更有效利用中心城市的正向外部性，从而与中心城市协同增长。从区域绿色发展来看，城市群建设的一个重要内容就

---

① 统计口径从城镇常住人口切换为城镇户籍人口。

是区域环境治理，恰恰是地方政府间不够协调的环境规制引起了污染就近转移，只有摒弃“以邻为壑”的恶性竞争行为，加快形成共建共享的区域环境治理机制，才能保住绿水青山。从区域开放发展来看，城市群建设有利于促进对内开放，在优化区域资源配置、形成统一市场、发挥规模效应等方面起到了不可替代的作用；城市群亦是对外开放的门户，精准定位、分工明确的产业结构，以及差异化发展的机场群、港口群，均有利于高水平开放格局的形成。从区域共享发展来看，经济集聚通过外部性促进增长、减少贫困。改革开放以来，我国在脱贫领域取得了世界瞩目的成就，贫困人口减少约7.40亿人，同期农村贫困发生率从97.5%下降至3.1%，2017年年末剩余农村贫困人口3 046万人①。但是，要切实缩小居民收入差距，使全体人民共享改革发展成果，农村脱贫只是第一步。要打破长期存在的城乡二元结构，既需要实施乡村振兴战略，也需要以高水平城市群建设创造更多就业岗位，推进农村剩余劳动力顺利转移，实现城乡一体化发展。

京津冀、长三角、粤港澳三大城市群是我国最重要的经济中心，肩负着引领国内高水平城市群建设、打造世界级城市群的双重任务。统计数据表明（见表8-1），粤港澳大湾区人均GDP、第三产业占比最高，经济发展质量处于领先地位；长三角城市群经济规模最大，内部发展差距最小；京津冀城市群世界500强企业最多，劳动力资源丰富。值得注意的是，粤港澳大湾区初步形成了“多核心分散网络”空间格局，以香港特区为金融中心，以广州市为先进制造中心，以深圳市为创新中心，多个中心城市有效扩大了经济辐射范围，港珠澳大桥和正在建设的深中隧道将进一步扩大香港特区和深圳市的辐射能力。

**表8-1　　我国三大城市群现状（基于2016年统计数据）**

| | | 面积（平方公里） | 人口（万人） | GDP（亿美元） | 人均GDP（万美元） | 第三产业占比（%） | GDP占全国比例（%） | 2017年世界500强企业（个） |
|---|---|---|---|---|---|---|---|---|
| 京津冀城市群 | | 217 156 | 11 205 | 10 902 | 0.97 | 58.2 | 10.2 | 59 |
| 其中 | 北京市 | 16 410 | 2 173 | 3 700 | 1.70 | 80.2 | 3.5 | 56 |
| | 天津市 | 11 946 | 1 562 | 2 578 | 1.65 | 56.4 | 2.4 | 1 |
| | 河北省 | 188 800 | 7 470 | 4 623 | 0.62 | 41.5 | 4.3 | 2 |
| 长三角城市群 | | 210 553 | 15 102 | 21 430 | 1.42 | 53.3 | 20.0 | 15 |

① 我国最新的农村贫困标准为每人每年纯收入2 300元（按2010年不变价格）。

续表

| | | 面积（平方公里） | 人口（万人） | GDP（亿美元） | 人均 GDP（万美元） | 第三产业占比（%） | GDP 占全国比例（%） | 2017 年世界 500 强企业（个） |
|---|---|---|---|---|---|---|---|---|
| 其中 | 江苏省 9 市 | 65 868 | 5 701 | 9 326 | 1. 64 | 50. 6 | 8. 7 | 4 |
| | 浙江省 8 市 | 66 217 | 4 169 | 5 732 | 1. 37 | 50. 9 | 5. 3 | 3 |
| | 安徽省 8 市 | 72 128 | 2 812 | 2 310 | 0. 82 | 41. 1 | 2. 2 | 0 |
| | 上海市 | 6 340 | 2 420 | 4 062 | 1. 68 | 69. 8 | 3. 8 | 8 |
| 粤港澳大湾区城市群 | | 56 562 | 6 800 | 13 328 | 1. 96 | 64. 8 | 12. 4 | 17 |
| 其中 | 广东省 9 市 | 55 425 | 5 998 | 9 780 | 1. 63 | 56. 1 | 9. 1 | 11 |
| | 特别行政区 | 1 137 | 802 | 3 548 | 4. 42 | 88. 7 | 3. 3 | 6 |

注：(1) 国家发展和改革委员会于 2011 年启动首都经济圈（即京津冀城市群）的规划和编制工作，京津冀城市群包括北京市、天津市以及河北省 11 市（保定、唐山、廊坊、石家庄、沧州、秦皇岛、张家口、承德、邯郸、邢台、衡水）；(2) 根据 2016 年 5 月国务院批准的《长江三角洲城市群发展规划》，长三角城市群包括：上海市，江苏省 9 市（南京、无锡、常州、苏州、南通、盐城、扬州、镇江、泰州），浙江省 8 市（杭州、宁波、嘉兴、湖州、绍兴、金华、舟山、台州），安徽省 8 市（合肥、芜湖、马鞍山、铜陵、安庆、滁州、池州、宣城）；(3) 2017 年 3 月，国务院总理李克强在政府工作报告中提出研究制定粤港澳大湾区城市群发展规划，粤港澳大湾区城市群由广东省 9 市（广州、深圳、珠海、佛山、惠州、东莞、中山、江门、肇庆）和香港特区、澳门特区两个特别行政区组成。

资料来源：万得资讯、财富中文网。

## 三、推进城市群建设也是比肩世界级城市群的现实选择

经济密度代表单位面积土地上的经济发展水平，能够衡量经济活动的密集程度，计量结果显示经济密度与生产率成正相关关系。基于国内宏观、微观数据的实证研究同样验证了劳动生产率与经济密度之间的正向关系，经济密度已成为区域经济研究的新视角，因此需要更加关注这一城市群发展指标。

如表 8－2 所示与美国、日本、韩国主要城市群对比发现[①]，我国城市群经济密度的提升空间非常大。从城市群人口规模来看，美国、日本、韩国、中国超过 100 万人的城市群占总人口比重分别为 45. 4%、65. 9%、47. 4%、25. 2%[②]，当前我国城市群规模仅为韩国 20 世纪 60 年代的水平。从首都圈的经济密度来看，东京经济圈、首尔经济圈、京津冀城市群的经济密度分别为 0. 44 亿、0. 57 亿、0. 05 亿美元/平方公里。从我国三大城市群的经济密度来看，粤港澳大湾区城市群的经济密度位居首位，为 0. 24 亿美元/平方公里；

① 为了方便用经济密度这一指标进行国际比较，此处部分参考范剑勇（2006）的做法，用单位面积的总产出表示经济密度。

② 数据来源为世界银行，数据年度为 2016 年。

长三角次之，为 0.10 亿美元/平方公里；京津冀居最后，仅为 0.05 亿美元/平方公里。比较发现，京津冀城市群的发展质量与首都圈、我国沿海地区增长极的经济地位极不相称。从中心城市 GDP 占所在城市群的比重来看，七大城市群中，洛杉矶—长滩—阿纳海姆的比重最高为 75.2%，粤港澳大湾区次之为 66.3%，纽约—纽瓦克—泽西城、东京经济圈、首尔经济圈的比重相近，京津冀、长三角城市群的比重最低，分别为 33.9%、19.0%。从中心城市的经济密度、人口密度来看，纽约、洛杉矶、东京、首尔、北京、上海的经济密度分别为 11.42 亿、5.84 亿、3.65 亿、4.88 亿、0.23 亿、0.64 亿美元/平方公里，人口密度分别为 10 786、3 081、6 123、16 194、1 324、3 817 人/平方公里。以上恰恰可以说明我国中心城市的规模不是太大，而是太小了。这个“小”就是指经济密度低，主要体现在中心城市的土地资源利用效率低下，经济辐射范围较小，经济发展质量不高。

**表 8－2　　城市群发展的国际比较**

| 城市群 | | 纽约—纽瓦克—泽西城 | 洛杉矶—长滩—阿纳海姆 | 东京经济圈 | 首尔经济圈 | 京津冀城市群 | 长三角城市群 | 粤港澳大湾区城市群 |
|---|---|---|---|---|---|---|---|---|
| 中心城市 | | 纽约 | 洛杉矶 | 东京 | 首尔 | 北京 | 上海 | 港广深 |
| GDP（亿美元） | 中心城市 | 9 007 | 7 531 | 7 867 | 2 955 | 3 700 | 4 062 | 8 840 |
| | 城市群 | 16 575 | 10 017 | 16 338 | 6 705 | 10 902 | 21 430 | 13 328 |
| 人口（万人） | 中心城市 | 851 | 398 | 1 320 | 981 | 2 173 | 2 420 | 3 333 |
| | 城市群 | 2 370 | 1 870 | 4 349 | 2 539 | 11 205 | 15 102 | 6 800 |
| 面积（平方公里） | 中心城市 | 789 | 1 291 | 2 155 | 606 | 16 410 | 6 340 | 10 535 |
| | 城市群 | 34 493 | 87 940 | 36 858 | 11 767 | 217 156 | 210 553 | 56 562 |
| 经济密度（亿美元/平方公里） | 中心城市 | 11.42 | 5.84 | 3.65 | 4.88 | 0.23 | 0.64 | 0.84 |
| | 城市群 | 0.48 | 0.11 | 0.44 | 0.57 | 0.05 | 0.10 | 0.24 |
| 人口密度（人/平方公里） | 中心城市 | 10 786 | 3 081 | 6 123 | 16 194 | 1 324 | 3 817 | 3 164 |
| | 城市群 | 687 | 213 | 1 180 | 2 158 | 516 | 717 | 1 202 |

注：（1）根据 1956 年日本出台的《首都圈整备法》，广义的东京经济圈（即关东地区）包括东京都、神奈川县、琦玉县、千叶县、茨城县、枥木县、群马县、山梨县。

（2）根据 1982 年韩国颁布的《首都圈管理法》，首尔经济圈由首尔特别市、仁川广域市、京畿道行政区构成。

资料来源：美国城市群统计数据来源于美国经济分析局、美国人口调查局，数据年度为 2016 年；东京经济圈各县统计数据来源于《日本统计年鉴（2016）》《日本统计年鉴（2018）》，数据年度为 2014 年；首尔经济圈数据来源于 KOSIS，数据年度为 2016 年；京津冀、长三角、粤港澳大湾区各城市统计数据来源于万得资讯，数据年度为 2016 年。

## 第二节　以新理念、新思路引领城市群发展

城市群发展需要由新理念、新思路来引领，既要借鉴国际发展经验，也要立足本国实际，以功能区划分为主取代行政管辖边界，强调高质量发展的目标管理和创新意识。

### 一、城市群建设需要借鉴国际经验

他山之石，可以攻玉。一个世界级城市群的形成需要几十年，其他国家的发展模式和多年治理经验对我国有较大的借鉴意义。

美国跨国公司总部大都在中小城市，东北部纽约—纽瓦克—泽西城城市群和西部洛杉矶—长滩—阿纳海姆城市群均呈现出极为分散的空间布局。纽约地区规划由非官方、非盈利组织纽约区域规划协会（RPA）负责，RPA 的优点是吸引了大都市区主要群体和专家学者参与，制订的规划富有针对性；其不足之处在于，当不同群体的利益出现冲突时，缺乏一个权威领导小组进行协调，以至于一部分重要的规划设想被搁置。

日本是最早对城市群进行统一规划和跨区域治理的国家，以东京经济圈的区域性治理为例，经过跨越半个多世纪的 5 轮“首都圈整备规划”，东京经济圈的规划重点从早期开发东京都卫星城向建立多个次一级中心城市转变，空间格局从“一极单核”向“多核分散”转变，城市内部治理从消极控制城市规模向城市功能合理布局转变，形成了错位发展、各具特色、功能互补、互相带动的城市分工合作模式。东京经济圈值得借鉴的制度创新包括：统一、多轮次的“首都圈整备规划”、自上而下的区域性行政协调机制，以及完备的法律体系保障。

英国政府于 1940 年提出疏散伦敦中心区的制造业和人口，并于 1946 年以法律形式保障伦敦 8 个卫星城的建设，政府部门机构带头迁入卫星城，一部分大企业的总部和一定数量的岗位也随后迁入。尽管伦敦经济圈仍然是单中心格局，但卫星城实际上承担了伦敦的部分功能，有效缓解了拥堵问题。

韩国首尔经济圈形成于 20 世纪 70 年代，1982 年颁布的《首都圈管理法》从法律上确定了该地区的边界。为了抑制首都人口快速膨胀，韩国政府先后进行了两轮首尔周边新城镇开发计划，第二轮新城建设吸取早期新城较为拥

挤、环境容量较低的教训，开始以小规模、分散开发、保留绿地的方式建设新城。但是，由于首尔的非核心功能并没有疏解至周边新城镇，大规模卫星城建设无法解决首都过于拥挤、住房供应不足、房价快速上涨的一系列城市问题。

## 二、以功能区划分为主取代行政管辖边界

我国东、中、西部地区的经济密度基本呈依次递减的地理格局，城市群建设需要依靠顶层设计，综合考虑各地区城市群的特点和外部条件，紧紧抓住划分主体功能区这个“牛鼻子”，以科学合理的区域性统一规划替代行政区划，优化国土空间开发格局。要明确城市功能定位，合理划分优化、重点、限制开发区域，强化分工合作、错位发展，形成优势互补、各具特色的协同发展局面。同时，依托交通基础设施的互联互通形成多级发展轴线，形成网络化空间格局。

具体而言，中心城市的公共资源过度集中、产业过度集聚会产生拥挤效应，引发房价泡沫，为了改善中心城市的就业、生活环境，需要对中心城市进行优化开发，以产业升级为重点调整人口存量，加快建设科技创新中心，强化综合服务功能，充分发挥中心城市的引领作用；以非核心功能向周边城市疏解为重点调控人口增量，推动周边地区协同发展，引导人口合理分布。副中心城市及其形成的都市圈是重点开发区域，要充分发挥副中心城市的辐射带动作用，推动产业链融合、周边城市同城化发展，形成多核心的分散式空间结构。环境容量较小、生态环境较为脆弱的地区是限制开发区域，要避免“摊大饼”式的空间扩张，严控新增建设用地规模，实施点状集聚开发，加强环境保护、生态修复。

值得注意的是，区域性统一规划要富有针对性、灵活性，才能调动地方政府主动寻求协作的积极性；区域性统一规划是动态而非静态的，需要在实践中不断完善。以三大城市群为例，针对京津冀，以疏解北京非首都功能为切入点推动京津冀协同发展，高起点规划、高标准建设雄安新区。针对长三角，上海市要加快形成“四个中心”，各副中心城市要充分发挥比较优势错位发展、避免低水平同质化竞争，苏北、浙西、皖西则需要成为该地区的生态屏障，不能“先污染后治理”，重蹈覆辙。此外，由于长三角城市群涉及4个省级行政单位，要特别注意区域大气、水、土壤污染的联防联治。针对粤港澳大湾区，要处理好“一国两制”下的独立关税区问题，既需要从顶层设计

入手构建跨境协商管治机制，也需要加强粤港澳政商之间的协调、沟通与实质性合作。

## 三、强调高质量发展的目标管理和创新意识

为了加强区域性统一规划的可行性，需要以高质量发展的五大理念为基础，建立科学的短期行动计划，主要包括评价体系设计和常态化的跨区域行政协调机制两个方面。

创新、协调、绿色、开放、共享是评价体系最重要的大类指标，需要根据规划对大类指标进行细化。其中，创新指标要强调创新中心。创新中心是创新人才、创新企业、创新成果、创新文化的集合体，国内高水平城市群必须拥有区域创新中心，而要建成具有全球影响力的世界级城市群，必须培育具有全球影响力的科技创新高地。协调指标要强调中心城市疏解非核心功能、主要都市圈同城化发展。中心、副中心城市需要降低落户门槛，逐步取消对劳动力自由流动的限制，最大程度释放人力资本的溢出效应；加快构建主要都市圈的同城化交通网，逐步实现交通、医疗、社保、教育的同城化；强化副中心城市之间的城际轨道交通网。绿色指标要强调统一、高效的环境监测体系以及跨区域污染联防联治机制。选取科学的水、大气、土壤污染指标，认真履行环评审批程序，既要控制污染物排放总量，也要加强污染源综合治理。实现跨区域污染联防联治的前提是形成地区间横向生态保护补偿机制、环境污染赔偿机制，首要任务是合理确定转移支付标准和具体赔付补偿办法。开放指标要强调海陆双向开放。对内开放要聚焦建设区域统一开放市场，对外开放要赋予自由贸易试验区更大改革自主权。共享指标要强调优化收入结构、缩小城乡收入差距。在居民收入构成中，工资性收入是城乡居民的主要收入来源，经营性收入是农民的重要收入来源，农民财产性收入普遍较低。一方面，要发展适度规模经营，提高农民经营性收入；另一方面，要完善承包地“三权”分置制度，探索农村宅基地流转和有偿退出试点，提高农民财产性收入。

由权威领导小组统筹指导、强调成本分担和利益共享、常态化运行的跨区域行政协调机制是区域一体化发展的重要制度创新，为区域性统一规划的顺利落实提供制度保障。在不突破现行地方行政体制框架下，要实现创新联动发展，推进简政放权、放管结合，优化服务改革，推动建设统一市场，加快基础设施互联互通、基本公共服务共建共享、生态服务联防共治，

均离不开跨区域行政协调机制的常态化运行。

## 第三节　推进城市群建设值得关注的几个问题

在推进城市群建设的过程中，有几个问题值得关注，分别是：规划先行，基础设施建设互联互通；环境保护，理念超前整体推进；市场决定，效率为先；乡村振兴，同步推进。

### 一、规划先行，基础设施建设互联互通

基础设施建设互联互通是区域发展规划的优先选项。跨区域的基础设施建设需要秉承“成本共担、利益共享”的基本原则，解决好规划、资金、运营三大难题。

规划方面，针对交通基础设施，提高城际铁路覆盖率，提升主要高速公路通行能力，形成以轨道交通为骨干、公路交通为基础的城际综合交通网络，加快打造都市轨道交通网；实现中心城市、副中心城市铁路、公路、民航、城市交通“零距离换乘、无缝化衔接”，形成以中心城市为核心、分工协作、与综合交通运输体系深度融合的多层级机场群与港口群，不断提升综合交通、货运枢纽辐射能力。针对信息基础设施，实现高速网络全覆盖、无线局域网在热点区域和重点线路全覆盖；建立统一地理信息公共服务平台，强化城市群交通信息资源整合与共享；加快建设智慧城市、云计算示范城市、物联网重大应用示范工程，统一建设标准，开放数据接口。

资金方面，为了建立稳定的资金来源，需要明确省级财政资金的引导作用和城市资金的主导作用，各城市将公共交通纳入公共财政一般预算，设立城市公共交通发展专项资金。同时，设立城市群一体化发展投资基金，重点投向基础设施互联互通等跨区域合作领域，鼓励社会资本参与基金设立和运营，完善基金治理结构和绩效评估机制，提高基金使用效率。

运营方面，一是要提升运输服务能力与水平。落实“互联网＋”便捷交通重点示范项目，基本实现通过移动互联终端完成客运全程“一站式”服务，加快实现城市群“交通一卡通”互联互通，重点运营车辆（船舶）“一网联控”；统一规定收费公路范围、期限、标准、减免等事项。二是要完善普惠信息服务。稳步降低电信资费，加快通信一体化和电信市场一体化进程；推动

量子通信技术在中心城市、副中心城市率先应用，加强信息基础设施与信息资源安全防护工作。

## 二、环境保护，理念超前整体推进

城市群的经济密度较高，但生态退化和环境污染较为严重，必须把生态共建、环境共治放在城市群建设的重要位置，以长远眼光、超前理念整体推进环境保护工作。

第一，推进绿色城市群建设。为了改善城市生态环境和人居环境，可借鉴国外“绿带”经验，以农田、公园、森林作为城市实体开发边界，适度扩大城市生态空间。推进城市地下综合管廊建设，加快建设“海绵”城市。建立健全集消防、人防、防地质灾害于一体的综合防灾体系，防患于未然。倡导低碳生活，引导绿色消费，鼓励乘坐公共交通出行，完善垃圾分类处理体系。加快生态工业示范园区建设，推进产业园区能量梯级利用、土地集约利用、废水循环利用、污染物集中处理。

第二，推动主要污染联防联治。水、大气和土壤污染是环境治理的重点，而跨区域污染联防联治是环境治理的难点，需要由权威领导小组推动建立常态化的污染联防联治机制，将其纳入地方官员考核体系，不断加强后续监督。此外，针对水污染，要全面推行河长制，加强污染物源头治理，疏堵结合，标本兼治；通过严格控制养殖业污染、科学使用农药和化肥、加快农村生活污水和垃圾无害化处理力度，有效控制农村面源污染。针对大气污染，要优化能源消费结构，推进煤炭清洁利用，加快燃煤设施的天然气替代改造任务。针对土壤污染，以污染源头预防为主，同时加快治理重污染企业的场地、耕地重金属污染。

第三，建立统一、有效的环境监测体系。目前我国环境监测部门的主要问题是，监测网络呈现地方与部门的“条块分割”，分布不均衡，地方、部门间的联系也不够紧密。深化环境监测改革，一是要构建责任体系，明确领导责任和监管责任，坚决防范地方与部门的不当干预。二是要严厉打击环境监测机构工作人员弄虚作假行为，做到“发现一起，查处一起”，涉事排污企业不仅要依法追究责任，还要把违法信息纳入国家企业征信系统，实现“一处违法，处处受限”。三是要制定统一的环境检测标准规范，严格规范排污单位检测行为，确保检测数据完整、有效。

## 三、市场决定，效率为先

离开政府或市场任何一方，我国经济都不会取得今天的成就。前车之鉴也表明，在建设城市群的过程中，既要突出市场对资源配置的决定性作用，又要更好发挥政府的作用。

第一，城市群建设要充分发挥市场的决定性作用。为了提高城市群的质量和效率，需要摒弃过去“摊大饼”的扩张模式，依靠科技进步、人力资本和企业家精神，发挥市场配置资源的决定性作用，加快劳动力、资本、土地、技术的自由流动，增强城市群转型升级的内生动力。在城市尺度上，需要注重内部产业错位发展，中心城市、副中心城市的经济活动、产业结构趋于多样化，中小城市的产业结构趋于专业化，坚决避免招商引资“拉郎配”现象。制造业转型升级离不开生产性服务业和高技能劳动力，而高技能劳动力需要消费大量生活性服务，这些服务基本上由低技能劳动力提供。不仅如此，从事简单劳动的人口不断涌入，才能维持大城市较低的雇佣成本，以工资温和上涨换取产业升级的宝贵时间。因此，一个包容性的城市才能保持持续竞争力，驱赶所谓“低端人口”只会适得其反，甚至引起城市的衰落。

第二，政府要主动作为。成立权威的城市群建设领导小组，破除城市间的“玻璃门、暗门槛”，加快形成统一产品、要素市场。根据区域性统一规划的总体部署，共同研究制订 3 年行动计划、年度工作计划，协同推进交通基础设施互联互通、跨区域环境联防联治、基本公共服务均等化供给等重点任务的落实。完善激励约束机制，调动地方政府采取共同行动策略的积极性。加强城市群建设的宣传、解读工作，及时公布区域一体化进展，增强公众对城市群建设的认同感，营造良好舆论环境；推广“不见面审批”、政务办事“最多跑一次”等做法，增强政府执行力和公信力；建立完善信息共享机制，促进形成政府与市场间的良好沟通、有机互动，引导各类市场主体积极参与城市群建设。

## 四、乡村振兴，同步推进

当前我国最大的发展不平衡是城乡发展不平衡，最大的发展不充分是农村发展不充分。尽管改革开放已进行 40 多年，但广大的农村地区仍然或多或少保留着小规模分散经营的传统，这也是乡村振兴的突破点。需要以科学合理的乡村发展规划及解决“三农”问题的决心，打破农村地区“一盘散沙”的格局，实现农业集中经营、农村统一规划、本土人才回归，才能从根本上改变农村地区落后的面貌。

农业集中经营主要体现在适度规模经营以及农业生产社会化服务两个方面。引导小农户开展适度规模经营的前提条件是土地经营权自由流转，因此需要深化农村土地制度改革，完善承包地“三权”分置制度。此外，需要推广“一村一品”的发展经验，充分发挥农村电商对当地特色农产品的宣传作用。另外，为了发展农业生产托管等农业生产社会化服务，需要突出支持育苗、仓储烘干、病虫害专业化防治等农业生产的关键、薄弱环节，带动区域集中连片经营，从根本上提高农业生产效率，让愿意继续从事家庭经营的农户分享规模经营收益，壮大集体经济。

农村统一规划不能“千篇一律”，要讲究实用、简便，充分考虑当地特色，加强对历史文化、自然景观名村的保护。以市、县为单位，在综合考虑本地相近的自然、社会、经济条件后，将单个乡村的特色纳入规划中，不失为一个兼顾乡村规划共性与个性、速度与质量的选择。为了营造宜居宜业宜游的美丽乡村，需要逐步完善乡村基础设施和公共服务设施，对私搭乱建进行及时清理，不断改善农村生态环境和人居环境。随着城镇化的快速推进，乡村发展也会出现分化，不是所有的乡村都会得到振兴，“空心村”需要逐步清退闲置宅基地，退耕还林，实施生态治理。

本土人才回归意义重大。青年农民返乡是乡村振兴的锚，给年轻人创造更多工作机会，才能真正打通年轻人回归乡村的通道。为此，设立农民返乡创业扶持创业基金，重点扶持现代农业、以精品民宿为代表的生态旅游业等，吸引农民携带资金和技术返乡创业，以创业带动就业。同时，给当地农民提供更多职业培训机会，打造一批有技术、懂经营、讲诚信的新型职业农民，为乡村振兴源源不断地输送“新鲜血液”。最后，营造尊重知识、尊重人才的氛围，选拔一批优秀的年轻干部参与农村建设工作。

**作者：** 沈坤荣　南京大学长江产业经济院宏观经济研究首席专家、南京大学商学院院长、教育部长江学者特聘教授
赵　倩　南京大学经济学院博士研究生

# 第九章　四大板块培育经济发展新动能现实路径研究

改革开放以来，针对不同地区的实际情况，我国逐步形成了以四大板块为地理单元、各有侧重的区域发展战略，这就是西部开发、东北振兴、中部崛起、东部率先的区域发展总体战略。当前，我国经济已经进入增速换挡、结构优化、动力多元、质量提升的新常态发展阶段。在“新常态”下，要确保经济中高速增长，必须拓展发展新空间、培育发展新动力。

## 第一节　四大板块经济基础和产业结构现状

### 一、四大板块的经济基础

改革开放以来，以四大板块为代表的中国经济社会发展取得了举世瞩目的成就。按照历年《中国统计年鉴》的数据，我国 GDP 总量从 1978 年的 3 678.7亿元增长到 2016 年的 744 127.2 亿元，去除价格因素影响之后，在此期间实际增加了 32.3 倍，成为仅次于美国的第二大经济体。人均 GDP 从改革开放之初不到 350 美元上升到 2017 年的 9 000 美元左右，按照世界银行设定的标准，已经顺利进入中等收入偏上国家的行列。但在此发展过程之中，由于四大板块发展基础和资源禀赋相互不同，导致不同地区经济发展和产业结构现状存在较大的差异。

如表 9 - 1 所示，首先给出了四大板块 2000—2016 年区域增加值总量及在全国 GDP 所占的比例。数据显示，在去除价格波动因素之后，东部地区增加值从 2000 年的 51 019 亿元上升到 2016 年的 234 846 亿元，在 2000 年以来大约增加了 4.6 倍，分析期间年均增长率约为 10.01%，其占全国 GDP 比重从 2000 年的 52.55% 上升到 2006 年的最高点 55.73%，再下降到 2016 年的 52.66%，在 2000—2016 年间呈现倒“U”形变化趋势。中部地区增加值从

2000 年的 19 791 亿元上升到 2016 年的91 975 亿元，在分析期间年均增长率约为 10.08%，其占全国 GDP 比重从 2000 年的 20.38%下降到 2006 年的最低点 18.73%，再上升到 2016 年的 20.62%，在分析期间稍有上升。西部地区增加值从 2000 年的 16 538 亿元上升到 2016 年的 89 130 亿元，在分析期间年均增长率约为 11.1%，在四大板块中增长速度是最高的，其占全国 GDP 比重从 2000 年的 17.03%上升到 2016 年的 19.99%，在 2000—2016 年上升了 2.95 个百分点。东北地区增加值从 2000 年的 9 743 亿元上升到 2016 年的 30 006 亿元，在分析期间年均增长率约为 7.28%，增长速度在四大板块中是最慢的，其占全国 GDP 比重从 2000 年的 10.03%逐步下降到 2016 年的 6.73%，在 2000—2016 年下降了 3.31 个百分点，在四大板块中是唯一 GDP 占比下降的地区。

**表 9－1　　2000—2016 年四大板块的区域增加值总量及所占比例（按 2000 年价格）**

| 年份 | 东部板块 | | 中部板块 | | 西部板块 | | 东北板块 | | 合计 |
|---|---|---|---|---|---|---|---|---|---|
| | 数量（亿元） | 占比（%） | 数量（亿元） | 占比（%） | 数量（亿元） | 占比（%） | 数量（亿元） | 占比（%） | |
| 2000 | 51 019 | 52.55 | 19 791 | 20.38 | 16 538 | 17.03 | 9 743 | 10.03 | 97 091 |
| 2001 | 55 230 | 52.86 | 21 099 | 20.19 | 17 746 | 16.98 | 10 413 | 9.97 | 104 489 |
| 2002 | 61 162 | 53.57 | 22 562 | 19.76 | 19 342 | 16.94 | 11 099 | 9.72 | 114 165 |
| 2003 | 69 570 | 54.14 | 25 014 | 19.47 | 21 617 | 16.82 | 12 299 | 9.57 | 128 501 |
| 2004 | 78 498 | 54.24 | 28 483 | 19.68 | 24 298 | 16.79 | 13 434 | 9.28 | 144 713 |
| 2005 | 93 909 | 55.65 | 31 806 | 18.85 | 28 399 | 16.83 | 14 643 | 8.68 | 168 757 |
| 2006 | 105 707 | 55.73 | 35 526 | 18.73 | 32 253 | 17.00 | 16 206 | 8.54 | 189 692 |
| 2007 | 116 165 | 55.34 | 39 682 | 18.90 | 36 236 | 17.26 | 17 822 | 8.49 | 209 905 |
| 2008 | 125 572 | 54.33 | 44 682 | 19.33 | 40 915 | 17.70 | 19 938 | 8.63 | 231 108 |
| 2009 | 139 260 | 53.90 | 49 974 | 19.34 | 47 110 | 18.23 | 22 006 | 8.52 | 258 349 |
| 2010 | 153 626 | 53.15 | 57 012 | 19.73 | 53 564 | 18.53 | 24 824 | 8.59 | 289 026 |
| 2011 | 166 124 | 52.10 | 63 959 | 20.06 | 60 993 | 19.13 | 27 780 | 8.71 | 318 856 |
| 2012 | 176 914 | 51.14 | 69 522 | 20.09 | 69 356 | 20.05 | 30 180 | 8.72 | 345 972 |
| 2013 | 188 486 | 51.03 | 74 460 | 20.16 | 74 588 | 20.19 | 31 843 | 8.62 | 369 376 |
| 2014 | 203 083 | 51.23 | 80 444 | 20.29 | 79 573 | 20.07 | 33 336 | 8.41 | 396 435 |
| 2015 | 216 154 | 51.68 | 85 162 | 20.36 | 83 448 | 19.95 | 33 506 | 8.01 | 418 269 |
| 2016 | 234 846 | 52.66 | 91 975 | 20.62 | 89 130 | 19.99 | 30 006 | 6.73 | 445 958 |

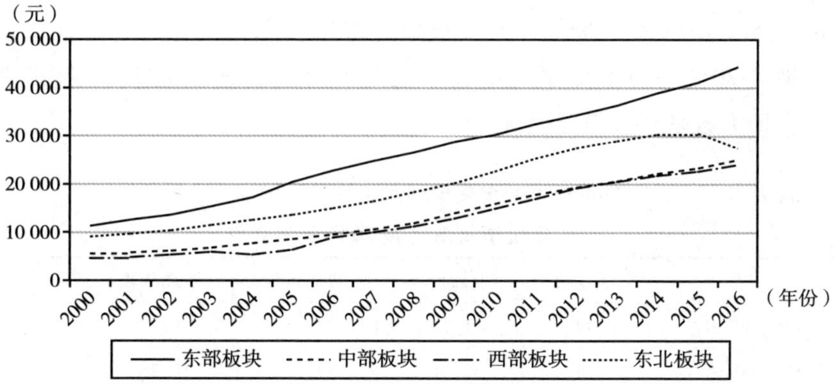


**图 9-1　2000—2016 年四大板块人均 GDP 演变趋势（按 2000 年价格）**

为了分析我国不同地区的经济发展水平差异，图 9-1 进一步给出了 2000—2016 年四大板块人均 GDP 的演变趋势。从图中可以发现，东部地区人均 GDP 始终是最高的，从 2000 年的 11 364 元上升到 2016 年的 44 352 元（按 2000 年价格），其中北京市和上海市分别高达118 128 元和 116 441 元，约折合为 18 000 美元。与东部地区经济发展水平遥遥领先不同，中部和西部经济发展水平差异并不明显，前者人均 GDP 从 2000 年的 5 631 元上升到 2016 年的 25 055 元，后者则从 2000 年的4 689 元增加到 2016 年的 24 025 元。东北地区经济发展水平介于东部和中西部之间，2000 年人均 GDP 约为 9 144 元，与东部地区的差别并不大，要远远高于中西部板块，但 2016 年该板块人均 GDP 仅上升到27 504 元，已经逐渐向中西部地区收敛，与东部地区间存在巨大的差距。特别是 2015 年和 2016 年，东北地区板块人均 GDP 从 2015 年的 30 606 元下降到 2016 年的 27 504 元，出现了明显的下降趋势。

2000—2016 年我国四大板块增加值在不同阶段的增长率如表 9-2 所示，分析期间我国西部地区增加值增长率约为 11.10%，在四大板块中增长速度是最快的。与西部相反，我国东北地区增加值增长率约为 7.28%，在四大板块中增长速度是最为缓慢的。东部和中部地区增长率介于两种之间，分别为 10.01% 和 10.08%。分阶段来看，在加入 WTO 之前的 2000—2002 年间，我国东部地区经济增长率约为 9.49%，增长速度在四大板块中是最为迅速的。在加入 WTO 后，我国四大板块增长率均同时出现了较大幅度的增长，其中西部地区在国家“西部大开发”政策扶持下，2002—2008 年经济增长率为 13.30%，在四大板块中上升到首位。受到金融危机冲击的影响，东部地区经济增长率2008—2011年下降到9.78%，在四大板块中是最低的。2011年我国经济进入“新常态”阶段，四大板块经济增长率均出现了明显的下降，其中东北地区2011—2016年平均增长率仅为1.55%，甚至在2016年出现了负增长，在四大板块中下降趋势最为显著。

**表9-2　2000—2016年我国四大板块区域增加值在不同阶段增长率（按2000年不变价）**　单位：%

| | 东部板块 | 中部板块 | 西部板块 | 东北板块 | 整体地区 |
|---|---|---|---|---|---|
| 2000—2002年 | 9.49 | 6.77 | 8.15 | 6.73 | 8.44 |
| 2002—2008年 | 12.74 | 12.06 | 13.30 | 10.26 | 12.47 |
| 2008—2011年 | 9.78 | 12.70 | 14.23 | 11.69 | 11.33 |
| 2011—2016年 | 7.17 | 7.54 | 7.88 | 1.55 | 6.94 |
| 2000—2016年 | 10.01 | 10.08 | 11.10 | 7.28 | 10.00 |

## 二、四大板块的产业结构现状

为了准确描述我国不同区域产业结构的演变趋势，四大板块三次产业增加值在2000—2016年的平均增长率如表9-3所示。东部地区第一产业、第二产业和第三产业分析期间平均增长率分别为4.86%、8.99%和11.98%，其中第一产业增长率在我国四大板块中是最低的。中部地区在2000—2016年第一产业、第二产业和第三产业增长率分别为5.62%、10.2%和11.65%，整体上在我国各地区中位于中游位置。与其他板块不同，西部地区分析期间三次产业增长率分别为6.85%、11.32%和12.65%，在我国四大板块中均位于首位，显示出强劲的高速增长态势。与西部地区恰好相反，2000—2016年我国东北地区三次产业增长率分别为6.85%、5.30%和9.54%，其中第一产业增长率与西部地区并列为首位，第二产业和第三产业增长率在我国四大板块中均处于最后一位。

**表9-3　2000—2016年间四大板块三次产业在不同阶段增长率**　单位：%

| | 东部板块 | | | 中部板块 | | | 西部板块 | | | 东北板块 | | |
|---|---|---|---|---|---|---|---|---|---|---|---|---|
| | 第一产业 | 第二产业 | 第三产业 | 第一产业 | 第二产业 | 第三产业 | 第一产业 | 第二产业 | 第三产业 | 第一产业 | 第二产业 | 第三产业 |
| 2000—2002年 | 2.66 | 9.43 | 11.49 | 2.09 | 7.98 | 7.86 | 2.69 | 7.95 | 11.58 | 6.43 | 4.91 | 9.41 |
| 2002—2008年 | 5.61 | 13.73 | 13.03 | 7.73 | 14.15 | 11.30 | 8.65 | 16.2 | 12.15 | 8.62 | 11.43 | 9.17 |

续表

| | 东部板块 | | | 中部板块 | | | 西部板块 | | | 东北板块 | | |
|---|---|---|---|---|---|---|---|---|---|---|---|---|
| | 第一产业 | 第二产业 | 第三产业 | 第一产业 | 第二产业 | 第三产业 | 第一产业 | 第二产业 | 第三产业 | 第一产业 | 第二产业 | 第三产业 |
| 2008—2011 年 | 6.37 | 7.80 | 12.66 | 6.56 | 14.58 | 12.33 | 6.87 | 16.4 | 14.26 | 8.61 | 11.76 | 12.58 |
| 2011—2016 年 | 3.97 | 4.09 | 10.54 | 4.00 | 4.05 | 13.23 | 6.38 | 4.25 | 12.72 | 3.92 | -4.93 | 8.26 |
| 2000—2016 年 | 4.86 | 8.99 | 11.98 | 5.62 | 10.20 | 11.65 | 6.85 | 11.32 | 12.65 | 6.85 | 5.30 | 9.54 |

分阶段来看，在加入 WTO 之前，除了中部地区之外，我国各经济板块中服务业部门表现出更快的增长速度，说明第三产业在经济总量中所占比例在加入 WTO 之前是有所上升的。东北地区第二产业 2000—2002 年增长率仅为 4.91%，不但在四大板块中是最低的，甚至还落后于本地区第一产业增长率，应与 20 世纪末国有企业大规模改革有关。在加入 WTO 后，我国制造业企业通过加工贸易方式参与国际分工，使得四大板块中第二产业增长率同时出现显著提升，在各大板块中均位于首位。2008 年爆发的世界金融危机，对东部沿海地区的制造业企业发展产生较大冲击，使得东部地区第二产业 2008—2011 年增长率下降为 7.80%，与上一阶段相比下降了 5.93 个百分点。与东部地区相比，其余三大板块在政府实施的“四万亿投资计划”支撑下，第二产业增长率在此期间不但没有下降，反而稍有上升。2011 年我国经济进入新常态以来，四大板块中第二产业增长率均出现了明显下降，第三产业增长率也稍有下降，但与第二产业相比，下降程度并不明显。

一个地区的产业结构与其要素禀赋以及经济发展水平所处阶段密切相关。我国四大板块 2000—2016 年产业结构的演变过程如图 9-2 所示。对于我国东部板块而言，第一产业所占比例在四大板块中是最低的，分析期间从 2000 年的 11.51% 下降到 2016 年的 5.35%；第二产业占比从 2000 年的 49.07% 上升到 2004 年最高点 53.26% 后快速下降到 2016 年的 42.28%；第三产业占比从 2000 年的 39.42% 下降到 2004 年的最低点 37.82% 后呈现出逐步上升趋势，并在 2013 年超过第二产业成为东部地区第一大产业。中部和西部板块产业结构及其变化趋势较为类似，其中第一产业占比分别从 2000 年的 20.24% 和 22.19%，下降到 2016 年的 10.45% 和 11.88%，在四大板块中下降幅度是最为显著的；第二产业占比分别从 2000 年的 44.59% 和 41.64% 上升到 2011 年的最高点 53.54% 和 51.02%，并在此之后逐步回落到 2016 年的 45.41% 和 42.99%；与第二产业恰好相反的是，中西部第三产业占比在 2000—2012 年保持在 35%—38% 附近小幅波动，但在 2012 年后出现了明显的上升趋势。

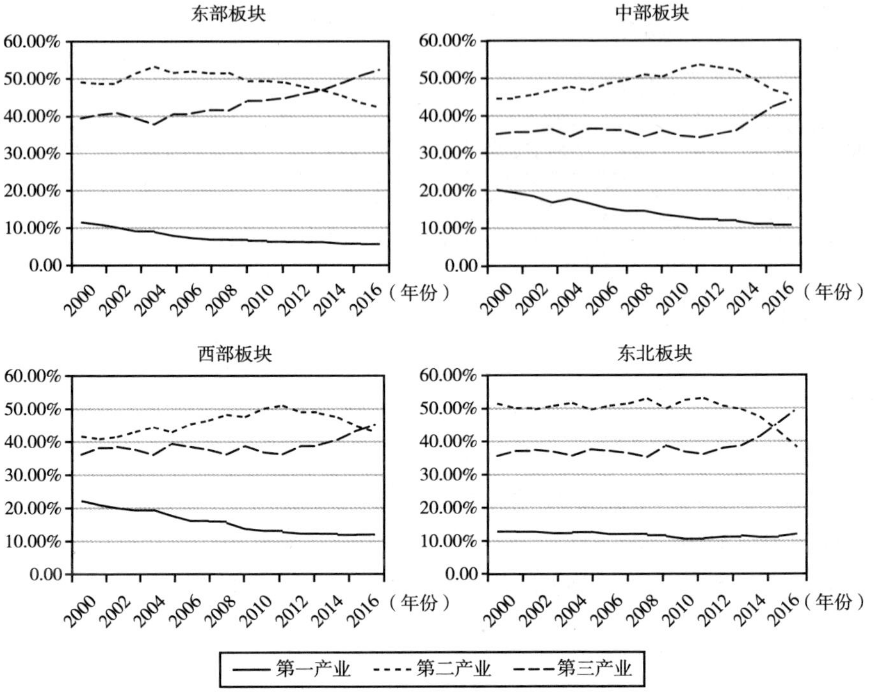


**图 9－2　2000—2016 年四大板块产业结构的演变趋势**

与东部以及中西部板块不同，作为老工业基地，东北板块产业结构在分析期间呈现出独特的变化趋势。其中，第一产业所占比例保持在 12% 附近波动，分析期间并没有出现明显的下降趋势；由于具有良好的产业基础，东北板块第二产业所占比例 2000 年时约为 51.47%，超过了东部沿海地区，在四大板块中位于首位，但在 2012 年前后呈现出快速下降的趋势，2016 年仅为 38.18%，在四大板块中是最低的；相对应的，第三产业占比在 2011 年之前维持在 36% 附近小幅波动，2012 年前后出现了明显的上升趋势，2016 年达到了最高点 49.72%，在短短 5 年内上升了 13.6 个百分点。

## 第二节　新世纪四大板块经济增长动能的动态演变

为对我国四大板块经济增长动能展开深入分析，本章采用三阶段增长核算框架，将人均 GDP 增长分解为与人口结构变化、劳动力流动以及劳动生产率提升相关的三部分，具体结果如表9-4所示。为了更清楚地表示各相关因素对经济增长的贡献程度，表9-4中进一步给出了相应部分在整体中的份额比例。对于东部地区而言，人口结构变化、劳动力流动和劳动生产率提升使得人均GDP增加了5 355元、5 477元和22 155元，分别占到增长总量的16.23%、16.6%和67.16%。中部地区人口结构变化、劳动力流动和劳动生产率提升使得人均GDP增加了4 082元、3 268元和12 075元，分别占到增长总量的21.02%、16.83%和62.17%。西部地区与人口结构、劳动力流动和劳动生产率相关的人均GDP增长数量为1 451元、2 883元和15 013元，占总量的比例为7.50%、14.91%和77.60%。东北地区分析期间经济发展是最为缓慢的，其中与人口结构、劳动力流动和劳动生产率相关的人均GDP增长数量分别为5 124元、1 280元和11 957元，占总量的比例为27.9%、6.97%和65.13%。整体而言，我国四大板块2000年以来增长具有以下特点：(1)在三大因素中，经济增长主要依赖于劳动生产率的提升，但人口结构和劳动力流动同时也产生了显著影响；(2)在三大因素内部存在较大的差异。其中，人口结构主要取决于劳动参与率的提升，劳动力流动主要与其在行业间重新配置有关，劳动生产率提升主要取决于资本深化，即资本劳动比例的提升。

**表9-4　2000—2016年间四大板块经济增长核算分解结果**

| | 人口结构 | | 劳动力流动 | | 劳动生产率 | | 合计 |
|---|---|---|---|---|---|---|---|
| | 年龄结构 | 劳动参与率 | 地域流动 | 行业流动 | TFP | 资本深化 | |
| 东部板块 | 297亿元<br>(0.90%) | 5 058亿元<br>(15.33%) | 569亿元<br>(1.72%) | 4 908亿元<br>(14.88%) | -7 889亿元<br>(-23.91%) | 30 043亿元<br>(91.07%) | 32 988亿元<br>(100.00%) |
| 中部板块 | -6亿元<br>(-0.03%) | 4 088亿元<br>(21.05%) | 306亿元<br>(1.58%) | 2 962亿元<br>(15.25%) | -7 236亿元<br>(-37.25%) | 19 311亿元<br>(99.42%) | 19 424亿元<br>(100.00%) |
| 西部板块 | 664亿元<br>(3.43%) | 787亿元<br>(4.07%) | 555亿元<br>(2.87%) | 2 329亿元<br>(12.04%) | -5 866亿元<br>(-30.32%) | 20 879亿元<br>(107.92%) | 19 346亿元<br>(100.00%) |
| 东北板块 | 21亿元<br>(0.11%) | 5 103亿元<br>(27.79%) | -200亿元<br>(-1.09%) | 1 479亿元<br>(8.06%) | -20 290亿元<br>(-110.51%) | 32 247亿元<br>(175.64%) | 18 360亿元<br>(100.00%) |

2000—2016年不同阶段四大板块经济增长动能的分解结果如表9-5所示。在我国四大板块中，除了东北地区之外，其他三大板块经济增长动能转换具有以下特征：一是对于人口结构而言，人口年龄结构在2011年之后对各板块经济发展普遍产生了负面影响。二是劳动力流动，特别是劳动力在行业间的流动对于经济增长的影响是逐步下降的。在2008年之前，我国劳

动力要素在三大产业间的重新配置促进东部、中部、西部人均GDP增长了2 947元、1 639元和1 161元，约占到三大板块经济增长总量的19.38%、25.98%和17.59%，但在2008—2016年，劳动力行业间流动使东、中、西部人均GDP增加1 960元、1 323元和1 168元，约占相应板块经济增长总量的11.02%、10.09%和9.17%，与2008年之前相比存在一定的差距。三是TFP对经济增长贡献度产生了逆转性变化，即从分析期初的正面影响转向负面影响。

**表9－5　2000—2016年间不同阶段四大板块经济增长动能的分解结果**

单位：亿元

| | | 人口结构 | | 劳动力流动 | | 劳动生产率 | | 合计 |
|---|---|---|---|---|---|---|---|---|
| | | 年龄结构 | 劳动参与率 | 地域流动 | 行业流动 | TFP | 资本深化 | |
| 东部板块 | 2000—2002年 | 184 | 137 | 127 | 357 | 526 | 982 | 2 314 |
| | 2002—2008年 | 939 | 2 236 | 263 | 2 590 | 419 | 6 446 | 12 893 |
| | 2008—2011年 | 641 | -461 | 42 | 886 | -2 925 | 7 779 | 5 962 |
| | 2011—2016年 | -1 466 | 3 146 | 138 | 1 074 | -5 909 | 14 836 | 11 819 |
| 中部板块 | 2000—2002年 | -58 | -109 | -7 | 156 | 109 | 526 | 616 |
| | 2002—2008年 | 382 | 97 | 48 | 1 483 | -543 | 4 224 | 5 692 |
| | 2008—2011年 | 35 | 1 709 | 11 | 1 045 | -1 563 | 4 694 | 5 931 |
| | 2011—2016年 | -365 | 2 391 | 253 | 278 | -5 238 | 9 866 | 7 185 |
| 西部板块 | 2000—2002年 | 107 | -30 | -4 | 183 | 184 | 308 | 749 |
| | 2002—2008年 | 517 | 251 | 2 | 978 | 25 | 4 081 | 5 853 |
| | 2008—2011年 | 314 | 563 | 40 | 905 | -1 355 | 5 222 | 5 689 |
| | 2011—2016年 | -274 | 3 | 516 | 263 | -4 720 | 11 268 | 7 055 |
| 东北板块 | 2000—2002年 | 278 | -155 | 6 | -104 | 352 | 932 | 1 309 |
| | 2002—2008年 | 173 | 603 | 61 | 563 | -3 477 | 9 999 | 7 922 |
| | 2008—2011年 | 313 | 1 507 | -3 | 619 | -3 089 | 7 611 | 6 958 |
| | 2011—2016年 | -743 | 3 148 | -263 | 401 | -14 076 | 13 704 | 2 171 |

## 一、人口结构

在本章分析框架下，人口结构包括年龄结构和劳动参与率两个指标，前者用15—65岁劳动年龄人口占总人口的比例来表示，后者用就业人数占劳动年龄人口比例表示。如表 9 - 4 所示，我国人口年龄结构的变化分别使东部、西部和东北地区人均 GDP 增加了 297 元、664 元和 21 元，使中部地区下降了 6 元，在人均 GDP 增长总量中所占的比例并不高。与人口结构不同，劳动参与率变化使东部、中部、西部和东北地区人均 GDP 分别增加了 5 058 元、4 088 元、787 元和 5 103 元，约占增长总量的 15.33%、21.05%、4.07% 和 27.79%，说明劳动参与率的提高对于我国四大板块经济发展产生了显著的正面影响。

2000—2016 年我国四大板块劳动年龄人口占总人口比例的变化趋势如图 9 - 3 所示。我国东北地区劳动年龄人口占比在四大板块中始终是最高的，从 2000 年的 74.49% 上升到 2012 年的最高点 79.87%，再下降到 2016 年的 77.02%，分析期间上升了 2.53 个百分点。中部和西部板块劳动年龄人口占比呈现出相似的变化趋势，分别从期初的 69.56% 和 68.93% 上升到 2011 年的 72.30% 后，缓慢下降到 2016 年的 71.15% 和 71.69%。东部地区劳动年龄人口占比介于东北和中西部地区之间，从 2000 年的 70.09% 上升到 2010 年的最高点 76.43%，再回落到 2016 年的 71.69%。以上分析说明，我国四大板块劳动年龄人口占比整体上呈现出先上升、再下降的变化趋势，拐点出现在 2011 年前后，但人口红利对于我国经济增长的贡献度并不显著。

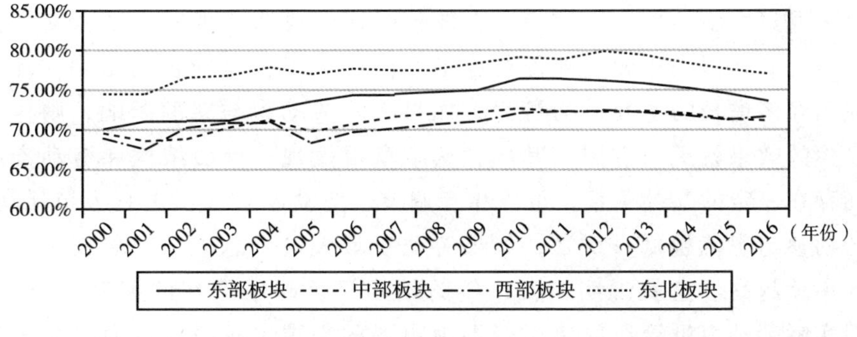


**图 9 - 3　2000—2016 年四大板块劳动年龄人口占总人口的比例变化趋势**

2000—2016 年我国四大板块劳动参与率的变化趋势如图 9 - 4 所示。分析期间我国东北地区劳动参与率在四大板块中是最低的，从 2000 年的 57.02% 上升到 2016 年的 69.97%，分析期间上升了 12.95 个百分点。中部和西部地区在 2000 年的劳动参与率几乎完全一致，在 74.7% 左右，但两者变化趋势在 2010 年之后出现了明显的分化，其中中部地区快速从 2010 年的 80.89% 上升到 2016 年的 88.78%，西部地区在 2010—2016 年保持在 79.5% 附近小幅波动。中西部板块劳动参与率变化的不同，使得其对两大板块经济增长贡献度具有较大的差异，前者对于中部地区经济增长贡献度高达 21.05%，后者仅有 4.07%，对经济增长动能产生了重要的影响。东部地区分析期间劳动参与率从 2000 年的 69.66% 上升到 2016 年的 83.42%，分析期间上升了 13.76 个百分点，对东部地区经济增长贡献度约为 15.33%。

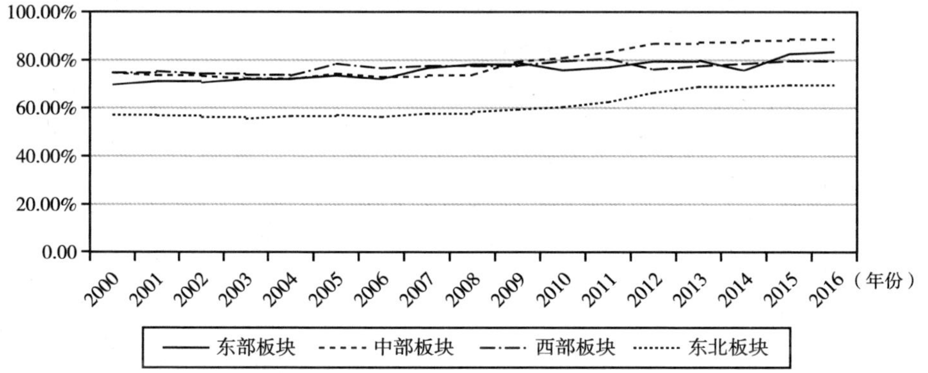


**图 9－4　2000—2016 年我国四大板块劳动参与率的变化趋势**

长期以来，学术界认为人口红利消失可能会导致我国落入中等收入陷阱。本章研究认为，人口年龄结构变化未来虽然可能会对我国经济产生负面影响，但影响效果并不十分显著。具体原因包括：首先，虽然我国 20 世纪 80 年代以来通过实施计划生育政策，在较短时期内成功实现人口结构转变并取得人口红利，但人口转变即使对我国经济产生了重要的正面影响，却并不是我国经济增长的主要动力源泉，如果去除劳动参与率的影响，则年龄结构产生的效果就更为有限。其次，从本章可发现，年龄结构和劳动参与率之间存在一定的互补关系，可以相互调节，劳动年龄人口占总人口比例越高，劳动参与率就越低；反之，如果劳动年龄人口占总人口比例越低，劳动参与率就越高。这就说明，人口年龄结构只反映了潜在的劳动力资源数量，但实际劳动力供给还取决于劳动力市场的需求。我国可以通过延长退休年龄或者减少失业率等政策措施，有效抵消劳动年龄人口比例下降带来的不利影响。

## 二、劳动力流动

如表 9－4 所示，劳动力要素在区域间以及产业间的重置效应是各地区经济增长的主要动能之一，分别占东部、中部和西部增长总量的 16.60%、

16.82%和14.90%，东北地区要稍低一些，在6.96%左右。其中，劳动力在区域间的流动对经济增长的影响并不明显，相反，劳动力从低效率的农业部门向现代产业流动，对经济增长产生了显著的推动作用。

2000—2016年我国四大板块劳动力占全国总量比例的变化趋势如图9-5所示。东部沿海发达地区劳动力占比是最高的，分析期间从2000年的34.86%上升到2016年的39.29%，大约增加了4.43个百分点，是四大板块中劳动力占比指标唯一上升的地区。中部和西部地区劳动力占比在分析期初在29%左右，两者在2000—2011年保持了相似的变化趋势，并于2011年分别下降到27.67%和26.87%，但在此之后出现了完全不同的变化趋势，前者在2011—2016年不但没有下降，反而略有上升，后者却进一步下降到2016年的25.58%。与中部和西部不同，我国东北板块劳动力占比分析期间基本保持不变。以上分析说明，随着沿海地区制造业部门在加入WTO之后加速发展，大量劳动力从中西部向东部地区流动，使东部地区劳动力占比上升的同时，中西部劳动力占比有所下降。但近年来，中部板块发展提速，一些大的制造业企业纷纷在中部设立工厂，使得西部地区劳动力逐步向中部地区流动。

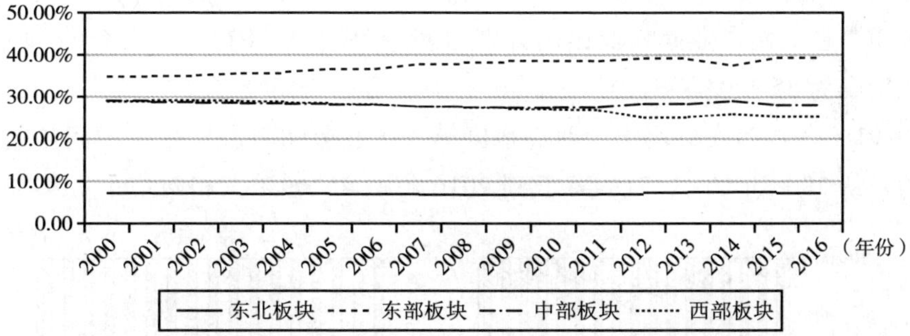


**图9-5　2000—2016年我国四大板块劳动力占全国总量比例的变化趋势**

**表9-6　2000—2016年四大板块各省份劳动力占比变化分类**

| | 区域内省份劳动力占比上升 | 区域内省份劳动力占比下降 |
|---|---|---|
| 东部板块 | 北京、天津、上海、福建、广东、海南 | 河北、山东、江苏、浙江 |
| 中部板块 | 山西、安徽、江西、湖北 | 河南、湖南 |
| 西部板块 | 内蒙古、云南、甘肃、青海、宁夏、新疆 | 广西、重庆、四川、贵州 |
| 东北板块 | 吉林 | 辽宁、黑龙江 |

根据2000—2016年各省份劳动力占比趋势的不同，将其分成两大类，如表9-6所示。对于东部地区而言，区域内劳动力占比下降主要集中在河北、山东、江苏和浙江四省，但仔细发现，不同省份劳动力占比下降背后的因素也有所差异。对于山东省和河北省而言，其劳动力占比在2011年之前是持续下降的，但在2011年却有所上升。与其恰好相反的是，江苏和浙江两省劳动力占比在2011年之前是不断上升的，但在2011—2016年却有所下降，说明随着制造业的外移，以江苏为代表的制造业大省所吸纳的劳动力就业将有所下降。对于中部和西部地区而言，区域内劳动力占比下降主要包括河南、湖南、广西、重庆、四川以及贵州，对比区域内其他省份而言，这些省份人均GDP一般处于上游位置，同时在地理位置上也更靠近东部沿海地区，说明其就业人数在区域内占比之所以下降，很大可能是由于劳动力流出至东部地区所致。

2000—2016年我国四大板块三次产业中就业结构的变化趋势如图9-6所示。在四大板块中我国东部地区第一产业劳动力占比分析期间始终是最低的，并从2000年的43.29%下降到2016年的21.51%，分析期间下降了21.77个百分点。与第一产业相反，东部地区第二产业劳动力就业占比在四大板块中是最高的，从2000年的27.26%上升到2016年的37.48%。中部地区2000年劳动力在三次产业间就业比例分别为57.82%、17.02%和25.6%，2016年该比例变为35.95%、27.54%和36.51%，分析期间变了-21.87%、10.52%和10.91%。在四大板块中，西部地区第一产业劳动力占比分析期间始终是最高的，从2000年的61.51%降低到2016年的45.09%，相对应的，第二产业和

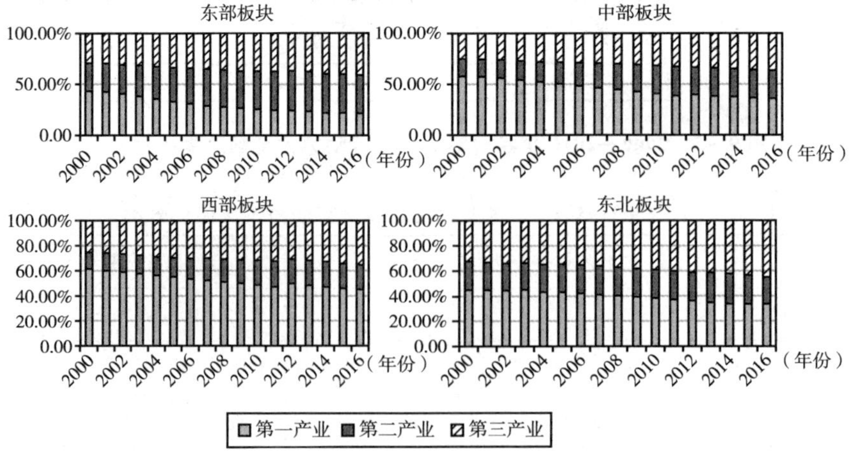


**图9-6 2000—2016年我国四大板块三次产业中就业结构的变化趋势**

第三产业就业占比分别从期初的 13. 17% 和 25. 32%，上升到期末的 19. 63% 和 35. 28%。与以上板块都不同的是，东北地区三次产业就业结构呈现出独特的变化，其中第二产业就业占比不但没有上升，反而从 2000 年的 22. 76% 下降到 2016 年的 21. 56%。以上分析说明，对于四大板块而言，劳动力在三次产业间重新配置出现了较大差异。其中，东部、中部和西部劳动力主要从农业部门流向工业和服务业部门，提升了劳动力要素的配置效率，东北地区作为我国的老工业基地，制造业长期以来受到传统体制的影响，在工业化进程中逐步没落，劳动力则从农业和工业部门流向了服务业部门。

## 三、劳动生产率

如表 9－4 所示的分解结果，劳动生产率的提升是推动经济增长的主要动能，对于东部、中部、西部以及东北板块经济增长贡献度分别达到 67. 16%、62. 17%、77. 6% 和 65. 13%。在本报告的分析框架下，影响劳动生产率的因素包括 TFP 和资本劳动比例两个指标，从表中可以发现，我国四大板块劳动生产率的提升主要与资本深化有关，TFP 近年来对劳动生产率产生了负面影响。

2000—2016 年我国四大板块劳动生产率的变化趋势如图 9－7 所示。东部板块劳动生产率在四大板块中是最高的，从 2000 年的 23 274 元上升到 2016 年的 72 234 元，分析期间大约增加了 3. 1 倍。与东部地区相比，中西部板块具有较低的劳动生产率，但在分析期间也分别增长了 3. 66 倍和 4. 63 倍，保持了更快的增长速度。深入观察图 9－7 可发现，中部和西部地区劳动生产率在分析期初差异并不明显，分别为 10 834 元和 9 103 元，两者在 2000—2011

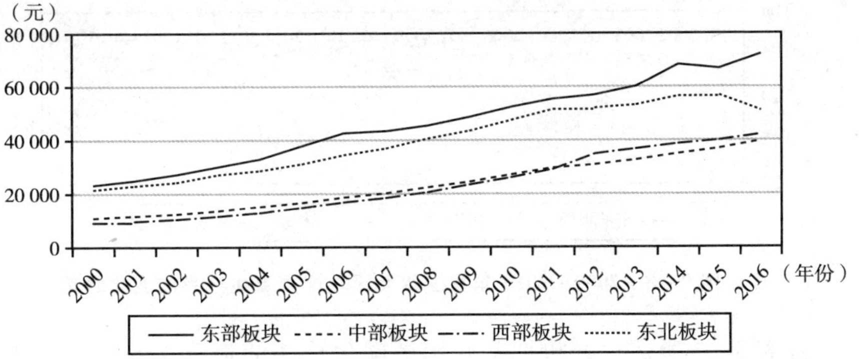


**图 9－7　2000—2016 年我国四大板块劳动生产率的变化趋势**

年保持了相似的变化趋势，但在此之后出现了分化，前者从 2011 年的 29 675 元上升到 2016 年的 39 665 元，后者却从 2011 年的 29 141 元加速上升到 2016 年的 42 115 元。东北板块劳动生产率 2000 年约为 21 527 元，和东部板块较为接近，要远高于中西部地区，但在 2016 年时仅为 51 031 元，和中西部地区较为接近。以上分析说明，我国东部板块和中西部板块间劳动生产率存在较大差距，但后者在分析期间保持了更快的增长速度；东北板块劳动生产率分析期间增长缓慢，逐步从东部板块向中西部板块滑落。

TFP 对于经济增长的贡献度是衡量经济发展质量的关键指标。2000—2016 年我国四大板块全要素生产率的变化趋势如图 9－8 所示。我国四大板块 TFP 分析期间都呈现出前高后低的变化趋势，但在各板块中其 TFP 下降的起始时间具有一定的差异。对于东部地区而言，TFP 在 2000—2005 年都为正值，2006 年起逐步为负，在 2012 年达到最低点后有所回升。中部地区 TFP 在 2000—2004 年间为正，在此之后逐步下降为负，在 2013 年达到最低点后逐步回升，与东部地区相比 TFP 下降时间相对提前且回升时间有所滞后。与东部地区相似，西部地区 TFP 在 2000—2005 年为正，在 2006—2016 年为负且最低点出现在 2013 年，与东部地区相比要滞后一年。东北板块 TFP 变化趋势较为独特，其在 2004 年就开始出现负值，在四大板块中起始时间是最早的。和其他板块 TFP 近年来有所回升不同，东北板块 TFP 出现了加速下降的趋势。究其原因，一方面固然和东北地区 GDP 数据调整有关，但另一方面也说明，由于饱受传统经济体制遗留的影响，东北经济增长动能没有得到及时转换，导致近年来经济发展质量不断下降。

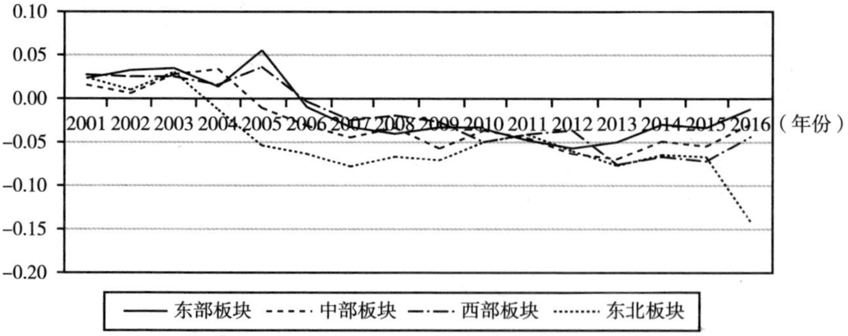


**图 9－8 2000—2016 年我国四大板块全要素生产率的变化趋势**

如表 9－4 所示，分析期间我国劳动生产率的提升主要是与资本深化有关，即与资本—劳动比率不断提升有关。2000—2016 年我国四大板块资本劳动比率的变化趋势如图 9－9 所示。我国东部板块 2000 年资本劳动比率为 5.72 万元/劳动力，在四大板块中是最高的，2016 年为 22.33 万元/劳动力且被东北地区所超过，在 2000—2016 年增加了 3.9 倍，在四大板块中增加幅度是最低的。中部地区资本劳动比率在四大板块中始终是最低的，从 2000 年的 2.43 万元/劳动力上升到 2016 年的 14.01 万元/劳动力，分析期间增加了 5.77 倍，在四大板块中增加幅度位于第二位。西部地区资本劳动比率从 2000 年的 2.6 万元/劳动力上升到 2016 年的 16.94 万元/劳动力，分析期间增长了 6.52 倍，在四大板块中增加幅度位于首位，说明西部地区劳动生产率的快速提升主要是通过资本深化得到的。东北地区 2000 年资本劳动比率为 4.58 万元/劳动力，在数值上远远高于中西部地区，仅比东部地区稍低一些，但 2016 年该比率已经上升到 24.57 万元/劳动力，超过东部地区排在四大板块的首位，说明在 TFP 增长乏力的情况下，东北地区只能依赖投资来拉动经济增长。

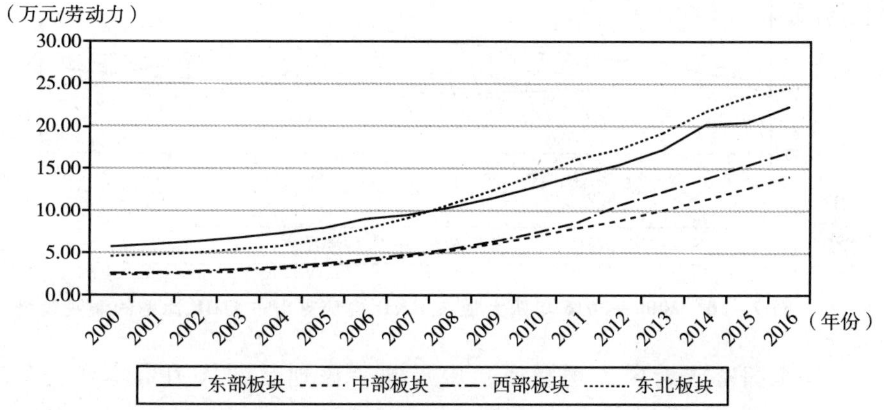


**图 9－9　2000—2016 年我国四大板块资本劳动比率的变化趋势**

## 第三节　创新驱动发展战略驱动视角下的经济新旧动能转换

### 一、四大板块的科研与教育投入现状

本章选择 R&D 内部支出占 GDP 比重以及人均教育年限指标来描述四大板

块科研投入以及人力资本的情况。2000—2016 年四大板块 R&D 内部支出占 GDP 比重的变化趋势如图 9－10 所示。分析期间东部板块 R&D 内部支出占 GDP 比重在四大板块中一直是最高的，从 2000 年的 1.11% 上升到 2016 年的 2.16%。中部地区 R&D 内部支出占 GDP 比重 2000 年仅为 0.59%，但到 2016 年已经上升到 1.48%，在分析期间上升了 2.51 倍，在四大板块中上升幅度最为显著。西部地区 R&D 内部支出占 GDP 比重 2000 年约为 0.85%，在四大板块中位于第二位，但在 2016 年该指标仅上升为 1.25%，在四大板块中上升幅度是最小的。东北板块 2000 年 R&D 内部支出占 GDP 比重约为 0.57%，在四大板块中是最低的，2016 年该指标上升到 1.27%，与西部地区基本一致。以上分析说明，在 2000—2016 年我国东部板块保持了较高的科研投入，中部板块科研投入力度有所增加，西部和东北板块科研投入力度在四大板块中并不突出。

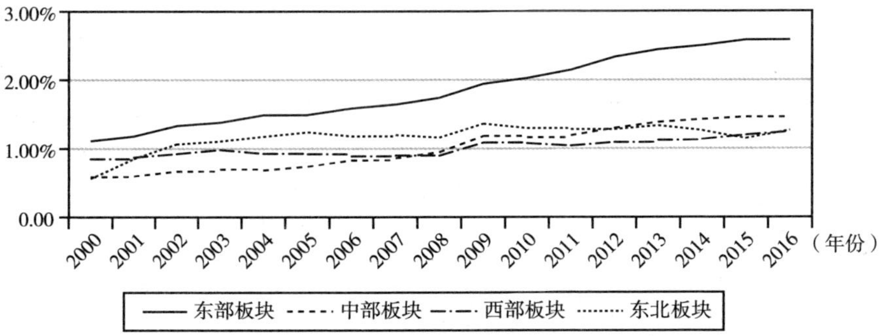


**图 9－10　2000—2016 年四大板块 R&D 内部支出占 GDP 比例的演变趋势**

一个国家或地区人均教育年限反映了该地区的人力资本状况。2000—2016 年间四大板块人均教育年限的变化趋势如图 9－11 所示。我国东部板块虽然经济发达，但和其他经济板块相比，人均教育年限指标并不突出，从 2000 年的 7.42 上升到 2016 年的 9.36。与东部地区相比，中部地区人均教育年限要稍低一些，分析期间从 2000 年的 7.09 上升到 2016 年的 9.03。西部板块人均教育年限在四大板块中是最低的，从 2000 年的 6.5 上升到 2016 年的 8.65，在四大板块中始终是最低的。作为中国传统的工业基地，东北板块人均教育年限长期以来保持较高水平，从 2000 年的 7.87 上升到 2016 年的 9.65，分析期间在四大板块中位于第一位。以上分析说明，2000 年以来我国四大板块人均教育年限均有所上升，东北地区虽然近年来经济发展有所滞后，但教育水平仍处于全国前列。

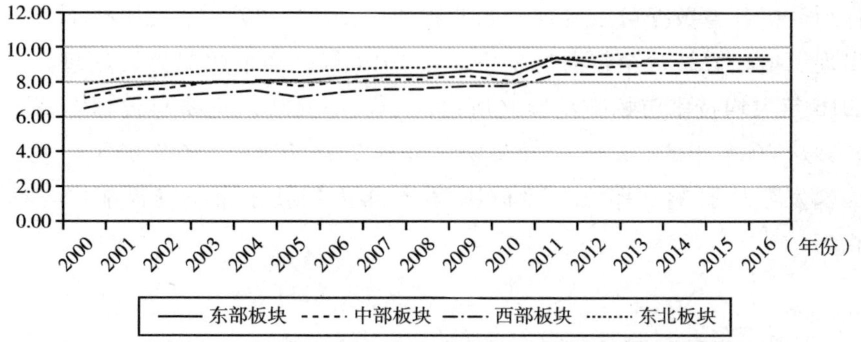


**图 9－11　2000—2016 年四大板块居民平均受教育年限变化趋势**

## 二、四大板块的科研创新产出现状

本章选择三个指标，即每万人专利授权量、人均技术市场成交额以及规模以上工业企业新产品收入占产品销售收入比例，从专利授权、技术市场以及企业创新三个层面来描述科研产出现状。

2000—2016 年四大板块每万人专利授权量的变化趋势如图 9－12 所示。我国东部板块每万人专利授权量从 2000 年的 1.12 项上升到 2016 年的 21.06 项，分析期间一直是四大板块中最高的。中部和西部板块 2000 年每万人专利授权量分别为 0.31 项和 0.23 项，但到了期末已经上升到 6.2 项和 5.82 项。我国东北板块 2000 年每万人专利授权量为 0.82 项，比东部板块稍低一些，要远远高于中西部板块，但到分析期末仅为 4.87 项，在四大板块中位于最后一位。如果从增长速度来看，我国东部、中部、西部以及东北板块每万人专利授权量分析期间增长了 17.38 倍、19.73 倍、25.47 倍和 5.94 倍，前三者相互虽有差距，但基于处于一个共同的范围之内，但东北板块该指标增长速度要远远低于其他板块，说明 2000 年以来东北科技投入产出效率出现了滑坡。

2000—2016 年四大板块人均技术市场交易额的变化趋势如图 9－13 所示。我国东部板块技术市场是最为发达的，人均技术市场交易额从 2000 年的 92.82 元上升到 2016 年的 1 391.55 元。中部和西部板块在 2000 年技术市场基本都处于初步启动状态，人均技术市场交易额分别为 25.89 元和 24.35 元，但到了 2016 年已经上升到 383.32 元和 428.75 元，其中西部板块要比中部板块更高一些。东北板块 2000 年人均技术市场交易额约为 53.65 元，要远远高于中部和西部板块，2016 年上升到 518.29 元，与中西部的差距并不显著。如果仔细分析各省数据可以发现，东北板块在2012—2015年人均技术市场交易额出现了增长缓慢甚至停滞的现象，在2014年已经被西部板块反超。东北板块2016年人均技术市场交易额之所以高于西部板块，主要与吉林省技术市场交易额从2015年的26.47亿元急剧上升到2016年的116.42亿元有关。如果去除偶发事件影响，那么东北板块2016年人均技术市场交易额应与西部板块相当。

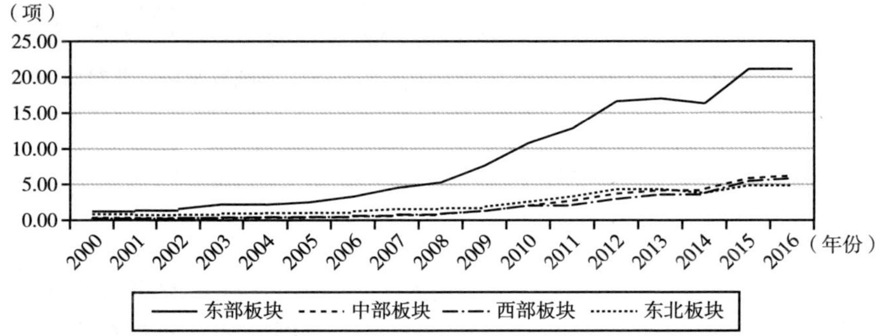


**图9－12　2000—2016年四大板块每万人专利授权量变化趋势**

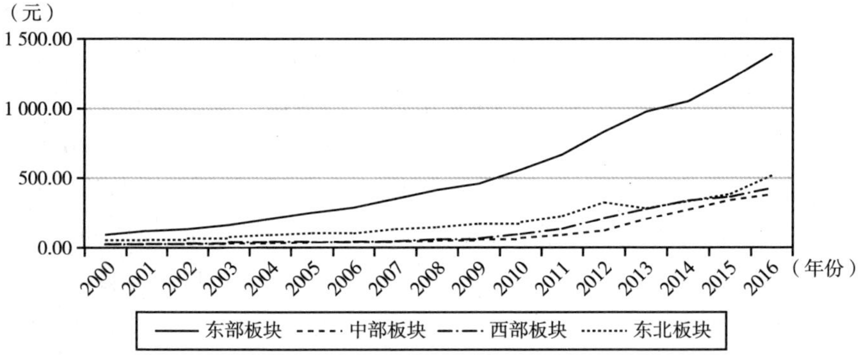


**图9－13　2000—2016年四大板块人均技术市场交易额变化趋势**

2000—2016年四大板块规模以上工业企业新产品收入占产品销售收入比例的变化趋势如图9－14所示。我国东部板块工业企业新产品收入占产品销售收入的比例在四大板块中长期处于领先地位，分析期间从2000年的19.23%下降到2008年的12.57%后，逐步回升到2016年的18.02%，分析期间呈现出“U”形变化趋势。中部和西部板块规模以上工业企业新产品收入占产品销售收入的比例在分析期初差异并不明显，2000年分别为10.2%和10.46%，但在分析期间两者出现了分化，前者2016年上升到12.64%，后者下降到8.31%。东北板块2000年新产品收入占比仅为8.14%，在四大板块中是最低的，到分析期末已经上升到11.47%。整体而言，我国规模以上工业企业新产品收入占产品销售收入的比例在分析期间并没有出现较明显的上升趋势。

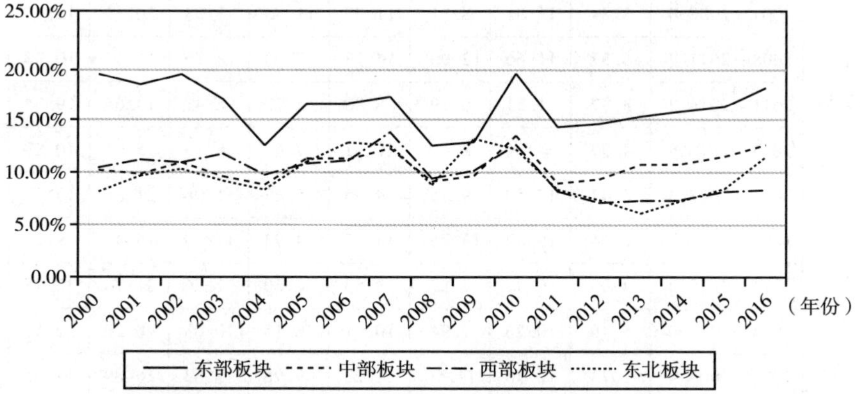


**图9－14　2000—2016年四大板块规模以上工业企业新产品收入占产品销售收入比例**

## 三、创新驱动战略对四大板块新旧动能转换的影响

党的十九大报告指出，“我国经济已由高速增长阶段转向高质量发展阶段，正处在转变发展方式、优化经济结构、转换增长动力的攻关期”。为了分析创新驱动战略对我国四大板块新旧动能转换产生的影响，表9－7给出了四大板块2004—2016年不同行业增加值的平均增长率①。具体行业包括：农林牧副渔业、工业、建筑业、批发与零售业、交通运输与仓储业、住宿与餐饮业、金融业、房地产业以及其他行业。比照我国颁布的行业划分标准，其他行业主要包括科学研究和技术服务业，信息传输、软件和信息技术服务业，水利、环境和公共设施管理业，居民服务、修理和其他服务业，教育业，卫生和社会工作业，文化、体育和娱乐业以及公共管理、社会保障和社会组织。

① 中国统计局网站只提供了部分行业2004—2016年分地区增加值数据。

表 9－7　　2004—2016 年四大板块不同行业增加值平均增长率（按 2000 年价格）

单位：%

| | | 农林牧副渔业 | 工业 | 建筑业 | 批发与零售业 | 交通运输与仓储业 | 住宿与餐饮业 | 金融业 | 房地产业 | 其他行业 |
|---|---|---|---|---|---|---|---|---|---|---|
| 东部板块 | 2004—2008 年 | 5.24 | 11.81 | 8.81 | 11.99 | 11.43 | 11.58 | 20.82 | 12.77 | 11.60 |
| | 2008—2011 年 | 6.37 | 11.66 | 12.00 | 14.78 | 7.03 | 8.79 | 13.15 | 10.90 | 9.76 |
| | 2011—2016 年 | 3.97 | 1.51 | 6.19 | 6.88 | 4.79 | 6.47 | 13.05 | 9.34 | 13.78 |
| | 2004—2016 年 | 4.99 | 7.36 | 8.49 | 10.51 | 7.53 | 8.73 | 15.61 | 10.87 | 12.04 |
| 中部板块 | 2004—2008 年 | 6.47 | 17.59 | 9.75 | 9.95 | 5.27 | 11.96 | 21.86 | 13.52 | 10.46 |
| | 2008—2011 年 | 6.56 | 19.82 | 13.75 | 14.67 | 4.93 | 11.29 | 16.47 | 9.25 | 10.63 |
| | 2011—2016 年 | 4.00 | 0.72 | 7.87 | 8.53 | 7.60 | 7.76 | 21.16 | 12.75 | 15.19 |
| | 2004—2016 年 | 5.46 | 10.76 | 9.94 | 10.51 | 6.15 | 10.03 | 20.20 | 12.12 | 12.45 |
| 西部板块 | 2004—2008 年 | 7.73 | 18.76 | 11.50 | 11.23 | 9.98 | 13.63 | 16.89 | 11.05 | 11.99 |
| | 2008—2011 年 | 6.87 | 21.36 | 17.19 | 13.99 | 7.92 | 11.40 | 18.21 | 11.08 | 10.04 |
| | 2011—2016 年 | 6.38 | -0.46 | 11.47 | 8.76 | 7.73 | 10.07 | 19.32 | 11.55 | 13.97 |
| | 2004—2016 年 | 6.95 | 10.94 | 12.88 | 10.87 | 8.52 | 11.58 | 18.23 | 11.27 | 12.32 |
| 东北板块 | 2004—2008 年 | 8.26 | 14.12 | 13.00 | 8.89 | 6.53 | 9.56 | 20.22 | 13.93 | 10.14 |
| | 2008—2011 年 | 8.61 | 16.28 | 14.45 | 12.45 | 7.53 | 12.29 | 13.99 | 14.45 | 10.53 |
| | 2011—2016 年 | 3.92 | -7.99 | 3.85 | 6.25 | 2.35 | 5.81 | 18.90 | 4.40 | 7.55 |
| | 2004—2016 年 | 6.51 | 4.81 | 9.44 | 8.65 | 5.01 | 8.65 | 18.09 | 9.98 | 9.15 |

如表 9－7 所示，对于东部板块而言，2004—2016 年增长速度靠前的行业包括金融业、其他行业、批发与零售业以及房地产业，增长速度靠后的行业包括农林牧副渔业、工业以及交通运输与仓储业，说明东部板块增长率较高的行业主要集中在服务业部门，特别是代表新兴产能的金融业、科学研究和技术服务业、信息传输、软件和信息技术服务业等部门；相反，旧动能如农林牧副渔业、工业以及交通运输与仓储业增长缓慢。如果从动态视角来看，可以发现东部板块经济增长新旧动能近年来发生了明显变化。其中，工业、建筑业以及批发与零售业增长率从 2008—2011 年的 11.66%、12.00% 以及 14.78% 下降为 2011—2016 年的 1.51%、6.19% 以及 6.88%；相反，金融业以及科学研究和技术服务业，信息传输、软件和信息技术服务业等增长率在 2011—2016 年保持稳定或有所上升。

对于中部板块而言，2004—2016 年增长率靠前的行业包括工业、批发与零售业、金融业、住宿与餐饮业、其他行业以及房地产业，增长率靠后的行业包括农林牧副渔业以及交通运输与仓储业，说明中部板块增长率较高的行业主要集中在工业和服务业部门；相反，旧动能如农林牧副渔业以及交通运输与仓储业增长缓慢。如果从动态视角来看，可以发现中部板块经济增长新旧动能近年来发生了明显变化。其中，农林牧副渔业、工业、建筑业、住宿与餐饮业以及批发与零售业增加值的增长率在2011—2016年出现了明显的下降；相反，金融业、房地产业以及科学研究和技术服务业，信息传输、软件和信息技术服务业等增加值的增长率在2011—2016年出现了较大幅度的上升。

对于西部板块而言，2004—2016年增长率靠前的行业包括工业、建筑业、批发与零售业、金融业、住宿与餐饮业、其他行业以及房地产业，增长率靠后的行业包括农林牧副渔业以及交通运输与仓储业，与中部板块基本一致。如果从动态视角来看，可以发现西部板块经济增长新旧动能近年来同样发生了明显变化。其中，农林牧副渔业、交通运输与仓储业以及住宿与餐饮业在2011—2016年有所下降，但下降幅度并不是很显著；相反，工业、建筑业以及批发与零售业的增长率在2011—2016年出现了明显的下降，特别是工业增加值增长率从2008—2011年的21.36%下降到2011—2016年的-0.46%。与其他板块相似，西部板块金融业、房地产业以及科学研究和技术服务业，信息传输、软件和信息技术服务业等增长率在2011—2016年出现了较大幅度的上升。

尽管分析期间东北板块经济增长率与其他板块相比存在较大差距，但在其内部仍存在一定程度的分化。其中，建筑业、金融业、房地产业以及其他产业在2004—2016年保持较高增长率，工业和交通运输与仓储业在此期间增长率明显要低于其他行业部门。如果从新旧动能转换视角来看，东北板块除了金融业之外，其他行业部门在2011—2016年增长率均出现了明显的下降，其中农林牧副渔业增长率从2008—2011年的8.61%下降到2011—2016年的3.92%，工业增长率从2008—2011年的16.28%下降到-7.99%，建筑业增长率从2008—2011年的14.45%下降到3.85%，住宿与餐饮业和房地产业增长率从2008—2011年的12.29%和14.45%，下降到2011—2016年的5.81%和4.40%，说明东北板块经济新旧动能转换碰到了较严重的障碍。

由于工业部门在国民经济中的重要性同时表9-7中的划分方式过于简单，为了深入分析创新战略对我国制造业新旧动能转换的影响，表9-8进一步给出四大板块不同分类制造业销售产值在2012—2016年的名义增长率。如

表 9－8 所示，我国东部地区 2012—2016 年劳动密集型和资本密集型制造业产值增长率仅为 6.16% 和 5.93%，而技术密集型制造业在此期间增长率高达 7.78%。中部板块劳动密集型、资本密集型和技术密集型制造业产值名义增长率依次为 11.81%、9.49% 和 15.52%，其中资本密集型和劳动密集型制造业增长率在四大板块中都是最高的。西部板块技术密集型制造业产值增长率在 2012—2016 年高达 15.59%，在四大板块中是最高的。东北板块由于工业近年来出现萎缩，不同分类制造业产值都出现了负增长，其中资本密集型制造业增长率为－11.27%，在分析期间下降幅度最为显著。

**表 9－8　2012—2016 年四大板块不同分类制造业名义增长率**　单位：%

| | 东部板块 | 中部板块 | 西部板块 | 东北板块 |
|---|---|---|---|---|
| 劳动密集型 | 6.16 | 11.81 | 7.97 | －6.78 |
| 资本密集型 | 5.93 | 9.49 | 7.82 | －11.27 |
| 技术密集型 | 7.78 | 15.52 | 15.59 | －6.64 |

2012—2016 年四大板块技术密集型制造业销售产值占比的变化趋势如图 9－15 所示。东部板块技术密集型制造业销售产值所占比例从 2012 年的 37.39% 上升到 2016 年的 38.93%。与东部板块相比，中西部板块技术密集型制造业销售产值占比在此期间出现了较大幅度的提升。其中，中部板块从 2012 年的 27.27% 上升到 2016 年的 30.74%，西部板块从 2012 年的 24.82% 上升到 2016 年的 30.32%，在短短四年时间内分别上升了 3.47% 和 5.50%。东北板块虽然制造业整体增长率为负，但在此过程中产业结构仍在不断优化，技术密集型制造业占比从 2012 年的 30.8% 上升到 2016 年的 33.01%。

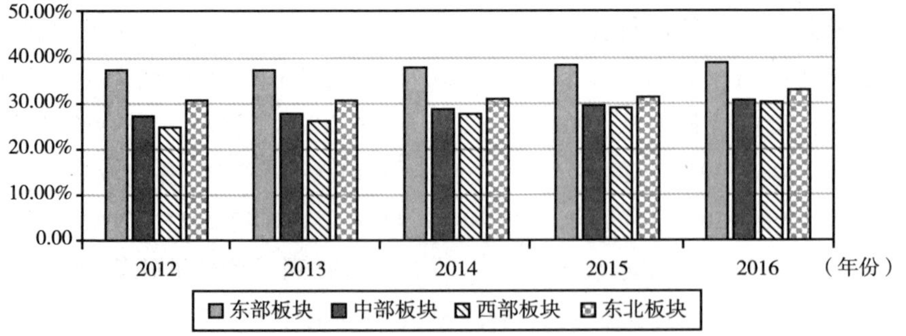


**图 9－15　2012—2016 年四大板块技术密集型制造业销售产值占比**

以上分析说明，我国创新驱动战略均对四大板块经济增长新旧动能转换产生了重要影响，具体表现在：（1）对于经济整体而言，金融业以及科学研究和技术服务业，信息传输、软件和信息技术服务业等逐步成为我国经济增长的新动能。（2）在制造业内部，计算机、通信和其他电子设备制造业，通用和专用设备制造业，仪器仪表制造业等为代表的技术密集型制造业得到了快速的发展。（3）中西部板块 2008 年以来承接了东部板块的工业产能转移，在经济增长新旧动能转换上表现尤为突出。但需要指出的是，我国创新能力整体上仍有所不足，和西方发达国家相比仍存在明显的差距，数量巨大的专利数量并没有转化为生产力，特别是对 TFP 并没有产生显著的正面影响。

## 第四节 研究结论与四大板块培育新动能的对策建议

根据前文关于四大板块经济增长动能的分析，得到以下主要结论：

21 世纪以来，由于四大板块发展基础和资源禀赋相互不同，导致不同地区经济发展水平和产业结构存在较大差异。其中，东部板块地处沿海发达地区，人均 GDP 从 2000 年的 11 364 元上升到 2016 年的 44 352 元。中部和西部板块人均 GDP 分别从 2000 年的 5 631 元和 4 689 元上升到 2016 年的 25 055 元和 24 025 元，虽然在数值上要远远落后于东部板块，但却呈现出更快的增长速度。东北板块人均 GDP 从 2000 年的9 144 元上升到 2016 年的 27 504 元，分析期间年均增长率仅为 7.12%，在期初与东部板块较为接近，但在期末逐步向中西部板块回落。

对于东部板块而言，第一产业所占比例在四大板块中是最低的，第三产业在 2013 年超过第二产业成为东部地区第一大产业。中部和西部板块产业结构及其变化趋势较为类似，其中，第一产业占比分析期间出现了显著下降，第二产业占比分析期间呈现出倒“U”形变化趋势，第三产业占比在 2000—2012 年变化并不显著，但在 2012 年后出现了明显的上升趋势。与其他板块不同，东北板块产业结构在分析期间呈现出独特的变化趋势。其中，第一产业占比分析期间并没有出现明显的下降趋势，第二产业所占比例从 2000 年 51.47% 下降到 2016 年的 38.18%，在四大板块中的位置从首位下降到最后一位，第三产业占比 2012 年前后出现了明显的上升趋势。

将人均 GDP 增长分解为与人口结构变化、劳动力流动以及劳动生产率提升相关的三部分后，可发现我国四大板块2000年以来增长具有以下特点：一是在三大因素中，经济增长主要依赖于劳动生产率的提升，但人口结构和劳动力流动同时也产生了显著影响。二是在三大因素内部，人口结构主要取决于劳动参与率的提升，劳动力流动主要与其在行业间重新配置有关，劳动生产率提升主要取决于资本劳动比率的提升。

分阶段来看，除了东北地区之外，其他三大板块经济增长动能转换具有以下特征：一是对于人口结构而言，人口年龄结构在2011年之后对各板块经济发展普遍产生了负面影响。二是劳动力流动，特别是劳动力在行业间的流动对于经济增长的影响是逐步下降的。三是全要素生产率对于经济增长贡献度产生了逆转性变化，即从期初的正面影响转向负面影响。

对于我国四大板块而言，影响其经济增长的因素包括主要三个方面：由于人口年龄结构老化带来的人口红利消失、从工业向服务业转变带来的结构性减速以及TFP的下降。在三大因素中，TFP下降对我国经济增长产生的负面冲击影响最为显著，产业转型导致的结构性减速次之，人口红利消失带来的负面影响并不明显。

我国创新驱动战略对四大板块经济增长新旧动能转换产生了重要影响，具体表现在：一是对于经济整体而言，金融业以及科学研究和技术服务业、信息传输、软件和信息技术服务业等逐步成为我国经济增长的新动能。二是在制造业内部，计算机、通信和其他电子设备制造业、通用和专用设备制造业、仪器仪表制造业等为代表的技术密集型制造业得到了快速的发展。三是中西部板块2008年以来承接了东部板块的工业产能转移，在经济增长新旧动能转换上表现尤为突出。

基于以上研究结论，本章针对四大板块培育经济新动能提出以下建议：

1. 通过提高经济发展质量来培育新动能；TFP是推动经济增长的主要动能之一，其对经济增长的贡献度被广泛视为经济发展质量的关键测度指标。本研究指出，我国四大板块自2005年之后TFP普遍为负值，是近年来经济增长减速的主要原因之一。一般而言，TFP是要素投入所不能解释的经济增长部分，主要与科研投入以及资源配置效率等密切相关。本章发现，我国2000年以来R&D投入占比持续增加，但TFP却不升反降，一方面说明我国科技投入存在严重错配，企业没有成为真正的科研主体；另一方面也说明我国TFP不仅取决于科研投入，更与长期以来我国粗放式经济增长方式有关。因此，要提高TFP对于经济增长的贡献度，要在科研投入方面政府要减少对于科技研发的直接投入，要以企业为主体，提高科研投入的配置效率；更重要的是，要通过体制机制的创新，理顺政府和市场之间的关系，使经济增长方式从粗放式向集约式转变。

2. 通过推迟退休、增加非正式就业岗位以及提高人均教育年限等措施抵消人口红利带来的不利影响。本章的研究指出，年龄结构和劳动参与率之间存在一定的互补关系，可以相互调节，劳动年龄人口占总人口比例越高，劳动参与率就越低；反之，如果劳动年龄人口占总人口比例越低，劳动参与率就越高。这就说明，人口年龄结构只反映了潜在的劳动力资源数量，但实际劳动力供给还取决于劳动力市场的需求。我国可以通过延长退休年龄或者增加非正式岗位等政策措施，有效抵消劳动年龄人口比例下降带来的不利影响。此外，针对东部板块人口年龄老化的现实，政府可以在东部发达地区进行教育改革，进一步提高江浙等发达地区的升学率，通过人力资本的提升抵消人口红利消失带来的不利影响。

3. 通过加速城市化以及取消户籍等政策措施，抵消产业结构转变带来的负面冲击。由于服务业的劳动生产率低于工业部门，因此随着产业结构从工业向服务业转变，使经济出现了结构性减速的现象。但需要指出的是，对于中部和西部板块而言，目前尚有大量的劳动力滞留在农业部门，因此随着劳动力持续从农业部门流向效率更高的工业和服务业部门，结构性减速现象并不明显。此外，劳动力在地域范围内的流动和重置，也可以抵消其在行业间流动带来的负面冲击。针对产业结构转变带来的负面冲击，一方面要切实推动城市化建设，让更多的农民变成市民，加速我国特别是中西部二元经济结构的转变；另一方面要取消户籍制度，并通过提供较为完善的异地社保和医保等措施，加速劳动力在地域范围内的流动，提高劳动力在行业和地域的配置效率。

4. 我国四大板块创新驱动战略均对经济增长新旧动能转换产生了重要影响，特别是中西部板块近年来承接了东部板块的产业转移，在经济增长新旧动能转换上表现尤为突出。但我国创新能力仍存在较大不足，数量巨大的专利数量并没有转化为生产力，对 TFP 并没有产生显著的推动影响。未来各板块应该结合自身优势和产业结构特点，通过创新驱动来加快新旧动能的转换。具体而言，东部板块应发挥自身高校科研能力强和市场发展充分的优势，在将部分产业向中西部转移的同时，瞄准国际前沿，争取在 AI 技术、基因工程以及芯片设计等领域有所突破，从而实现新旧动能的转换；中西部要进一步承接东部先进制造业的转移，同时要淘汰自身过时的夕阳产业，顺利实现经济增长新旧动能的转换。

5. 东北板块应通过市场化改革来促进经济高质量增长。东北板块近年来经济出现衰退现象，2000 年经济发展水平与东部板块较为接近，近年来逐步向中西部板块回落。在产业层面，东北板块的衰退主要体现在工业部门的衰落，第二产业增加值分析期间年均增长率仅为 5.3% 。本章指出，东北板块 TFP 在 2004 年就开始出现负值，在四大板块中起始时间是最早的。此外，和其他板块比 TFP 近年来有所回升不同，东北板块 TFP 出现了加速下降的趋势。因此，东北板块衰退主要与 TFP 有关，要培育东北板块增长新动能，就必须要改变 TFP 为负且加速下降的现状。与其余三大板块粗放式增长导致 TFP 下降不同，东北板块 TFP 下降主要是由僵化体制及市场化不足所致。因此，东北板块应加大市场化改革力度，通过体制机制的创新来培育经济增长新动能。

**作者：**刘瑞翔　南京大学长江产业经济研究院特约研究员，
南京审计大学教授

# 第十章　运输带变黄金经济带：长江经济带高质量发展的新定位

过去我们长期把长江经济带定位为运输功能带，这导致了长江经济带沿线重化工业的加速发展和全面开花的布局态势，加剧了长江经济带生态环境质量方面的矛盾和问题。事实上，建设黄金运输带只是长江经济带发展的一个基础功能。未来应根据新发展理念和高质量发展的要求，努力把长江经济带建设成为黄金经济带。如何把长江经济带建设成生态更优美、交通更顺畅、经济更协调、市场更统一、机制更科学的黄金经济带，需要系统的机制设计。

## 第一节　长江黄金经济带的内涵

长江经济带以占全国21%的国土面积和40%以上的人口，创造了超过全国40%的经济总量，是我国现代经济体系最完整和发达的地区，也是社会经济发展与资源环境承载力矛盾突出的地区。在这个货运量位居全球内河第一的黄金水道地区打造高质量发展的模板，对于促进全国发展尽快实现动力、效率、质量“三大变革”，推进现代化经济体系建设，无疑具有十分重要的主体作用和示范效应。

过去在实践中，我们对长江的定位是建设黄金水道，对长江经济带发展的定位是利用其大运输、大用水、大耗能、大资源承载力等功能发展重化工业。在这样的定位和发展思路下，长江经济带134个地级以上城市中，竟然有80个以上城市在其“十三五”规划中明确要重点发展石油化工产业。重化工业加速发展和全面开花的布局态势，使长江经济带沿线积累了一系列关于生态环境质量方面的矛盾和问题，如工业结构性污染严重、水环境安全事件和隐患增多、江湖关系紧张、湖泊湿地生态功能退化等。因此，作为中华民族的母亲河，长江经济带的治理能力和治理体系现代化的任务十分艰巨。

2016 年 1 月和 2018 年 4 月，习近平总书记在主持召开的推动长江经济带发展座谈会上，都分别强调了推动长江经济带发展必须从中华民族长远利益考虑，把修复长江生态环境摆在压倒性位置，“共抓大保护、不搞大开发”，努力把长江经济带建设成为生态更优美、交通更顺畅、经济更协调、市场更统一、机制更科学的黄金经济带，探索出一条生态优先、绿色发展新路子。[①]“共抓大保护、不搞大开发”，并不是不搞开发，而是要在明确生态环境保护的前提和规则下进行有限制的开发，而且制定这些限制前提和开发规则，又必须在实现高质量发展的要求下，首先要对长江经济带的功能进行重新定位。

把长江经济带建设成为黄金经济带，这是习近平总书记对长江经济带高质量发展目标的崭新定位。为了实现这一定位目标，要求我们改变过去那种长期把长江经济带作为运输功能带来发展的错误做法。过去我们在充分利用长江的“大运输量、大用水量、大耗电量、大消耗量”优势的名义下，建设了许多污染性的重化工业项目。其中的原因，虽然与我们仍然处于工业化初中期的发展阶段有关，但是也跟我们对长江经济带的功能认识不足有直接的关系。事实上，交通运输只是长江的一个最基本的自然功能。在推动高质量发展的过程中，我们最需要的是充分利用长江经济带资源集中、人口集中、市场集中、产业集中、城市集中等发展优势，在沿江城市基础设施超前一体化的基础上，通过地区间的竞相开放、撤除政策壁垒和统一市场的建设，实现合理的产业竞争和分工格局，发挥长江经济带的规模经济和范围经济效应，使之成为我国经济的黄金经济带。这就是说，建设黄金运输带，只是长江经济带发展的一个基础功能而已。如果战略上我们仅仅把经济带看成运输带，在产业配置上，必然倾向于那些大耗水、大用电、大消耗的产业，偏好那些对运输成本敏感的、一定会影响环境保护的重化工业大项目，由此根本就不会主动去配置那些环境友好型的现代产业体系，无法真正解决长江经济带的生态环境污染问题。显然，这种定位贬低了长江经济带的真正价值，也会彻底地毁了这条中华民族的母亲河。

长江经济带具有怎样的发展特征，才能称为高质量发展、成为黄金经济带呢？我们理解，习近平总书记提出的标准，主要是在以下 5 个方面，这是长江经济带引领我国经济高质量发展的生力军的基本标准：

一是长江及其沿线的生态环境能得到更多的修复和保护，沿江地区生态

① “打造高质量发展的黄金经济带”，《小康》，2018 年第 14 期，第 2 页。

环境更加优美。目前，长江沿线各地虽然在增量上坚决不批准新的有可能带来新污染的重化工项目，存量上主动关停并转那些有污染的企业，如仅2018年上半年，江苏省就关停规模以上企业近3 000家、限产1 000多家，但是正如习近平总书记在武汉市召开的深入推动长江经济带发展座谈会上所言，“长江流域生态环境形势依然十分的严峻，沿江产业发展惯性较大，污染物排放基数大，废水、化学需氧量、氨氮排放量分别占全国的43%、37%、43%……干线港口危险化学品年吞吐量达1.7亿吨、超过250种，运输量仍以年均近10%的速度增长，固体危废品跨区域违法倾倒呈多发态势，污染产业向中上游转移风险隐患加剧等”。由我国大国经济特征和工业化发展阶段所决定，对有广阔的市场需求的重化工产品，我们不可能都寄希望于进口来满足，因此建设自主可控的产业体系离不开发达的重化工业。这就需要很好地协调重化工发展与长江经济带的环境保护的关系，而不是简单的一律关闭了事。[①] 为此，重化工在长江经济带的空间布局政策应该有重大的调整。从世界各国产业布局的一般规律和我国生产力优化布局看，目前急需要贯彻集聚发展、集中环保的政策取向，即要把沿长江流域密集配置的重化工业项目，通过适当的机制集中到沿海地区集聚化布局。这是把修复长江生态环境摆在压倒性位置，“共抓大保护、不搞大开发”，协调好长江经济带开发与保护关系的最重要的战略性措施。这种产业布局有利于形成党的十九大报告提出的培育和建设世界级先进制造业集群，促进我国产业迈向全球价值链中高端。通过在沿海地区的产业集群中建设环保处理设施，对这些产业固有的污染物进行集中处理，不仅可以提高处理效率、获取环保产业发展的规模经济，而且可以彻底改变目前长江流域经济带中各地分散发展重化工项目、处处冒烟、处处污染的不良发展格局。[②] 解决这一问题的困难，在于能否从顶层设计的角度，重新考虑针对地区产业转移的利益激励机制。具体来说，就是要设计出一种沿江各地区与沿海重化工产业集群区就产值和税收的分享机制，让那些主动调整产业空间结构的沿江地区，不仅不会在经济利益上遭受重大损失，而且在发展中享受到适当的利益。这是实现长江经济带高质量发展新定位的最重要的机制保障。

二是交通运输体系一体化水平更高、运输设施更加发达、生产要素流动更加顺畅。发达的交通运输体系是长江经济带经济一体化的基础。当前长江

---

① 付保宗：“长江经济带产业绿色发展形势与对策”，《宏观经济管理》，2017年第1期，第55—59页。

② 周冯琦、陈宁：“优化长江经济带化学工业布局的建议”，《环境保护》，2016年第44卷第15期，第25—30页。

下游交通一体化任务已经基本完成，但是整个长江流域的交通运输不能说已经很顺畅，沿长江流域上中下游之间既缺少通达的高铁客运，又缺少重型货运铁路，而且运输体系的衔接并不畅通，[①] 如南京市以上到武汉市、重庆市的水运物流体系就不是很通畅。为了让长江经济带真正成为生产要素顺畅流动的黄金运输带，首先，需要建设横贯东西 11 个省市、蛛网般连接的高速铁路系统；其次，也要高度重视长江水运系统的建设。从经济性来看，内河运输成本非常便宜，往往只有公路的十分之一。国家如果花费 1 000 多亿元的水运投资，所创造的货物周转量，跟万亿元的公路投资相比是不相上下的。目前因种种原因，尤其是市场严重分割的缘故，高企的物流成本阻隔了长江中上游与下游地区形成完整的国内价值链。如从武汉市运到上海市的货物，不能直接进洋山深水港码头，而要从上海市其他地方卸货，走陆上运输进洋山港再出口海外。这种运输方式可能会增加一些地方的物流业务量，但却整体性地降低了中西部水运成本优势。未来在扩大内需中如果要形成完整的国内价值链，那么可能企业总部功能要留在长三角地区，而生产制造在长江中上游地区，原材料供给在西北地区。这样的发展格局才能带动我国东中西部经济一体化，才能让转型升级后的生产制造环节转移到长江中上游流域，而不是转移到东南亚。大力发展水运是解决地区之间市场分割的有效手段。为此，可以借鉴宝钢并购武钢从而实现钢铁生产营运一体化的成功经验，让上海洋山港并购其他上中游港口，以形成利益共同体来避免类似的地方利益割据的问题。现在这些港口大都是地方性国企，没有国务院国资委属下的宝港和武钢那么好整合，所以建议成立国家层面的港务集团公司，整合沿长江水运资源，打通长江黄金水道，才有利于后面的制造业转移，否则运输成本高，企业都不会愿意向内陆转移。港口码头都是地方政府经营的公共性极强的资产，不上升到国家层面整合，各自为政，存在恶性竞争，货物运输节点分散，就难以形成规模经济效应。因此，长江经济带的黄金水道还有很大的提升空间。

三是沿江各地经济发展要更加协调，通过建设沿流域的国内价值链，逐步缩小东中西部地区发展差距。建设国内价值链、促进产业链分离和生产环节的产业转移，是缩小长江经济带三大区域发展差异、实现区域协同发展的

① 黄成、吴传清："长江经济带综合立体交通走廊绿色发展研究"，《区域经济评论》，2018 年第 5 期，第 1—8 页。

最重要的途径和机制。[①] 过去长江经济带的下游沿江沿海地区，在全球价值链的低端环节上为国际代工，中高端环节大多为发达国家所主导。产业转型升级的一个重要含义，就是要迈向全球价值链的中高端。这不是一蹴而就的事情，需要有一个利用国内市场、以内需为依托建设自主知识产权和品牌的过程，即建立本土企业控制的国内价值链的过程。在国内价值链的分工格局下，长江经济带各区域协同发展的长效机制也可以逐步建立。首先，国内价值链中高端环节往往以本土企业为主，会使经营利润更有可能留在本国，而不是汇出和外流。同时，国内价值链上作为"链主"的本土企业，因掌控技术或市场，从而可以取得更多的资本利得，而这些利润就为继续投资和缩小地区差距提供了强大的物质基础。其次，在国内价值链下，利用长江经济带横跨东中西三大地带的产业纵深，长三角地区可以主要从事研发、销售等价值链的高端环节，而相对较低附加值的劳动密集型环节，就可以向中西部内陆地区转移和配置。这种沿着长江经济带布局产业价值链环节的治理模式，有利于对不同地区的资源要素禀赋进行集约式整合，进而充分发挥国内循环的产业间关联效应，带来生产的迂回和专业化的加深，既能获得规模经济和范围经济，又可以积累高端的人力资本和知识资本。最后，随着国内价值链治理模式的逐渐成熟，在扩大向东开放的同时，还可以把长江经济带中上游地区作为进一步向西开放的桥头堡，沿着"一带一路"进行产业链的拓展和延伸，从而加速中西部地区市场发育和成长，达到协调区域经济发展的目的。[②] 按照价值链方式进行产业的梯度转移，被转移的地区是否只能被动接受相对落后的产业，永远没有机会摆脱落后，更无法赶上发达地区？其实这种担心完全没有必要。因为产业梯度转移是被历史事实证明了的客观规律，没有哪个国家或地区可以一步就跨进现代产业体系。如果政府强行将一些高附加值产业迁入中西部地区，而由于当地的人力资本、基础设施、政府管理水平等软硬件条件根本无法匹配，那么这种"拉配郎"式的转移只能以失败告终。另外，被转移的所谓落后产业，也不是说一点技术含量都没有，只是这种技术在转出地相对比较缺乏竞争力，但对于转入地而言，其技术优势仍是比较明显的。如果这些发生转移的企业能够成功嵌入本地化的产业集群，同时又嵌入国内价值链，那么这些企业的规模化水平和专业化水平都将得到极大提升，从而

---

① 孙久文、张可云、安虎森、贺灿飞、潘文卿："'建立更加有效的区域协调发展新机制'笔谈"，《中国工业经济》，2017 年第 11 期，第 26—61 页。

② 陈启斐、巫强："国内价值链、双重外包与区域经济协调发展：来自长江经济带的证据"，《财贸经济》，2018 年第 39 卷第 7 期，第 144—160 页。

促进不同区域发展差异的收敛。

四是坚决地撤除地方行政壁垒，市场体系更加统一、开放、竞争、有序，资源配置具有更高的效率。建设长江经济带统一开放、竞争有序的市场体系，使市场在该区域的资源配置中起决定性作用，是我们推进长江经济带区域一体化发展的微观基础、基本战略思路和战略目标。[①] 在区域经济发展中，影响资源和要素流动的因素主要有两类：一类是自然和技术的因素，如地形地貌、交通运输、基础设施等；另一类是制度、体制、机制、政策等人为的障碍因素。在这两类因素中，前一类影响和决定区域一体化发展的成本和效率，只要存在空间区位和技术水平差异，就会有不同发展成本从而有不同的发展水平；后一类衡量某个区域是不是一体化发展的，只有制度和政策的差异，可以长期地、系统地、大幅度地影响和扭曲要素和资源的合理配置，从而形成人为的发展差异。因此推进长江经济带一体化发展主要有两种办法：（1）加大基础设施投资，并高度重视各区域之间基础设施的衔接性和通达性建设。(2)通过充分的开放和对内改革，破除各地已经存在的各种人为的制度和政策障碍。交通运输和基础设施的改善，是区域一体化发展的基础，有利于制度分割状态的改进和迅速推进市场一体化；制度障碍的消除和分割状态的改进，反过来又利于推进基础设施跨区域合作，以及技术在更大的市场范围内规模化、集约化地有效利用。因此，破除各地的行政壁垒，最大限度地实施地区间的竞相开放，是推进区域经济一体化的主要措施。完善长江经济带各地区之间的一体化发展机制，基于市场的决定作用可以选择的政策与手段主要为：（1）合作协调要从具体的项目合作开始做起。要通过某些具体的项目行动，来进行实实在在的联合，在以市场为导向的活动中，逐步打破区域行政壁垒，发展企业主体在区域间的自我联合、自我协调和自我发展机制。这些具体的联合战略构想和战略措施，可以是某些具体的基础设施，如航空和港口的联合，也可以是某个重大的科技合作研究项目，如新能源汽车使用和充电设施的一体化，等等。（2）把企业作为推进区域经济一体化的主体。企业跨地区发展将自动产生经济一体化发展的内生效应。让企业作为利益主体就合作过程进行“讨价还价”，让企业成为一体化发展的主角，政府则尽量作为合作的搭台人，否则很难收到实质性的一体化效果并可能变成新的“折腾”。(3）在空间上以产业集群升级作为区域一体化的重要载体。产业集群是

① 曹智杰、陈永宁：“推进长江经济带一体化建设的发展战略及对策研究”，《宏观经济研究》，2000年第3期，第37—43页。

模糊地域行政边界，实现按经济区域“极化—扩散”增长的现代生产力配置方式。在当今开放型经济中，产业集群还与全球价值链交互耦合，在共同的演化中实现高水准的产业升级。（4）政府要从注重产业政策转向注重竞争政策，统一有效的竞争规则可以避免政府对区域间贸易投资以及相应的生产要素流动的人为的政策限制：①清除妨碍区域间生产要素流动的政策；②为资源和要素流动搭建平台；③跨地区基础设施建设的区域合作。这需要有一个协调的有效的竞争规则。（5）鼓励区域内企业的收购兼并。大力鼓励长江经济带地区的兼并收购活动，鼓励在“走出去”的过程中，长江经济带地区的企业联合起来收购国外的企业。在这个过程中，必然会实现企业集中、市场集中和产业集聚。各地企业之间的资产兼并重组活动，是实现长江经济带一体化发展的最有效的微观基础和制度平台。

五是体制机制的设计科学合理，激励高质量发展的动力不断增强。科学合理的体制机制是长江经济带率先建成现代化经济体系的制度基础。新时代中国特色社会主义市场经济，其主要特征是充分发挥市场的决定性作用同时更好发挥政府作用，实现市场机制有效率、微观主体有活力、宏观调控有尺度。由于资源禀赋、历史文化不同，以及现实生产力发展的差异，长江经济带各地区的战略选择和运作机制也千差万别，在迈向社会主义市场经济制度的过程中，通过制度创新涌现了各具特色的体制机制的实践模式。例如，仅仅长三角地区，就形成了江苏省的“苏南模式”、浙江省的“温州模式”、上海市“经济国际化模式”等重要的差异化发展方式。其中，江苏省是以强势政府为特征的制度变迁与发展模式；浙江省是以市场和民营为主要特征的内生型发展模式；上海市则是政府推动高定位的大都市发展模式。虽然体制机制的实践模式有差异，但是它们都取得了与自身发展条件和发展阶段相匹配的发展绩效。

## 第二节　实现黄金经济带的机制设计

未来长江经济带现代化经济体系的建设，需要更加重视市场机制的作用，更好地对政府与市场的关系进行再定位。例如，现代化经济体系建设的重要基础是产业转型升级，长江中上游地区产业，尤其是在一些相对落后地区的早期发展阶段，适当多一些政府干预是必要的，但是当其产业发展阶段达到长三角发达地区的水平时，就必须更多地强化市场的作用，弱化全能型政府模式。在工业化的初期，“强政府”模式无疑作用很大，通过产业集聚等方式实现工业规模效应，而当前进入高质量发展阶段，现代服务业和先进制造业的发展更为关键，发展研发设计、网络营销、金融保险、物流仓储等高端第三产业时，市场的作用就逐渐超过政府的作用。

今后长江经济带各地区如果坚持走高质量发展的道路，在体制机制模式上最重要的问题有以下3个方面：

一是要对“强政府”的功能进行重新定位。发展中大国通过战略赶超来建设现代化经济体系，离开强势政府难以建立动态比较优势，更难以走出中等收入陷阱。强势政府应该强在哪里？长三角地区发展经验证明，不是政府干预经济频繁、干预力度更大、干预手段更多，而是要坚守自己的职能边界，只做适合于自己在市场经济中的角色的政府。就政府行为动机来说，相对于干预经济，控制住自己干预的冲动，是更加困难的行为，这才是真正强势的政府。长江经济带各地区走高质量发展的道路，各地政府首先应该通过职能和机构改革，从繁杂的微观事务中退出，将更多的精力放在为市场和社会提供优质的公共服务上。只有如此，各地政府才能克服“软预算约束”，才可以给市场主体腾出提高效率的空间，才可以做自己真正擅长的事情，提高发展质量和效率。

二是重点要把“弱市场”变为“强市场”。“弱市场”的现实与政府和市场的边界划分不清有关，往往表现为政府在市场活动中强势而不是公共领域中强势。这种职能错位如盈利性项目的决策，经常看到的是政府“有形的手”的干预，但是诸如环境保护协调等非盈利性的公共事务，却被产值、盈利和税收等市场信号所迷惑。这是长江经济带各地方政府积极追求重化工业布局的内在体制原因。实现向“强市场”转型，坚定不移地发挥市场配置资源的基础性作用，就是要企业、社会和民众成为市场活动的主体，让其成为创造财富的力量。政府的作用则通过划定竞争领域、保护市场主体的合法权益和公平竞争等体现出来，以此激发社会成员创造财富的积极性，增强经济发展的内在动力。“强市场”会不会导致公共事务的市场化？会不会导致企业用市场原则入侵公共领域？其实在政府职能边界清晰的前提下，这不应该是我们担心的现实问题。

三是在实现“强市场”的基础上，让“强政府”对公共领域进行有效的管理。对长江经济带的协调发展来说，重点目标要放在对长江经济带实现高质量发展的“外部性”协调这一方面。各地政府要在跨江发展、“飞地经济”、港口整合、通关一体化等区域合作机制方面有所创新和突破，总体上需要综合性的政府管理机构与系统性的政策支撑，需要区域与部门之间建立有效的协调机制，突破区域市场一体化的行政壁垒制约，建设流域开发管理的法律法规保障等，为此首先应该需要那些超脱地方本位利益、专职于公共责任的“强政府”的发展管理体制机制的保障，在此基础上才可能成立长江经济带开发管理委员会，建立多层次协调平台与机构，促进市场一体化发展，实行多样化的生态补偿模式，等等。①

总之，长江经济带各地区应该成为我国新时代贯彻五大发展理念、推进经济高质量发展的样板，成为引领我国经济高质量发展的生力军，实现“绿水青山就是金山银山”的试验田，成为构建现代化经济体系的主引擎。

**作者：**刘志彪　南京大学长江产业经济研究院院长，长江学者特聘教授

① 段学军、邹辉、王磊：“长江经济带建设与发展的体制机制探索”，《地理科学进展》，2015 年第 34 卷第 11 期，第 1377—1387 页。

# 第四篇

# 开放经济发展

# 第十一章　“一带一路”、贸易投资一体化与产业高质量发展

“一带一路”是优化我国经济发展空间格局的实施重点之一，是深化改革以解决结构性产能过剩的重要举措，是深化扩大对外开放的国际性布局，更是促进协同发展的国际合作在新时期的创新性发展。“一带一路”建设重在经贸合作，关键是投资与贸易的一体化发展。投资贸易一体化是指投资主体为了绕开贸易壁垒，开拓市场，或者为了利用母国以外的资源禀赋，降低生产成本，转而向东道国输出资本，进行国际直接投资，以其资本优势整合东道国的各种资源，实现国际贸易和国际直接投资的一体化。投资贸易一体化的主要表现：一是国际直接投资对象国与国际贸易对象国主体的一致性；二是国际直接投资与国际贸易业务密切相关，相互融合。

“一带一路”倡议背景下的投资贸易一体化，要以开展国际产能合作和企业“走出去”为主题，以投资贸易一体化为路径，注重国内产业的发展乃至宏观经济的高质量发展，并造福沿线国家，将内生动力和外生动力有机结合，以实现互利共赢，构建中国与沿线国家“双轮驱动”的新型国际合作机制。

## 第一节　中国“一带一路”建设的现状与问题分析

### 一、中国“一带一路”建设的现状分析

“一带一路”贯穿亚欧非大陆，一端是活跃的东亚经济圈，另一端是发达的欧洲经济圈，沿线腹地国家同样具有巨大的发展潜力。陆上丝绸之路经济带的三大走向分别为：中国西北、东北经中亚、俄罗斯至欧洲、波罗的海；

中国西北经中亚至波斯湾、地中海；中国西南经中南半岛至印度洋。21 世纪海上丝绸之路的两大走向分别为：中国沿海港口经南海、马六甲海峡到印度洋，延伸至欧洲；中国沿海港口过南海，向南太平洋延伸。

根据“一带一路”倡议的五大走向，丝绸之路经济带与 21 世纪海上丝绸之路在全球空间范围内共形成四处海陆交汇区域，分别为欧洲西部、南亚大陆、中南半岛与中国东部沿海。四大海陆交汇区域紧密联系、相互协调，共同承担了将丝绸之路经济带与 21 世纪海上丝绸之路打造成一个完整闭环的历史使命。

### （一）中国“一带一路”建设与欧洲西部的对接

21 世纪海上丝绸之路的大西洋方向延伸段与新亚欧大陆桥的西端，在欧洲西部形成空间交汇。这有利于中国乃至整个亚欧大陆到欧洲西部的陆海交通连接状况的改善，也能进一步促进中国与西欧各国国际贸易成本的降低和投资贸易一体化的实现。2014 年年底，欧盟正式公布了总额达 3 150 亿欧元的欧洲投资计划，即“容克计划”（Juncker Plan）。“容克计划”旨在促进基础设施、新能源、信息技术等领域的投资，这与“一带一路”倡议中互联互通、促进国际产能合作的目标不谋而合。“容克计划”的出台为中欧推动发展对接提供了新的战略机遇。目前，中国“一带一路”建设与欧盟“容克计划”已实现在中欧共同投资基金建立、交通基础设施建设项目、电力能源项目、数字基础设施建设以及中欧国际产能和金融合作等领域的对接。中国“一带一路”倡议与“容克计划”的对接有利于实现中欧投资与贸易关系的平衡，加速中国与外部市场之间的互联互通，促进中欧经贸合作的扩大和深化。

### （二）中国“一带一路”建设与南亚大陆的对接

南亚大陆是“一带一路”倡议落地实践的先行区，也是“一带一路”倡议早期收获分布较为密集的地区。“一带一路”倡议正逐步在南亚生根发芽，成为中国未来加深与南亚各国务实合作、绑牢两地利益纽带的主要渠道。其中，中巴经济走廊（CPEC）是中国“一带一路”倡议的重大先行示范项目，中巴两国以走廊建设为中心，以瓜达尔港、交通基础设施、能源、产业投资合作四大领域为重点，本着“政府支持，市场运作”的原则，努力实现合作共赢和共同发展。孟中印缅经济走廊（BCIM - EC）作为与中巴经济走廊基本同期正式推出的“一带一路”框架下的走廊项目，也已取得一定进展。目前，孟中印缅经济走廊主要就基础设施建设、联通项目建设及产业投资合作三方面开展工作。

### （三）中国“一带一路”建设与中南半岛的对接

中南半岛是丝绸之路经济带和21世纪海上丝绸之路的重点交汇区与战略区。同时，中南半岛五国，即越南、老挝、柬埔寨、缅甸和泰国，是中国连接南亚、东南亚的黄金通道，也是促进中国与南亚和东南亚国家政策沟通、经济合作、人文交流、互联互通的重要平台。自“一带一路”倡议提出以来，中国与中南半岛五国在“一带一路”框架下展开了密切的沟通与合作，在设施联通、投资畅通、资金融通三个方面取得了诸多务实成果。如中国老挝铁路项目、中国泰国铁路项目、中缅油气管道建设项目、老挝南欧江梯级电站项目及柬埔寨西哈努克港经济特区建设项目等均取得良好进展；亚洲基础设施投资银行在支持亚洲地区基础设施建设方面发挥着举足轻重的作用；中国—东盟海上合作基金、中国—东盟投资合作基金以及澜湄合作专项基金、优惠性质贷款和专项贷款等为“一带一路”倡议在中南半岛地区的推进提供了充裕的资金支持。

### （四）“一带一路”建设在国内东部沿海交汇点地区的落地实践

2014年12月，习近平总书记视察江苏省时明确指出，“江苏处于丝绸之路经济带和21世纪海上丝绸之路的交汇点上，要按照统一规划和部署，主动参与‘一带一路’建设，放大向东开放优势，做好向西开放文章，拓展对内对外开放新空间”。江苏省在推进“一带一路”交汇点建设的总体部署时，重点围绕“五通五路”建设，已在以下五个方面取得了明显的成效：一是围绕服务和平之路建设，着力完善合作平台机制；二是围绕服务繁荣之路建设，着力推进设施互联互通；三是围绕服务开放之路建设，着力深化国际产能合作；四是围绕服务创新之路建设，着力打造亮点示范工程；五是围绕服务文明之路建设，着力拓展人文交流合作。2018年11月5日，习近平总书记在首届中国国际进口博览会开幕式的主旨演讲中指出，将支持长江三角洲区域一体化发展并上升为国家战略。因此，江苏省在推进“一带一路”交汇点建设中，将站在推动长江经济带发展、长三角一体化发展等战略叠加区的高度，结合区域生产力布局特点、双向开放基础与环境以及“一带一路”设施互联互通条件与潜力等综合因素，实现投资贸易一体化和产业发展。

## 二、中国“一带一路”建设的风险挑战

尽管“一带一路”倡议在全球空间范围的交汇区域实现了一系列的对接，实现了一批在重点产业、重点企业、重点园区、重点区域的重大项目合作，为“一带一路”沿线国家提供了一揽子的合作方案，但中国“一带一路”建设，也不可避免地会面临诸多潜在风险和挑战，尤其是认知差异、地缘政治因素和以美国为代表的发达国家因素为主。

### （一）文化认知差异

认知差异是中国推进“一带一路”建设的首要挑战。由于制度和观念的差异，欧盟很大程度上将中国“一带一路”倡议视作“欧洲模式”的挑战者；一些欧洲学者指出“一带一路”倡议是“中国版马歇尔计划”；一些西方国家则鼓吹中国实施“一带一路”倡议是对亚洲的“经济霸权主义”，“新殖民主义论”“资源攫取论”“强国必霸论”等论调也不时响起。认知差异可能对中国与“一带一路”在全球范围内的交汇区域实现对接产生消极影响。

### （二）地缘政治因素

“一带一路”沿线国家众多，领土、领空、领海争端，宗教文化差异与冲突，恐怖主义与极端势力等风险相当复杂。国际政治局势风云变幻，大国因素、地缘政治、恐怖主义等复杂形式给中国推进“一带一路”建设带来诸多不确定性。“一带一路”沿线国家具有重要的地理位置和战略价值，东南亚、南亚、中亚、西亚以及中东欧都是大国争相施予影响力的焦点区域，地缘势力无疑会干预相关项目的实施，这种不确定性提高了中国“一带一路”投资贸易一体化的风险水平。

### （三）发达国家因素

发达国家主导的国际宏观经济形势复杂多变。一方面，发达国家近几年为应对危机和刺激本国经济，实施轮复一轮的量化宽松的货币政策，加剧了全球流动性泛滥和国际投机资本的冲击。另一方面，部分发达国家通过各种手段向东道国施压，直接插手或间接阻碍其与中国开展国际产能合作。此外，2017年8月，美国总统特朗普签署总统备忘录授意美国贸易代表办公室对中国发起“301调查”，单方面挑起贸易摩擦，中国不得不采取“镜像策略”反

制美国贸易制裁。从短期看，局部贸易摩擦已无法回避，并有从“贸易”层面上升到“技术”“产业链排挤”层面，甚至有向金融领域蔓延的可能性。因此，以美国为代表的发达国家因素，使中国向东扩大开放面临严峻挑战。

## 三、中国“一带一路”建设的机遇

风险与机遇并存。在承担风险、迎接挑战的同时，国内持续深化改革、扩大对外开放的举措也为中国“一带一路”建设提供了难得的机遇。“一带一路”倡议顺应第二轮经济全球化和区域经贸合作的迅速发展，也是中国经济新常态下经济结构转型升级的客观规律使然，为推进对内对外以及对整个全球治理环境的改善均带来了难得的机遇。

### （一）促进发展内需经济

中国向东扩大开放面临巨大压力，倒逼发展基于内需的全球化经济。在第二轮经济全球化中，中国要基于国内巨大的内需规模吸纳全球高级要素，让中国企业成为发包方而站在国家价值链的高端，打造中国企业的价值链的“链主”地位。一旦形成了较大规模的内需市场，中国将不会局限于发展内向循环经济，而是会成为一个真正高水平的进出口规模都处于世界前列的中等发达国家。

### （二）促进扩大东西双向开放

中国不能因为贸易摩擦而裹足不前，反而要扩大东西双向开放。中国要利用西方国家经济不景气的机遇，构建强有力的处于创新价值链高端地位的跨国公司，尤其是民营性质的跨国公司，鼓励民营企业进入行为，通过收购兼并行为形成资产集中和集聚态势，积极参与全球价值链重塑，提高中国企业在全球价值链中的分工地位。依托“一带一路”塑造“以我为主”的包容性全球价值链，实现中国企业对全球价值链的双重嵌入，争夺“链主”地位，实现与“一带一路”沿线国家间的双赢合作，进而扩大东西双向开放空间范围。

### （三）促进全球治理体系的改善

推进“一带一路”倡议，必须以“政策沟通、设施联通、贸易畅通、资金融通、民心相通”的“五通”为抓手，以构建命运共同体、利益共同体和责任共同体的“三大共同体”为理念引领，从而与沿线国家一起共同塑造应对全球性问题与风险挑战的新型价值观和治理观。“一带一路”倡议赋予了中国与沿线国家及其周边国家外交新理念，也展示了中国大国形象和大国责任，能够为促进全球治理环境改善做出长足贡献。

## 第二节　中国"一带一路"的投资和贸易现状分析

### 一、中国"一带一路"投资现状分析

在全球国际贸易日趋活跃的情况下，全球外商直接投资反而呈现下降趋势。联合国贸易和发展组织发布的《2018世界投资报告》显示，2017年全球外商直接投资流出量下降至1.43万亿美元，同比下降3%。根据联合国贸易和发展组织的报告，中国仍是发展中国家中最大的吸收外资国和对外投资国，2017年中国吸收的外资在全球排名中位居第二，仅次于美国；2017年中国对外投资全球排名第三，在美国和日本之后。

2017年，中国实际使用外商直接投资1 310.35亿美元，同比增长3.99%；对外直接投资1 582.9亿美元，同比下降19.30%。对外直接投资增速虽然有所放缓，但流量和规模依然较高，存量规模更是可观，达到18 090.37亿美元。此外，中国对"一带一路"沿线国家的投资依然保持增长态势。这说明，中国对外投资变得更加理性，中国依托"一带一路"建设布局全球价值链的能力进一步提升。

从按国别（地区）分实际使用外商直接投资额看（见表11－1），2017年中国实际使用"一带一路"国家外商直接投资约92.11亿美元，占实际使用外商直接投资总额的比重为9.25%，实际使用"一带一路"国家外商直接投资总额较2016年下降21.01%。

**表11－1　2016年和2017年中国与"一带一路"国家外商投资情况**

单位：亿美元

| 项目 / 年份 | 中国实际使用外商直接投资总额 | 中国实际使用"一带一路"国家外商直接投资 | 中国对外直接投资总额 | 中国对"一带一路"主要国家直接投资总额 | 中国对外直接投资存量 |
|---|---|---|---|---|---|
| 2016 | 1 260.01 | 116.61 | 1 961.49 | 113.10 | 13 573.90 |
| 2017 | 1 310.35 | 92.11 | 1 582.88 | 133.09 | 18 090.37 |

资料来源：根据《中国统计年鉴2018》数据整理。

从“一带一路”沿线国家所属区域①看（见表 11－2），中国实际使用外商直接投资最多的地区为亚洲大洋洲地区，实际使用外商直接投资额约为87.81 亿美元，占实际使用“一带一路”国家外商直接投资总额的比重为95.33%，南亚地区、东欧地区、非洲及拉美地区、西亚地区、中亚地区的占比较小。

**表 11－2　2016 年和 2017 年按地区分中国使用“一带一路”国家直接投资情况**

单位：%

| 地区 | 2016 年 | 2017 年 |
|---|---|---|
| 亚洲大洋洲地区 | 97.03 | 95.33 |
| 南亚地区 | 0.46 | 1.73 |
| 东欧地区 | 0.95 | 1.09 |
| 非洲及拉美地区 | 0.26 | 0.95 |
| 西亚地区 | 1.28 | 0.83 |
| 中亚地区 | 0.02 | 0.06 |

资料来源：根据《中国统计年鉴 2018》数据计算。

2018 年全年，全国新设立外商投资企业 60 533 家，同比增长 69.8%；实际使用外资 1 349.7 亿美元，同比增长 3%。其中，“一带一路”沿线国家、欧盟、东盟实际投入金额同比增长 13.2%、22.6% 和 13.8%。

从对外直接投资规模看（见表 11－3），中国对外投资区域不平衡问题尚未改善，投资目的地主要集中在亚洲地区，2017 年对亚洲的直接投资额达到1 100.4 亿美元，虽然增速较上年下降 15.5%，但是由于对拉丁美洲、北美洲等地区的直接投资下降幅度更大，分别为－48.30% 和－68.07%，从而导致中国对亚洲地区投资的比重反而上升，占总投资额的 69.5%，同比上升了3.1%。同时，中国对非洲和欧洲的直接投资比重增幅显著，分别为 71.13%和 72.66%。

① 根据中国一带一路网（https：//www.yidaiyilu.gov.cn/）上的各国概况，将所列 71 个国家按区域划分如下：亚洲大洋洲地区（14 国，包括蒙古国、韩国、新西兰、东帝汶、新加坡、马来西亚、泰国、印度尼西亚、菲律宾、文莱、柬埔寨、缅甸、老挝、越南）；中亚地区（5 国，包括哈萨克斯坦、乌兹别克斯坦、土库曼斯坦、塔吉克斯坦、吉尔吉斯斯坦）；西亚地区（18 国，包括格鲁吉亚、阿塞拜疆、亚美尼亚、伊朗、伊拉克、土耳其、叙利亚、约旦、黎巴嫩、以色列、巴勒斯坦、沙特阿拉伯、也门、阿曼、阿联酋、卡塔尔、科威特、巴林）；南亚地区（8 国，包括印度、巴基斯坦、孟加拉国、阿富汗、斯里兰卡、马尔代夫、尼泊尔、不丹）；东欧地区（20 国，包括俄罗斯、乌克兰、白俄罗斯、摩尔多瓦、波兰、立陶宛、爱沙尼亚、拉脱维亚、捷克、斯洛伐克、匈牙利、斯洛文尼亚、克罗地亚、波黑、黑山、塞尔维亚、艾尔巴尼亚、罗马尼亚、保加利亚、马其顿）；非洲及拉美地区（6 国，包括南非、摩洛哥、埃塞俄比亚、马达加斯加、巴拿马、埃及）。

表 11－3　　2016 年和 2017 年中国对外直接投资情况　　单位：亿美元

| 洲别 | 2016 年净额 | 2017 年净额 | 2017 年存量 |
|---|---|---|---|
| 亚洲 | 1 302.68 | 1 100.40 | 11 393.24 |
| 非洲 | 23.99 | 41.05 | 432.97 |
| 欧洲 | 106.93 | 184.63 | 1 108.55 |
| 拉丁美洲 | 272.27 | 140.77 | 3 868.92 |
| 北美洲 | 203.51 | 64.98 | 869.06 |
| 大洋洲 | 52.12 | 51.05 | 417.63 |

资料来源：根据《中国统计年鉴 2018》数据整理。

自“一带一路”倡议提出以来，中国积极推进与“一带一路”沿线国家的投资合作，2017 年对沿线的 57 个国家实施新增投资，投资额达 201.7 亿美元，同比增长 31.5%，占对外投资的比重升至 12.7%，较上年增加近 5 个百分点。2018 年全年，中国在“一带一路”投资合作稳步推进，中国企业对“一带一路”沿线的 56 个国家实现非金融类直接投资 156.4 亿美元，同比增长 8.9%，占同期总额的 13%。2018 年在“一带一路”沿线的 63 个国家对外承包工程完成营业额 893.3 亿美元，占同期总额的 52%。对“一带一路”沿线国家的投资不仅成为中国对外投资的重要组成部分，同时也成为推动中国对外投资增长的主要动力。

从按国别（地区）分中国对外直接投资情况看（见表 11－4），2017 年中国对“一带一路”国家的直接投资主要集中在新加坡、印度尼西亚、俄罗斯、泰国、越南、韩国、新西兰、南非、印度和马达加斯加等 10 国。其中，对新加坡直接投资最多，达到 63.20 亿美元，其次为印度尼西亚为 16.82 亿美元，第三为俄罗斯为 15.48 亿美元。

表 11－4　　2016 年和 2017 年中国对“一带一路”国家直接投资情况　　单位：亿美元

| 国别 | 2016 年净额 | 2017 年净额 | 2017 年存量 |
|---|---|---|---|
| 新加坡 | 31.72 | 63.20 | 445.68 |
| 印度尼西亚 | 14.61 | 16.82 | 105.39 |
| 俄罗斯 | 12.93 | 15.48 | 138.72 |
| 泰国 | 11.22 | 10.58 | 53.58 |
| 越南 | 12.79 | 7.64 | 49.65 |
| 韩国 | 11.48 | 6.61 | 59.83 |
| 新西兰 | 9.06 | 5.97 | 24.92 |
| 南非 | 8.43 | 3.17 | 74.73 |
| 印度 | 0.93 | 2.90 | 47.47 |
| 马达加斯加 | －0.07 | 0.71 | 7.66 |

资料来源：根据《中国统计年鉴 2018》数据整理。

2018 年，在国际形势日趋复杂多变的情况下，中国对外投资合作保持平稳有序健康发展。2018 年全年，中国全行业对外直接投资1 298.3 亿美元，同比增长 4.2%。其中，对外金融类直接投资 93.3 亿美元，同比增长 105.1%；对外非金融类直接投资 1 205 亿美元，同比增长 0.3%。对外承包工程完成营业额 1 690.4 亿美元，同比增长 0.3%。对外劳务合作年末在外各类劳务人员 99.7 万人，较上年同期增加 1.7 万人。

2018 年全年，我国对外投资合作的特点主要还体现在：一是对外投资结构持续多元；二是对外投资方式不断创新；三是第三方市场合作稳妥有序推进；四是地方企业和民营经济对外投资活跃；五是境外贸易合作区建设取得积极进展；六是对外承包工程带动东道国经济社会发展和我国出口。

## 二、中国“一带一路”贸易现状分析

“一带一路”倡议提出以来，中国对“一带一路”沿线国家经济贸易状况良好。如表 11 －5 所示，2017 年中国海关货物进出口总额达到 4.11 万亿美元，其中出口贸易总额 2.26 万亿美元，进口贸易总额 1.84 万亿美元。中国与 71 个“一带一路”国家的海关货物进出口总额达到 1.44 万亿美元，占中国海关货物进出口总额的比重较 2016 年增长了 13.94%。其中，出口货物总额达到 0.77 万亿美元，较 2016 年增长了 9.16%；进口货物总额达到 0.67 万亿美元，较 2016 年增长了 20.01%。

**表 11 －5　2016 年和 2017 年中国与“一带一路”71 个国家海关货物进出口总额**

单位：亿美元

| 项目 / 年份 | 中国同各国（地区）海关货物进出口总额 | 中国同各国（地区）海关货物出口总额 | 中国同各国（地区）海关货物进口总额 | 中国同“一带一路”国家海关货物进出口总额 | 中国同“一带一路”国家海关货物出口总额 | 中国同“一带一路”国家海关货物进口总额 |
|---|---|---|---|---|---|---|
| 2016 | 3.69 | 2.10 | 1.59 | 1.26 | 0.71 | 0.56 |
| 2017 | 4.11 | 2.26 | 1.84 | 1.44 | 0.77 | 0.67 |

资料来源：根据《中国统计年鉴 2018》数据整理。

从“一带一路”沿线国家所属区域贸易比重看（见表 11 －6），亚洲大洋洲地区是中国在“一带一路”的第一大贸易合作区域。中国与亚洲大洋洲地区“一带一路”国家的海关货物进出口总额达 8 167.4 亿美元，占“一带一路”国家海关货物进出口总额的 56.77%。其次，为西亚地区，进出口总额为

2 333.25 亿美元，占比为 16.22%。东欧地区、南亚地区、非洲及拉美地区、中亚地区进出口贸易总额分别为1 611.58 亿美元、1 267.46 亿美元、647.97 亿美元、358.79 亿美元，占比分别为 11.20%、8.81%、4.50%、2.50%。

从海关出口货物总额看（见表 11－6），中国对亚洲大洋洲地区的出口额占比最大，出口总额达 3 886.75 亿美元，占比为 50.37%。其次是西亚地区，出口总额达 1 181.41 亿美元，占比为 15.31%。南亚地区、东欧地区、非洲及拉美地区、中亚地区出口贸易总额分别为1 073.60 亿美元、983.85 亿美元、377.70 亿美元、213.20 亿美元，占比分别为 13.91%、12.75%、4.89%、2.77%。

从海关进口货物总额看（见表 11－6），中国对亚洲大洋洲地区的进口额占比最大，进口总额达 4 280.64 亿美元，占比为 64.18%。其次是西亚地区，进口总额达 1 151.84 亿美元，占比为 17.27%。东欧地区、非洲及拉美地区、南亚地区、中亚地区进口贸易总额分别为 627.74 亿美元、270.28 亿美元、193.86 亿美元、145.59 亿美元，占比分别为 9.41%、4.05%、2.91%、2.19%。

**表 11－6　　2017 年中国与“一带一路”国家按地区分海关货物进出口占比**

单位：%

| | 海关货物进出口总额占比 | 海关货物出口总额占比 | 海关货物进口总额占比 |
|---|---|---|---|
| 亚洲大洋洲地区 | 56.77 | 50.37 | 64.18 |
| 西亚地区 | 16.22 | 15.31 | 17.27 |
| 东欧地区 | 11.20 | 12.75 | 9.41 |
| 南亚地区 | 8.81 | 13.91 | 2.91 |
| 非洲及拉美地区 | 4.50 | 4.89 | 4.05 |
| 中亚地区 | 2.50 | 2.77 | 2.19 |

资料来源：根据《中国统计年鉴 2018》数据计算。

**表 11－7　　2017 年中国与“一带一路”国家海关货物进出口总额前十五位的国家**

| 名次排序 | 按海关货物进出口总额 | 按海关货物出口总额 | 按海关货物进口总额 |
|---|---|---|---|
| 1 | 韩国 | 韩国 | 韩国 |
| 2 | 越南 | 越南 | 马来西亚 |
| 3 | 马来西亚 | 印度 | 越南 |

续表

| 名次排序 | 按海关货物进出口总额 | 按海关货物出口总额 | 按海关货物进口总额 |
|---|---|---|---|
| 4 | 印度 | 新加坡 | 泰国 |
| 5 | 俄罗斯 | 俄罗斯 | 俄罗斯 |
| 6 | 泰国 | 马来西亚 | 新加坡 |
| 7 | 新加坡 | 泰国 | 沙特阿拉伯 |
| 8 | 印度尼西亚 | 印度尼西亚 | 印度尼西亚 |
| 9 | 菲律宾 | 菲律宾 | 南非 |
| 10 | 沙特阿拉伯 | 阿联酋 | 菲律宾 |
| 11 | 阿联酋 | 伊朗 | 伊朗 |
| 12 | 南非 | 沙特阿拉伯 | 印度 |
| 13 | 伊朗 | 巴基斯坦 | 伊拉克 |
| 14 | 伊拉克 | 土耳其 | 阿曼 |
| 15 | 土耳其 | 波兰 | 阿联酋 |

资料来源：根据《中国统计年鉴 2018》数据整理。

从“一带一路”国家看（见表 11－7），韩国、越南、马来西亚、印度、俄罗斯是中国主要贸易合作伙伴。中国对“一带一路”国家海关货物进出口总额前十位占比为 68.98%，分别为韩国（19.48%）、越南（8.48%）、马来西亚（6.68%）、印度（5.87%）、俄罗斯（5.86%）、泰国（5.58%）、新加坡（5.57%）、印度尼西亚（4.40%）、菲律宾（3.57%）和沙特阿拉伯（3.49%）。中国对“一带一路”国家海关货物出口总额前十位占比为 65.58%，分别为韩国（13.31%）、越南（9.28%）、印度（8.82%）、新加坡（5.83%）、俄罗斯（5.55%）、马来西亚（5.41%）、泰国（4.99%）、印度尼西亚（4.50%）、菲律宾（4.16%）和阿联酋（3.72%）。中国对“一带一路”国家海关货物进口总额前十位占比为 75.50%，分别为韩国（26.62%）、马来西亚（8.16%）、越南（7.55%）、泰国（6.24%）、俄罗斯（6.21%）、新加坡（5.13%）、沙特阿拉伯（4.76%）、印度尼西亚（4.28%）、南非（3.66%）和菲律宾（2.88%）。

从海关货物进出口贸易额增速看（见表 11－8），2017 年，中国对“一带一路”国家进出口贸易增速前五名分别为卡塔尔（46.19%）、黑山（41.10%）、蒙古国（38.85%）、哈萨克斯坦（36.99%）和文莱（35.06%）；出口贸易增速前五名为老挝（43.79%）、哈萨克斯坦（39.46%）、乌兹别克斯坦（36.95%）、亚美尼亚（29.37%）和不丹

(28.75%)；进口贸易增速前五名为东帝汶（438.70%）、也门（297.50%）、马尔代夫（160.92%）、埃及（142.57%）和马其顿（85.61%）。进出口贸易降幅前五名为塔吉克斯坦（-23.24%）、东帝汶（-18.49%）、埃塞俄比亚（-16.84%）、马尔代夫（-7.76%）和白俄罗斯（-5.02%）；出口贸易降幅前五名为塔吉克斯坦(-24.56%)、东帝汶（-19.30%）、埃塞俄比亚（-17.11%）、白俄罗斯（-14.38%）和马其顿（-13.42%）；进口贸易降幅前五名为巴勒斯坦（-61.81%）、叙利亚（-59.13%）、阿富汗（-24.39%）、尼泊尔（-20.32%）和埃塞俄比亚（-14.74%）。

**表 11-8 2017 年中国与"一带一路"国家海关货物进出口总额增速前五名和后五名**

| 名次排序 | 按海关货物进出口总额 | 按海关货物出口总额 | 按海关货物进口总额 |
|---|---|---|---|
| 1 | 卡塔尔 | 老挝 | 东帝汶 |
| 2 | 黑山 | 哈萨克斯坦 | 也门 |
| 3 | 蒙古国 | 乌兹别克斯坦 | 马尔代夫 |
| 4 | 哈萨克斯坦 | 亚美尼亚 | 埃及 |
| 5 | 文莱 | 不丹 | 黑山 |
| 67 | 白俄罗斯 | 马其顿 | 埃塞俄比亚 |
| 68 | 马尔代夫 | 白俄罗斯 | 尼泊尔 |
| 69 | 埃塞俄比亚 | 埃塞俄比亚 | 阿富汗 |
| 70 | 东帝汶 | 东帝汶 | 叙利亚 |
| 71 | 塔吉克斯坦 | 塔吉克斯坦 | 巴勒斯坦 |

资料来源：根据《中国统计年鉴 2018》数据整理。

2018 年，中国外贸高质量发展取得积极成效。海关统计的中国进出口总额 4.62 万亿美元，同比增长 12.6%；出口总额 2.48 万亿美元，同比增长 9.9%；进口总额 2.14 万亿美元，增长 15.8%；贸易顺差3 517.6 亿美元，收窄 16.2%。其中，中国与"一带一路"沿线国家进出口占比达到 27.4%，提高了 0.9 个百分点。

总体上，中国外贸情况呈现出以下亮点：一是规模创历史最好水平；二是贸易结构持续优化；三是外贸新业态发展的营商环境不断改善，外贸发展新旧动能加快转换；四是外贸发展更趋平衡；五是对国民经济、社会发展贡献增强；六是为各国出口提供了新机遇，为各国共享中国发展红利搭建了新平台，为世界经济增长注入了新平台，对全球经济贸易发展发挥重要作用。

# 第三节 “一带一路”建设中跨区域产能合作机制

## 一、“一带一路”建设中的国际产能合作内涵与外延

“一带一路”倡议的推进实施，标志着中国对外开放方向由东向西转变，对外开放重点由引进国外资本、技术等要素向国外转移有竞争力的富余优质产能。进入新常态以来，经济正处于速度换挡期、结构调整阵痛期、前期政策刺激消化期的“三期叠加”，国内市场需求疲弱，部分行业存在产能过剩问题。

针对这一问题，2015年5月国务院印发了《关于推进国际产能和装备制造合作的指导意见》（国发〔2015〕30号，以下简称《意见》）。《意见》指出推进国际产能和装备制造合作，是保持中国经济中高速增长和迈向中高端水平的重大举措，是推动新一轮高水平对外开放、增强国际竞争优势的重要内容，是开展互利合作的重要抓手。《意见》明确了国际产能合作的总体任务，与我国装备和产能契合度高、合作愿望强烈、合作条件和基础好的发展中国家作为重点国别，并积极开拓发达国家市场，以点带面逐步扩展。将钢铁、有色、建材、铁路、电力、化工、轻纺、汽车、通信、工程机械、航空航天、船舶和海洋工程等作为重点行业，分类实施，有序推进。可见，“一带一路”的合作基础主要是国际产能合作。

国际产能合作，主要指一个经济体在其发展和建设过程中，基于其现有的生产要素，包括劳动、资本、技术和资源等禀赋要素的现状和特点，同时结合其参与国际分工和贸易的现实基础和产业现状，并基于各国之间劳动者的技能水平和工作岗位技术复杂度的匹配性原理和要求，在母国的优势产业与东道国的特色产业之间建立起合作的桥梁和纽带，实现国与国之间在基础设施、园区开发、产业发展、制造技术、管理经验等领域的分工与协作，发挥各方的比较优势，推动基础设施共建和产业结构升级，实现优势互补、互惠共赢的战略行为。

开展国际产能合作的原因有很多。一方面，对于广大发展中国家，尤其是“一带一路”沿线国家来说，产业发展普遍处于中低端，城镇化进程开始加快，对基础设施和装备制造的需求十分强劲。另一方面，对于发达国家而

言，经历了数十年甚至是数百年的发展，基础设施老化程度比较严重，需要通过国际产能合作来改善基础设施，从而拉动投资、促进增长。为此，国际产能合作，就是要把各方力量汇聚到一起，发挥各自的比较优势，激发新的生产潜能。

国际产能合作的内涵和外延十分丰富，不仅包括资本跨国流动的合作，也包括人员流动的跨国合作，还包括共建项目的跨国合作，等等。比如，就资本角度而言，国际产能合作并非仅是对外投资，还包括母国将资本创造和技术转让给东道国，通过产业链整体搬迁，帮助东道国积累并创造一定量的产业资本，实现本土工业化的产能合作。在此路径下，参与合作的两国，虽然资本创造先由母国的资本创造部门主导，但最终两国将收敛于相同的资本创造速度。

“一带一路”倡议下国际产能合作的空间范围，以亚欧大陆为核心，可以自然延伸到非洲、拉美和大洋洲。实现国际产能合作，要秉持开放、包容的区域合作理念，坚持共商、共建、共享、共赢思想，秉承合作理念、合作空间、合作领域、合作方式开放和包容的宗旨，积极寻求政策沟通、设施联通、货物畅通、资金融通、民心相通，推进构建人类命运共同体。

## 二、“一带一路”建设中的国际产能合作机制

从理论上讲，国际产能合作要求参与合作各方的能力禀赋与产业基础大致匹配。当国际技术溢出水平较高、本国资本拥挤效应较大时，国际产能合作能够降低本国的产能集聚程度，提高长期资本增长率，提升福利水平。同时，较高的经济增长率，能够稀释资本所有者的财富优势，使本国资本所有者福利的改进要小于普通劳动力的福利改进，最终缩小两类消费者的福利差距。

中国在开展国际产能合作时，需要突破地理条件的不平衡问题。这就要求一方面要结合地理和空间属性，逐层拓展空间边界；另一方面要结合特定的区位和贸易条件，构筑产能合作的贸易廊道。

### （一）国际产能合作的空间边界——五大圈层

第一圈层是以长三角、珠三角、京津冀三大城市群为中心，覆盖各自的“边缘”区域及周边邻近的辐射地带。这些地区在地理区位上大多隶属或者邻近三大城市群的大都市阴影圈以及城市群外围，虽然在国际分工体系中可能

处在边缘性的位置，但由于空间的邻近，产能溢出首先会惠及这些地区。

第二圈层覆盖从东南沿海到中西部地带，即“胡焕庸线”以北的大部分区域。从地理位置上讲，中西部地区与丝绸之路经济带上的产能合作国家地理距离更近，并且伴随着陆上交通通道的拓宽和供给侧的外移，中西部地区的贸易流量将会得到极大提升。东部地区则可以在集中担负起引起、消化、吸收国外先进技术的“二传手”角色的同时，强化自身的区域性金融和服务性平台功能。

第三圈层覆盖从中国到东南亚、南亚、东亚地区，包括越南、老挝、缅甸和印度等国家。目前中国与这些国家产能合作的基础已经具备，同时存在地理邻近优势，应当率先将产能布局于东南亚地区。另外，东南亚地区的人力和原材料价格比中国西部地区更有竞争力。

第四圈层覆盖从中国到东欧和西亚地区，范围可拓展至欧亚大陆的大部分区域，包括俄罗斯、塞尔维亚、伊朗、以色列等。其中，俄罗斯和波兰具有丰富的教育科研基础和高端人力资源，处在欧亚铁路线上，具有地缘优势；西亚地区以伊朗和沙特阿拉伯为代表，拥有丰富的石油资源；以色列在通信、生命科学、IT 及企业软件服务、半导体等行业，具有较强的科技实力。中国具有完整的工业体系，与这些产能各具特色的国家均有合作基础。同时，中国与科研能力较强的国家在产业技术方面交叉合作，能提升企业的科技创新能力。另外，中国与矿产资源丰富的国家开展能源方面的合作，能够拓展中国能源进口的供给渠道。

第五圈层涵盖范围广泛，包括非洲、西欧、美洲等地区。目前中国正在合作共建的园区，虽然以欧亚地区为主，但在非洲已建成埃及苏伊士经贸合作区、埃塞俄比亚东方工业园区、赞比亚中国经济贸易合作区、尼日利亚莱基自由贸易区等经贸合作区。这些经贸合作区不仅满足当地对基建、通信产业的需求，中国企业也能便捷地利用当地的成本和关税减免的优势，分享制造业的红利。

依照五个圈层的次序循序渐进地推进产能合作，更加顺应重塑经济地理格局的客观规律。此外，国际产能合作的空间拓展，需要构筑经济双向流通的空间廊道来连接，并通过串联产能合作的各个圈层来实现。

### （二）国际产能合作的空间廊道——五大廊带

第一条空间廊带对应内陆地区通向南亚的铁路通道，大致以第三圈层为“半径”。以拟建设的“苏州—广西—越南”铁路班列为例，这条班列可以开辟从苏州市到越南，进而辐射东南亚地区的陆上通道。

第二条空间廊带对应长江经济带，覆盖长江流域11个省份，是第二圈层的“主心骨”。通过长江经济带对全球价值链和国内价值链的链接，可以将港口与内陆铁路网进行有效整合。以此为依托，加快区域间的产业承接与转移，推动要素的自由流动，实现产能空间再配置。

第三条空间廊带对应中国通往中亚的铁路班列，贯通第一圈层到第四圈层。目前中国至中亚地区的班列，主要是从新疆维吾尔自治区的阿拉山口、霍尔果斯口岸出境，前往哈萨克斯坦阿拉木图、乌兹别克斯坦塔什干等。如前所述，由于中亚地区大多为内陆国家，在海权主导的国际贸易体系中被严重边缘化，需要开辟陆上通道，将这些内陆国家纳入国际贸易体系。通往中亚的廊带恰好穿越了“胡焕庸线”，可以有效连接“胡焕庸线”的南北区域，加速要素的空间流动。

第四条空间廊带对应中国通往欧洲的班列，是贯通前四个圈层的关键。中欧班列贯穿欧亚大陆，是重塑中国经济地理版图的重要通道。中欧班列的开通运营，大大开创了欧亚物流新通道。一方面，中国各种制造产品通过便捷的中欧班列源源不断地运往欧洲；另一方面，来自欧洲的高档汽车及其配件等高附加值工业品，借助这条大通道短时间即可顺利运抵中国。

第五条空间廊带对应21世纪海上丝绸之路，是将产能合作拓展到第五圈层的重要通道。该廊带是对传统海权主导的贸易格局的再造，有效串联东盟、南亚、西亚、北非、欧洲等各大经济板块。与非洲、南美洲地区开展产能合作适宜沿着这一廊带展开，对重要港口的共建可能是这条廊带成功的关键。

依托“五圈五带”构想，结合中国各区域特定的区位和贸易条件，构筑产能合作的贸易廊道，参与国际产能合作实践，是实现“一带一路”沿线投资贸易一体化和强化全球价值链多边治理以及实现包容性发展的一种新的机制设计。

## 第四节 沿“一带一路”“走出去”的国际产能合作路径

### 一、“一带一路”建设中的国际产能合作的基础准备

国际产能合作能够实现国与国之间的市场一体化与要素共享。同时，通

过技术溢出，能够实现国家之间的协同发展，实现要素在产业部门之间的再配置，从而化解过剩产能，提升国家能力禀赋，释放经济增长潜能。“一带一路”倡议下的国际产能合作，既是遵循国际产业发展的客观规律，将国际需求与国内经济发展动力紧密结合的重要部署，又是应对经济新常态的重要举措。

当前，中国沿“一带一路”的国际产能合作，充分体现了基础设施先行的合作原则。同时，中国在“一带一路”沿线对外合作承包工程的规模，要远大于非金融形式对外投资，带动了以钢铁、有色、建材、铁路、电力、化工、轻纺、汽车、通信、工程机械、航空航天、船舶和海洋工程等为重点的产业。

“一带一路”倡议的国际产能合作，标志着中国对外开放的格局，开始由单一东向开放，全面转向东西双向开放。对外开放的战略重点，也开始由引进国外资本、技术等要素，转变为向国外转移有竞争力的富余优质产能。《意见》出台以来，国际产能合作的总体任务，也开始向与我装备和产能契合度高、合作愿望强烈、合作条件和基础好的发展中国家为重点的国别倾斜，同时兼顾开拓发达国家市场，并且以点带面逐步扩展。

在中央提出国际产能合作之后，吉林省、河北省、辽宁省等地纷纷出台国际产能合作的具体方案。其中，吉林省制订了装备制造和国际产能合作重点项目推进工作方案，推进60个重点项目建设，圈定了俄罗斯、蒙古国等东北亚国家、“一带一路”沿线国家和非洲等为重点区域。河北省也制订了支持优势产能国际合作的若干实施意见，将钢铁、水泥、玻璃、光伏，以及装备制造等优势产业，确定为国际产能合作的重点领域。辽宁省则制订了国际产能和装备制造合作的实施方案，提出了重点行业、企业、产品及项目清单。2019年1月9日，江苏省在深入实施《江苏省推进国际产能和装备制造合作三年行动计划（2016—2018年）》的基础上，为推动江苏省国际产能合作向更高层次、更广领域发展，更好地服务于“一带一路”交汇点建设，特又制订《江苏省推进“国际产能合作深化计划”专项行动方案（征求意见稿）》，要求按照“政府推动、企业主导、市场化运作”的原则，以优势企业为主体，以合作园区为平台，以重大项目为支撑，不断培育和壮大跨境产业链，进一步创新合作模式和推进机制，不断提升合作质量和效益，推动江苏省装备、技术、品牌、服务等全方位“走出去”，通过国际产能合作为开放型经济高质量发展提供有力支撑。

## 二、“一带一路”建设中的国际产能合作的路径实现

### （一）构建“以我为主”的价值链治理体系，与发达国家开展产能合作的多边协调机制，实现包容性发展

首先，中国以“边际产业”承上启下，弥补当前全球价值链的裂缝。一方面，欧美发达国家能力结构普遍集中于技术创新能力与复杂制造能力，与中国产业转型的能力诉求相契合，可依托战略性新兴产业与发达国家的价值链相对接。另一方面，中国巨大的基础制造产能可以溢出给急需工业化资本和技术的国家，与资源型国家相连接。其次，主动“邀请”欧美发达国家共同参与国际产能合作，实现包容性发展，利用多边协调机制互利共赢化解风险。最后，依托产能合作推广中国的技术标准，构建中国技术标准下的全球生产网络，在合作中促进文化、制度交流，强化服务标准输出，完善基于中国技术标准和服务标准的全球价值链治理体系。

### （二）基础设施先行，沿“五圈五带”有序推进国际产能合作

基于地缘战略要求和能力结构匹配的排序，以中西部地区、独联体地区、东南亚地区为战略支点，在开展产能合作的同时，强化交通枢纽建设，为后续圈层有序推进打下基础。实施策略上，一方面，利用沿海地区在产业园区建设运营方面的经验，与东道国共同投资建设产业“飞地”，为优质产能转移构建平台和载体，成为打通廊带的坚实跳板。另一方面，借助国际产能合作的战略机遇期，开展跨境电商综合试验区建设，依照圈层次序逐层推进港口和仓储建设，推动中国的品牌在境外的线下常态化展示和线上直营业务开展。同时，针对中国在一些高新技术领域还缺乏先进的技术、设备、人才以及管理模式的不足，利用产能合作的契机实现“腾笼换鸟”，遵循产业生命周期规律，优先在基础研究、生物医药、IT软件、新能源新材料、航空航天等领域，积极与相关技术强国展开双边合作，引入新的产业塑造发展新动力。此外，依托人民币国际化，塑造新的价值标准，通过强化细分产业的金融话语权，补全金融短板。

### （三）中西部地区加强对复杂设备流水线的引入，提升地区能力禀赋的不可替代性

在国际产能合作中，从东道国获得的底层制造能力会对中西部发展滞后

的地区形成进口替代，有加剧中西部地区产业空心化的风险。为此，一方面，国内需要保留大部分产业关联度高的基础制造部门，尤其是基础工业材料及机械零部件制造企业；另一方面，需要将部分交通运输设备与电子设备的生产线西移，提高中西部地区的能力和禀赋结构，形成不易被替代的特色产业集群。与此同时，作为三大城市群核心的东部地区，要在配置产能过程中提升产业链驱动能力，并在全球范围内集聚高端的创新人才和金融人才。

**（四）多种形式参与国际产能合作，促进国际产能合作提质增效**

在“一带一路”倡议下，中国企业融入当地经济循环，实现国际产能合作的形式有多种。一是进入资源品初级加工和深加工行业，并基于东道国收入较低、内需较小的市场，直接把支撑东道国经济增长和发展的拉动力，重点转向依靠西方发达国家的国际市场。如一些中资企业进入中亚和非洲地区的资源品市场，先从事简单的资源品开采和加工，再将加工产品销往发达国家。二是进入纺织和服装等劳动密集型行业，利用当地具有比较优势的生产要素，尤其是物美价廉的劳动力禀赋资源，结合自己所掌握的代工技术，进行产品加工和“贴牌”生产。如一些中资企业为了应对国内日益上涨的原材料上涨和要素成本的压力，将一些代工工厂转移到越南、埃塞俄比亚、波兰等国家从事“贴牌”生产和转口贸易。三是参与当地的基础设施建设，即沿着“一带一路”“走出去”的一些中资企业，利用东道国引资的环境，营造优惠政策的“洼地”效应，形成局部优化的投资环境，通过与当地政府共建各类经济开发区和工业园区，直接参与当地政府招商和加工贸易活动。

## 第五节　“一带一路”建设中的产融合作与产能合作

### 一、发挥区域叠加效应，有机嵌入总体布局

国家战略性区域规划从来就不是孤立的，而是整体的、联动的。目前，国家级区域战略规划主要包括 4 个方面：一是国家级新区（副省级新区）；二是跨省域的大区域规划；三是省区区域规划；四是国家综合配套改革试验区。例如，向西有“西部大开发”战略、东北有“东北振兴”战略、首都圈有“京津冀协同发展”战略、东部沿海有“长江三角洲区域一体化发展”战略、

向南有“粤港澳大湾区建设”战略等。“一带一路”倡议则通过国内多区域联动，全球范围内以亚欧大陆为核心，自然延伸到非洲、拉美和大洋洲，扩大对外开放空间格局。

各地区在依托“一带一路”建设实现国际产能合作时，应发挥各类大战略区域的区域叠加效应。不同的区域战略规划范围与战略目标存在差异，注重整合各类战略内核，注意各类战略的层次，发挥在各类战略中的协同作用。例如，江苏省作为“一带一路”在中国东部沿海地区的交汇点，在推进“一带一路”交汇点建设中，应站在推动长江经济带发展、长三角一体化发展等战略叠加区的高度，在将原来主要向东开放转变为向东和向西双向开放的大背景下，肩负起新开放格局支点的重任，在与“一带一路”跨区域国际产能合作对接中，充当中转器和转换器的“调节阀”，在长江经济带建设中拓展内陆与沿边开放的深度和广度，同时探索和实现长江经济带沿江城市与腹地纵深城市之间的产业双迁模式，在长三角区域一体化发展中，着力推动更高质量的一体化发展，加快形成陆海统筹以及东中西互联互济的全方位对外开放新格局。

地级市参与国际产能合作实践时，应发挥节点作用，嵌入总体布局。例如，苏州市一方面要采取各种政策措施推进“苏满欧”等国际班列发展，另一方面要积极整合国际国内资源，协同推进苏州市“一带一路”核心节点城市布局。苏州市要在研究、拓展现有以“苏满欧”等国际班车为代表的运输模式基础上，探索南下运输线路的发展，加快推进实施以太仓港为重点的苏州市港口群布局规划。在推进海上运输通道时，注重深化与21世纪海上丝绸之路重要节点港口合作，建立、拓展与“一带一路”沿线新开辟的港口的业务合作。此外，苏州市应加快与国内“一带一路”沿线枢纽城市在更宽领域、更高层次上进行合作。在“一带一路”规划中，乌鲁木齐、满洲里、连云港、重庆、西安等城市都是极具重要战略意义的节点城市，也是苏州市未来在“一带一路”建设中的重要合作伙伴。苏州市应充分研究现有沿线沿路节点城市的政策和规划，同时要加强与对方的沟通与协作，寻找合作契机，嵌入总体布局。

## 二、强化各类金融保障，完善专项基金体系

实现“一带一路”这一宏伟蓝图，需要强有力的金融支持。在目前“一带一路”融资框架体系中，通过基金形式融资要优于银行融资模式。成立

“一带一路”国际合作基金，特别是丝路各专项基金，包括国际产能合作专项基金、国际人才交流专项基金、文创专项合作基金等，是利用中国资金实力，支持“一带一路”建设的重大举措。

推进“一带一路”建设，要发挥已有的“一带一路”基金的作用，扩大专项基金规模，适时增加专项基金的种类以构建完备的“一带一路”专项基金体系，为更好地开展“一带一路”国际宽领域、多方面的合作提供金融保障。另外，要吸引产业资金以及各类地方政府和机构配套基金投资“一带一路”建设。产业投资基金是引导社会资金投向实体经济的主要手段和平台载体。“一带一路”沿线省份可推出地方版丝路基金及其他类型基金以参与“一带一路”建设。

例如，江苏省政府已经开始提供相关金融支持。江苏省政府印发的《江苏省关于创新财政支持方式促进经济健康发展若干政策措施》（苏政发〔2015〕72号），提出设立政府投资基金促进经济转型升级，明确“一带一路”投资基金规模2015年首期30亿元，2017年达到100亿元，2020年达到300亿元。该基金的设立，能够发挥财政资金杠杆作用，放大财政资金效应，拓宽发展外经贸经济的融资渠道，这将对江苏省企业融入“一带一路”建设提供重要的资金来源。苏州市政府可以成立地区专项丝路基金，帮助企业对外投资。丝路基金成立的目的在于，为“一带一路”沿线国家和地区的基础设施建设、资源开发、产业合作等有关项目提供投融资支持，弥补各国在基础设施建设等领域存在的巨大的资金缺口。通过以股权为主的多种市场化方式，投资于基础设施、资源开发、产业合作、金融合作等领域，促进双方共同发展、共同繁荣，实现合理的财务收益和中长期可持续发展。

此外，要成立政策性担保基金，用于境内民营企业优先开展针对“一带一路”沿线国家对外贸易融资担保，还要鼓励“一带一路”沿线国家主权基金参与共建“一带一路”国际合作基金，以强化“一带一路”建设中的金融保障作用。

### 三、本土企业强强联合，共享贸易投资机遇

为了更好地服务于“走出去”，各地区要依托自身产业优势，并利用西方国家经济不景气的机遇，构建强有力的处于产业价值链、创新价值链高端地位的跨国公司，尤其是民营性质的跨国公司，鼓励民营企业进入行为，通过收购兼并行为形成资产集中和集聚态势，积极参与全球价值链重塑，提升企

业在全球价值链中的分工地位。同时，要依托“一带一路”塑造“以我为主”的包容性全球价值链，实现企业对全球价值链的双重嵌入，争夺“链主”地位，实现对“一带一路”沿线国家间的双赢合作，进而扩大东西双向开放空间范围。

各地区政府、商会、企业协会可以收集“一带一路”沿线国家急需发展的项目工程和国内具有境外投资实力的大企业相关信息，通过企业协会牵头联系全国范围内的有关企业，商讨建立境外投资合作平台，推动建成包含多种业务类型的大型民企投资集团。另外，制订相关优惠政策，鼓励、支持、引导有资质的本地大型企业集团到境外投资，建立全国范围内的企业境外投资交流合作平台，推动本土各行业的优质企业强强联合，共享贸易投资机遇。

依托产业园区建设经验，传统制造业、纺织服装等领域的比较优势，并通过本土企业的强强联合，形成有竞争力的本土企业集团，可以使企业在承接海外投资项目、兴建产业园区时能系统性的拓展市场空间。本土企业联合，以“民企航母”的姿态开疆拓土，部分企业贡献专业技能，诸如评估项目风险、盈利空间，以及跨国项目合作与管理；部分企业参与国内外资本市场运作，为某些工程项目提供资本支持，企业集团齐头并进，更好地参与“一带一路”宏伟蓝图建设。

## 四、积极开展产能合作，推动园区模式输出

对外开展园区共建是企业“走出去”的重要内容和载体。积极与“一带一路”沿线国家和地区合作共建园区“飞地”，可促进实现“腾笼换鸟”式的产业升级和经济的高质量发展。在援建模式、托管模式、股份合作模式3种主流模式基础上，创新“飞地”园区开发模式，以促进国内优质产业园区理念、制度及经验更好地“走出去”。此外，还要积极探索境外产能合作园区“重资产投资运营”和“轻资产管理输出”的有效模式，推进境外园区提质增效。鼓励、支持、引导国内企业前往境外园区投资办厂开展生产，促进国内“总部经济”和境外园区“工厂经济”的协同发展。

国内企业应在对沿线节点城市的经济结构、社会文化和发展需求等各方因素充分考察后，对接对方产业需求，科学规划境外投资项目。发挥自身园区建设和管理的比较优势，着力为“一带一路”沿线国家发展集聚经济提供一揽子解决方案，帮助沿线国家实现产业发展与升级需求。推动企业联合当地合作伙伴高水平合作开发第三方市场，实施一批市场潜力高、带动性强的

重大产业合作项目，打造一些具有代表性的产业与物流合作示范园区、转口贸易基地、海外仓等合作平台，将“一带一路”经贸合作落到实处。

“园区经验”的海外输出，未来必将为中国带来众多“园区飞地经济”，也为当地培育新的经济增长点，实现互惠互利的和平发展理念。“一带一路”沿线国家大多经济发展水平起点比较低、劳动力成本低、对外贸易结构简单，许多国家的产品在国际市场上面临的贸易政策壁垒和关税较低。中国纺织服装、加工组装等劳动密集型企业尤其应抓住机遇，在沿线节点城市寻找合作伙伴，及早布局于当地的产业园区。这样，一方面，中国劳动力密集型企业将受益于当地的成本比较优势，规避相关产品欧美市场的贸易壁垒和关税；另一方面，也为当地创造大量就业，促进东道国经济发展。

## 五、深度融入当地社会，树立良好品牌形象

企业在“走出去”的过程中，一方面，要规避各种不可控的风险；另一方面，要遵守当地法律法规，按照市场规则守法诚信经营，强化企业的社会责任意识。

针对“走出去”过程中可能面临的风险，中资企业应对东道国行业、产品种类和市场进行必要的论证，寻找和扩大项目的各方利益汇合点。“走出去”的企业应联合当地企业、西方企业以及相关的国际机构，构建多方利益的命运共同体，减少外界猜疑、阻力和政治风险。通过结成命运共同体，不仅能有效避免当地因宗教、风俗和法规造成的困难，而且能实现风险共担、收益共享。

国内民营企业融入东道国市场，要塑造能够对接国际商业规则和国际标准的企业制度，打造国际化品牌，通过高质量的产品，提高东道国乃至世界各国对中国“走出去”企业的品牌认知度，以更好地融入东道国市场乃至国际大市场的竞争。

## 六、经济文化良性互动，彰显文化软实力

“一带一路”倡议，旨在借助历史符号，高举和平发展的旗帜，积极与“一带一路”沿线国家和地区发展经济合作伙伴关系，共同打造政治互信、经济融合、文化包容的利益共同体、命运共同体和责任共同体，实现沿线各国多元、自主、平衡和可持续发展。

中国经济文化的发展始终离不开国内外的交流合作。未来要想实现与“一带一路”沿线国家在更高层次、更宽领域的经贸合作，应借助“丝路文化”的主题，实现文化交流与经贸合作领域并举。

首先，各地应把自身发展与“一带一路”沿线城市的文化交流，作为促进了解和增进合作的抓手。“一带一路”旅游路线的开辟与挖掘，将是提升和促进自身旅游业发展的重要机遇。例如，苏州市可以“一带一路”建设实施为机遇，整合苏州市本地丝绸文化、园林和古镇文化资源，规划设计旅游线路，打造“一带一路”旅游品牌。

其次，通过缔结友好城市，搭建人文、教育、经贸等定期交流合作的综合平台，增进各地与“一带一路”沿线城市人民之间的理解与友谊，推动在更宽领域、更高层次的合作发展，建立以互惠共赢为核心的新型伙伴合作关系。

最后，利用高校这一平台进行深度文化交流，增加城市间的认同感。一方面，要积极推动国内高校国际化，吸纳“一带一路”沿线国家的留学生；另一方面，要尝试在境外设立相应的教育基地。通过招收留学生、境外办学等方式，提高沿线城市高级人才对中国的认知度和认同感，减少文化壁垒，增进未来合作交流的可能性和持续性。

**作者：**吴福象　南京大学长江产业经济研究院研究员，
南京大学商学院教授、博士生导师

# 第十二章　推进江苏省开放高质量发展研究

党的十九大报告做出了“我国经济已由高速增长阶段转向高质量发展阶段”的科学论断。改革开放40多年来，开放型经济在中国经济高速增长中扮演着“牛鼻子”的重要角色。江苏省作为中国开放型经济发展大省，开放发展的“牛鼻子”角色显然更加突出。当前，江苏省经济正处在由高速增长向高质量发展跨越的重要关口，因此，作为经济社会重要组成部分和内容的开放型经济，必须通过自身的转型才能继续发挥引领作用，即江苏省开放型经济本身就面临着从高速增长向高质量发展跨越的重要关口。实际上，率先推动江苏省开放型经济从高速增长转向高质量发展，不仅对于适应和引领其经济“转变发展方式、优化经济结构、转换增长动力”具有重要战略意义，而且为我国开放型经济高质量发展继续谱写江苏省篇章，进而对全国其他地区开放型经济转向高质量发展，也可以提供经验借鉴。那么何为高质量开放型经济发展，或者说高质量开放型经济具有哪些基本特征，江苏省开放型经济目前是否具备这些特征，发展高质量开放型经济需要具备什么要素条件，采取怎样的举措才能促进江苏省开放型经济转向高质量发展？这是值得我们认真思考和深入探讨的课题。

## 第一节　平衡和充分：江苏省发展高质量开放型经济的基本特征和方向

从经济学理论意义上来说，高速增长容易理解而且在统计上也比较容易把握和核算，但“高质量”是一个看似简单却不易准确界定的概念。虽然有关高质量发展的讨论较多，甚至有文献专门从经济学角度解读了高质量发展问题，但理论和实践工作部门对包括开放型经济高质量发展尚没有给出一个统一的界定。我们认为，从发展的阶段性特征看，对高质量开放型经济的内涵和特征，可以结合党的十九大报告中的相关表述加以理解。

党的十九大报告提出："中国特色社会主义进入新时代，我国社会主要矛盾已经转化为人民日益增长的美好生活需要和不平衡不充分的发展之间的矛盾。"对社会主要矛盾的科学判断，意味着经过多年的高速经济增长，我国已经甩掉了"落后的社会生产"这顶帽子，人民"需要"也自然转向对更高层次的"美好生活"的追求。但矛盾在于，当前阶段我国不平衡不充分的发展并不能满足人民日益增长的美好生活需要。因此，必须顺应需求升级，在供给层面做出调整和变革，朝着更加平衡和更加充分的方向发展。与以往主要以高速增长为主要特征的开放型经济发展相比，新时代高质量开放型经济发展将呈现以下几方面的主要特征。

## 一、外部市场更加多元

多年来，全球经济重心和需求市场主要集中在发达经济体。我国作为一个发展中国家，融入经济全球化过程中，主要依托欧美日三大发达经济体的强劲市场需求以拉动国内经济增长，这具有一定的合理性和必然性。在外部环境相对宽松、稳定的条件下，外需市场的过度集中和对部分外需市场的过度依赖不会发生显著的风险和冲击。一旦外部环境趋紧或者恶化，国内经济就会遭受较大的冲击。比如，2008 年发端于美国的全球金融危机，导致国际市场需求大幅下滑，我国出口贸易遭受巨大冲击。在当前诸如美国等发达国家日益严重的逆经济全球化浪潮冲击下，我国经济发展同样面临着巨大的压力。幸运的是，伴随一大批新兴经济体的崛起，全球经济格局正在发生"东升西降"的变化，这无疑为我国实施市场多元化战略奠定了重要基础。相信伴随我国"一带一路"建设的不断推进以及各类自贸区等扩大开放平台的构建，未来的我国开放型经济发展从外部市场角度看，必将趋于更加多元化的发展格局。

从上述意义看，在我国改革开放大背景下发展起来的江苏省开放型经济，距离高质量发展所要求的"外部市场更加多元"特征尚有差距。例如，江苏省作为中国开放型经济发展大省，主要是融入跨国公司为主导的全球生产分工体系，生产主要是面对发达经济体的市场需求。从而在开放型经济发展的对外空间格局上，形成了以欧美日等市场为主，其他国家和地区的市场为辅的布局特征。以江苏省出口贸易为例，虽然近年来伴随着出口市场多元化发展，江苏省对其他国家和地区的出口份额呈增长之势，但欧、美、日三大传统市场仍然在江苏省出口贸易中占据半壁江山。统计数据显示，2015 年江苏省货物出口总额为 3 386. 68 亿美元，其中向欧、美、日三大传统市场的出口额为 1 670. 21 亿美元，占比高达 49. 31%。从江苏省境外投资利用情况来看，来源地主要是香港特区、澳门特区和台湾地区等地，来自欧、美、日等发达经济体的外资比重不高。这也形成了另一种“不平衡”。因此，促进对外开放空间结构的平衡发展成为江苏省开放高质量发展的重要内容。

## 二、区域发展更加协调

改革开放之初，在经济底子薄、生产要素缺乏等条件下，我国发展开放型经济只能走“集中力量办大事”的道路，促进资源和人口不断向更便于承接加工贸易的沿海地区流动和集聚。东部沿海地区通过打造低成本“洼地”效应实现了开放型经济的巨大发展，但中西部地区的开放发展则显著滞后，东部地区与中西部地区之间收入分配差距不断扩大。这不仅有悖于我国实施改革开放实现“共同富裕”初衷，同时也制约了通过区域间分工合作以提升整体竞争力的能力。近年来，我国开放型经济发展的外部环境日益趋紧，一方面表现在美国等发达国家贸易保护主义的抬头及其对多边经贸规则的践踏，另一方面表现在来自于其他更具有低成本优势的发展中国家竞争日益激烈；国内各种生产要素价格进入集中上升期致使传统比较优势正逐步丧失。

与全国层面的区域结构失衡类似，即便是在东南沿海开放型经济发展相对发达的地区，如江苏省，同样存在着内部区域失衡问题，突出表现为苏南、苏中和苏北区域发展差距较大。近年来，苏中和苏北地区的对外开放速度虽然明显加快，但是经济外向度与国际经济、技术、信息交流的速度和质量仍然比较低。统计资料表明，苏南地区的进出口规模在江苏省的占比一直维持在 80% 以上，2015 年全省货物贸易出口总额为 3 386. 68 亿美元，其中苏南、苏中和苏北三个区域的出口额分别为2 833. 23 亿美元、369. 13 亿美元、184. 31 亿美元，占比分别为 83. 66%、10. 89%、5. 43%。在利用外资上，2015 年全省实际利用外资 243. 29 亿美元，其中苏南、苏中和苏北 3 个区域实际利用外资额分别为 155. 63 亿美元、42. 3 亿美元、45. 36 亿美元，占比分别为 63. 96%、17. 38%、18. 64%。很明显，要实现技术开放高质量发展，区域协调发展是重要内容。

## 三、产业结构更加合理

我国前一轮开放主要发生在制造业领域，主要以“低端嵌入”的方式融入全球价值链分工体系，服务业领域开放相对不足。这一开放模式在推动我国中低端制造业产业领域的规模扩张上取得了显著成就，但在高端和先进制造业领域发展方面相对滞后。主要表现为制造业和服务业发展的不协调；产业内中低端制造业和高端先进制造业发展不协调；高品质产品优势依然缺失等。促进我国产业迈向全球价值链中高端，是未来一段时期内开放发展的重要战略目标。促进我国产业迈向全球价值链中高端，不仅是要在制造业产业内实现价值链攀升，还要在制造业和服务业之间实现产业链升级，更要在产品品质链上实现攀升。换言之，制造业产业要从传统的中低端劳动密集型向资本和技术密集型的中高端攀升；服务业需要通过融入全球价值链分工体系从而在开放竞争中实现发展尤其是高端化发展；出口产品品质得以逐步提升，最终在产业结构上实现更加合理的发展格局。

作为我国开放型经济发展大省，江苏省的情况其实就是全国情况的一个缩影，产业结构亟待优化升级问题，在江苏省同样表现突出。在快速而全面地融入全球价值链分工体系，江苏省产业尤其是制造业获得了长足发展，由此奠定了出口贸易的基础。但是总体而言，江苏省产业在全球产业链分工中，仍然处于中低端。比如，从制造业产业内部结构看，虽然传统制造业产业比重呈逐年下降趋势，但由于其基数较大，整体规模在整个制造业产业中所占比重依然较高，并且多集中于纺织、运输设备制造、通用设备、黑色金属冶炼等制造业产业；从出口产品结构层面看，伴随产业结构的优化升级，出口产品结构也得到了一定的优化，突出表现在机电产品、高新技术产品出口份额，尤其是高新技术产品出口中的计算机与通信技术产品出口额比重日益提高。但是，名义上的出口产品结构和技术含量，并不代表一国或地区的真实出口技术结构和含量，因为在全球价值链分工体系下，最终出口产品层次的提升，完全可能是因为内含了进口的高端环节，典型表现就是加工贸易中专业化于劳动密集型等低端环节，只不过由于进口了高技术含量的中间品，从而最终出口产品表现为高新技术产品。江苏省加工贸易一直占据着国内市场半壁江山，在一定程度上反映了上述事实特征。实现江苏省制造业向价值链高端攀升，现代服务业加快发展，成为江苏省开放型经济高质量的努力方向。

## 四、开放模式更加均衡

在全球价值链分工条件下，通过“引进来”和大力发展加工贸易的方式快速融入全球价值链分工体系，实现开放型经济的快速发展，在特定背景和发展阶段具有历史必然性和合理性。但是，开放型经济原本是一个既有“引进来”又有“走出去”的双向循环系统，高质量的开放型经济发展更应该是“引进来”和“走出去”并重的开放发展模式。近年来，伴随着“走出去”战略的实施，江苏省企业“走出去”的步伐正在加快。相关统计数据表明，江苏省在继续保持着利用外资大省地位的同时，近年来对外直接投资的步伐也在加快，初步显示江苏省开放型经济正在朝着“引进来”和“走出去”更加均衡的发展模式方向演进。可以预期的是，伴随着江苏省本土企业的不断成长、省内产业结构的不断调整以及比较优势的动态变迁，将会有越来越多的江苏省企业大踏步地“走出去”，江苏省开放型经济将趋向“引进来”和“走出去”并重的高质量发展模式。

## 五、开放领域更加宽广

虽然前一轮开放中在制造业领域的开放相对较快且相对全面，但某些先进制造业领域我们仍然有所保留，比如，新能源汽车领域、航空发动机的生产和维修领域、高端船舶制造业领域和设计研发环节等。开放领域从传统制造业领域不断向先进制造业和服务业领域拓展、深化，是新时期我国扩大开放的重要战略取向。正如习近平总书记指出的，“过去40年中国经济发展是在开放条件下取得的，未来中国经济实现高质量发展也必须在更加开放条件下进行。中国开放的大门不会关闭，只会越开越大”，而其中“大幅度放宽市场准入”正是扩大开放所采取的重大举措之一。这不仅是顺应经济全球化深入发展大势的需要，也是我国发展高质量开放型经济的必然要求。在此背景下，江苏省开放型经济扩大开放领域，是率先走上高质量发展的必由之路。

## 六、开放动力更趋创新

在全球价值链分工条件下，由于生产环节和阶段的全球分解，以及生产要素跨国流动性的增强，国与国之间的分工界限从传统的以产品为界限的分工模式，转变为以要素为界限的分工模式，即所谓的要素分工。以要素为边界的国际分工意味着各国依托优势要素参与国际分工，江苏省前一轮开放所依托的优势要素就是丰富而廉价的劳动力等初级要素禀赋优势。通过低成本要素优势吸引了发达国家跨国公司的资本和技术的流入和集聚，从而形成了庞大的制造业生产能力和出口能力。这种增长方式本质上看属于要素驱动型。但随着包括劳动力在内的各种初级要素成本不断提高，要素驱动的发展模式面临可持续难题，转向创新驱动是必然方向和选择。一方面，伴随经济发展阶段的变化，要素禀赋结构自身在不断朝着高级化方向演化，为创新驱动发展奠定了要素基础；另一方面，发展环境的变化倒逼企业必须转向创新驱动。

## 七、开放制度更加完善

江苏省开放型经济发展取得的伟大成就，不仅与开放战略有关，同时还与为适应开放发展的需要而进行的一系列改革有关，即所谓开放倒逼改革。而改革的实质就是制度变迁。平心而论，江苏省开放型经济的高速发展，很大一部分原因要归功于江苏省尤其是苏南地区“先行先试”。“先行先试”下的改革深化，再加上优惠政策支持等，激发了内外资企业的投资热情。加上城乡二元体制松动促进了农村劳动力的流动，使大量隐性“失业”劳动力转化为现实生产要素成为可能。更为重要的是，优质低廉的劳动力供给，加之各种优惠政策的吸引，正好迎合了国际产业转移的特点。众所周知，跨国公司主导的产业和产品价值增值环节的国际梯度转移，实质是就是跨国公司的资本和技术，追逐并与东道国和地区廉价劳动生产要素相结合，以降低成本和提升全球竞争能力。由此也带动了本土相关企业尤其是配套企业的发展。因此，大体来看，江苏省前一轮外向型经济发展的活力，主要来源于利用低成本生产要素优势，形成了所谓生产要素和投资驱动的外向型经济发展模式。

伴随开放型经济发展阶段的变化，需要有与之相适应的更为完善的制度环境和条件。当前在经济全球化格局和形势出现重要改变背景下，全球经济规则正在朝着高标准方向发展，为适应开放发展的新阶段和新变化，我国开放型经济发展必然进一步从政策开放转向制度开放，开放发展的制度环境将更加趋于完善。比如，中共中央在客观判断当前我国开放型经济发展面临的新形势、新挑战和新任务的基础上，毅然提出要统筹开放型经济顶层设计，通过加快构建开放型经济新体制以进一步破除体制机制障碍，并于2015年9月发布了《中共中央　国务院关于构建开放型经济新体制的若干意见》，以进一步完善我国开放型经济发展的制度环境。在此背景下，构建更加完善的江苏省开放型新体制，不仅是适应新趋势的需要，更是发展高质量开放型经济的制度需求。

### 八、产业体系更加自主可控

江苏省前一轮开放型经济发展，主要是被动融入发达国家跨国公司主导的国际分工体系，因而在发展过程中既没有自主能力，也缺乏控制能力。当需求不对等从而使产业发展的"需求支撑"主要依赖部分发达经济体市场时，产业发展在需求层面就会丧失自主可控能力；当我们在全球价值链的专业化分工中，承接的主要是通用性和一般性生产环节和阶段，缺乏核心部件的生产能力以及未能掌握关键和核心技术时，产业发展从供给层面同样会丧失自主可控能力。高质量开放型经济发展绝非是一种"受制于人"的发展模式，一定是自主可控的发展模式。何况，制造业是江苏省经济的命脉和根基，是经济发展高质量的重中之重，必须加快构建自主可控的制造业体系，全面提高江苏省制造业发展质量，让江苏省产品成为全国乃至全球优质制造的标志，让江苏省产品成为国内外市场上备受欢迎的优质产品。应该说，随着本土市场规模的不断扩大、外部市场的多元化发展以及国内技术进步的加快和研发创新能力的提升，无论是需求层面还是供给层面，江苏省开放型经济都正在朝着更加自主可控的高质量方向演进。

## 第二节　匹配性升级：江苏省发展高质量开放型经济所需要的要素条件

开放型经济的不同发展阶段，所依托的支撑要素不同。在追求高速增长的发展阶段，主要依托大量要素投入所形成的要素驱动；而在转向高质量的发展阶段后，要素投入的重要性依然不容否认，因为即便是创新要素的形成也需要投资支撑，但所依托的侧重点将发生本质变化，即更加注重要素质量和层次，从而形成创新驱动的发展模式。应该说，江苏省开放型经济发展只有转向以创新为主要驱动力后，才能解决以往发展中的"不平衡"和"不充分”问题。要正确理解和把握高质量开放型经济所需要的实现条件，还必须明晰全球要素分工条件下一国发展开放型经济核心竞争优势的主要来源。因此，从理论上阐释要素分工条件下竞争优势的要素及其作用发挥条件问题，并据此总结江苏省过去开放型经济发展高速增长的有效经验，有助于寻求新时代开放型经济高质量发展所需的真实要素条件。

有关要素分工的研究指出，各国拥有什么样的优势要素是核心竞争优势的来源，各个国家或地区依据各自的优势要素，在要素分工中选择和发展合适的工种和层次。但现有研究对生产要素的关注还只是侧重生产层面，即主要强调对生产要素优势的分析，忽略了非生产要素。实际上，影响一国竞争优势来源的不仅包括能够计入生产成本的各种资源，还包括影响投资和经营但难以计入生产成本的外部因素。因此，当我们从宏观角度来探讨一国开放型经济竞争优势时，尤其是承认优势要素是一国开放发展的核心竞争优势主要来源和依托时，对生产要素及其相互作用关系（如要素组合形成的生产函数）的分析，就不能仅仅局限在传统生产要素范畴，必须对生产要素的范畴和外延进行拓展分析。

## 一、要素观具有拓展演变性质

从经济学发展的历史脉络和实践演变来看，生产要素的范畴和外延确实经历了不断拓展的发展过程。比如，经济学开山鼻祖亚当·斯密遵循劳动价值论，认为一切产物都是生产性劳动的结果，因此在本质上属于单一生产要素观。之后，关于生产要素的范围不断向两种、三种乃至更多种类方向和范围拓展，不仅包括劳动、资本和土地等传统要素，还包括管理、技术和人力资本等。科斯曾指出：“我们会说某人拥有土地，并把它当作生产要素，但土地所有制实际上所拥有的是实施一定行为的权利。”这一表述意味着生产不仅仅是“生产要素”的投入问题，同时也是使用生产要素的权力和条件问题。因此，宏观层面的分析不仅应涉及直接投入生产过程的生产要素，还应当考虑会影响生产要素投入和使用的各种因素。沿着上述方向和思路进行拓展出来的生产要素范畴和外延，可以称为广义生产要素。因此，为了分析方便，我们将包括资本、劳动、土地、技术等直接投入生产的要素称为传统狭义生产要素，而将包括影响要素投入和使用的制度因素、市场规模因素、生产配套能力因素、区位因素以及开放度因素等称为广义生产要素。

## 二、优势要素作用发挥离不开“要素匹配”

在全球要素分工条件下，狭义上的生产要素质量层次和水平，通常是决定开放型经济核心竞争优势和发展质量的根本因素，但优势要素的相对丰裕度只是必要条件而非充分条件，其作用的发挥还要受广义层面上其他生产要素的影响。一个典型的事实就是，江苏省开放型经济获得的巨大的“人口红利”，不仅仅是低成本劳动力优势带来的，还与发挥低成本劳动力优势所需的其他支撑要素密切相关。试想，在江苏省开放型经济实现快速增长之前，丰富廉价的劳动力禀赋优势已经存在，为何未能转化为“人口红利”？为什么真正的高速增长和“人口红利”发生在改革开放的大背景下？答案是显然的，那就是“改革”和“开放”为发挥劳动力要素禀赋优势提供了必要的要素支撑。比如，非均衡的区域发展战略，使得东部沿海等地区的区位优势得以充分发挥，尤其是在承接对“冰山成本”较为敏感的加工贸易中沿海的区位优势就特别重要；城乡二元体制松动的改革，确保了农村闲置的大量乃至接近于“无限供给”的劳动力源源不断地流向城市尤其是东部沿海城市；依托各种开发区、加工园区等平台实施的优惠政策等制度安排，不仅为初级要素集聚提供了载体，而且也进一步夯实了低成本优势的基础；不断扩大开放尤其是大力引进外资，使得低成本劳动力等初级要素能够真正进入生产领域从而转化为现实比较优势，等等。这些都是江苏省开放型经济取得高速增长成就的关键要素。由此可见，市场经济取向的“改革”和积极融入经济全球化的“开放”，是确保优势要素能够将“优势”真正得以发挥的关键所在。从更为宽泛的生产函数角度说，“改革”和“开放”就是在培育和创造生产过程中所必须具备的某种或某些广义上的生产要素。原有狭义上的“生产要素”即所谓的优势要素，也只有在与这些广义上的“生产要素”进行组合形成新的生产函数时，才会真正形成参与经济全球化的核心竞争优势。应该看到，优惠政策、差别待遇、非均衡的区域战略，以及渐进的开放政策、外需拉动等，既契合了低成本比较优势的现实需要，也迎合了全球制造业中低端生产环节国际梯段转移的需要。这正是江苏省开放型经济前一轮快速发展的基本逻辑。但在充分肯定江苏省开放型经济发展的巨大成就的同时，也要冷静地看到这一特殊发展模式所带来的诸如前文所述的“不平衡”和“不充分”问题。新时代对开放型经济提出了高质量发展的新诉求，为此需要有与高质量发展相适应的要素支撑体系。概括而言，发展高质量开放型经济所需要的支撑要素，不仅包括高端的狭义上的生产要素，更需要打造与之相适应的高水平的广义上的生产要素。

## 三、高质量开放型经济需要高质量的狭义生产要素

从传统的狭义生产要素角度看，与高速增长所依赖的一般劳动力等初级要素不同，高质量发展更加依赖于技术、知识和人力资本等高级生产要素。与初级生产要素不同的是，处于较高层次上的诸如技术、知识和高端人才等高级生产要素，同一种生产要素上的横向差别会变得越来越大，比如，不同生产领域的专业技术人员的异质性会越发明显，不同行业领域的技术和知识的专用性也会越发突出，在分工中的重要性以及所能获取分工收益的能力都会日益显著。与之相伴随的是，此类高级生产要素的职能由于日益专业化而逐渐演变为专用性资产。因此，与初级要素所具有的通用性特征不同，依托高级要素参与的国际分工层次，会存在着较高的“进入壁垒”和“退出壁垒”，无论是从竞争优势的获取还是由稀缺要素所决定的要素收益能力来看，由此推动的开放型经济发展都更加具有高质量特征。与主要依托初级生产要素发展开放型经济会产生“不平衡”和“不充分”的内在缺陷不同，依托高级生产要素更加有利于推动开放型经济朝均衡和充分层面发展。比如，高级生产要素本身就具有创新特征，因此以此为依托的开放型经济发展必将更具创新驱动特征；高级生产要素是推动产业结构升级的基本力量，因而有利于促进产业结构的优化；高级生产要素由于有助于专业化与更高层次的国际分工，因而更有能力拓展和延长价值链，从而形成区域间的协调发展；依托高级生产要素的企业具有更加难以模仿的竞争优势和垄断优势，从而更有实力“走出去”，在江苏省区域层面上则意味着更有利于发展双向循环的开放型经济，等等。总之，发展高质量的开放型经济需要高级生产要素作为基本的支撑条件。

## 四、高质量开放型经济需要要素的“匹配性”升级

从广义生产要素角度看，高质量开放型经济发展不仅需要有与之相适应的高级狭义生产要素，同样还需要有与之相匹配的高级广义生产要素。换言之，即需要有能够将优势高级生产要素转化为现实比较优势的条件。与优势高级生产要素本身相比，在开放型经济进入高质量发展阶段后，高级广义生

产要素的作用将更加显著。这是因为，开放型经济转向高质量发展，不仅仅是经济增长方式和增长路径发生了转变，更是一个体制改革和机制转换的过程。开放型经济由高速增长转变为高质量发展，必须基于新发展理念进行新的制度安排。比如，在原有的政策优惠空间已经消耗殆尽之际，尤其是对于只适用于成本敏感型生产要素的政策优惠，对于成本变化不太敏感的高级生产要素来说，其吸引力和作用力都将大大弱化，因此必须通过新的制度安排以释放高级生产要素的活力和动力。此时，更加完善的制度安排，国际化、法制化和市场化的营商环境，更具有规模优势的本土市场等，对于高级生产要素的培育、集聚乃至发挥其应有的积极作用和激发其创新性活动，具有决定性作用。

全球要素分工的一个突出特征就是要素跨国流动性日益增强，但不同生产要素的跨国流动性仍然有强弱之别。相比而言，诸如技术、知识、信息以及高端人才等高级生产要素的跨国流动性，要比一般劳动力等初级生产要素的跨国流动性强。什么层次的生产要素流向什么地区，则主要取决于要素流入地的自身条件。已有研究表明，最优生产要素的组合不仅表现为微观经济学所揭示的数量方面，同样还表现为质量层次的匹配性，即存在着要素质量匹配性原理。因此，当要素流入地主要依托初级要素所形成的低成本优势参与国际分工时，所能吸引到的全球要素自然也就是以资本为纽带的一揽子中低端生产要素的流动。这一原理与产品生命周期理论所揭示的作用机制并无二致。但不同的是，在全球要素分工条件下，创新性活动和生产要素同样可以实现跨国转移，并不完全遵循产品生命周期的阶梯性原理。但要吸引和集聚高级和创新生产要素，不仅要求本地自身拥有与高级生产要素相匹配的生产要素，同时还要具备高级生产要素生存的土壤与环境，比如，更具竞争性的市场环境、严格的知识产权保护制度等。这也是由要素质量匹配性原理所决定的。总之，在以要素分工为主要特征的开放型经济条件下，哪个国家或地区能够在制度安排和政策制定上做得更好，哪个国家或地区对全球生产要素尤其是高级生产要素的吸引和集聚能力就越强，也更有利于发挥高级生产要素的创新性作用。

## 第三节 改革和开放：江苏省实现高质量开放型经济发展的必由之路

40 多年高速增长的我国开放型经济，其成功经验可以概括为 4 个字：改革开放。正如金碚指出的“改革开放如同一个‘阿基米德支点’，支撑着步步深入的各项重大举措，产生强有力的‘杠杆’作用，有效地撬动了中国这个超大规模经济体”。在这方面，应该说江苏省在很多方面都走在了全国的前列，在改革开放中形成了一批先试先行的典型案例，如张家港精神、昆山之路、苏南模式等。以往的改革和开放举措，虽然主要契合发挥低成本优势要素的需要，从而在推动开放型经济高速增长的特定阶段发挥了重要作用，但对于当前高质量发展而言，显然是远远不够的。唯有进一步扩大开放和全面深化改革，才能为培育、吸引和集聚高质量生产要素提供必要的土壤和环境，也才能打造出更适宜释放高质量生产要素动力和活力的制度环境和市场环境。虽然说改革与开放就好比是“一枚硬币的两侧面”，是同一个理论逻辑在现实制度安排和政策制定上的不同表现，因而并不存在严格的界限和区分，但二者的侧重点仍然有所不同。改革侧重于建立社会主义市场经济体制，为适应高质量开放型经济发展的现实需要，下一步全面深化改革所要坚持的仍然是市场取向的改革，即“发挥市场在资源配置中的决定性作用”；开放的侧重点则是融入经济全球化，因此下一步扩大开放，就是要贯彻落实习近平总书记在博鳌亚洲论坛2018年年会开幕式主旨演讲中提出的“四个重大举措”。

## 一、市场取向的改革要注重建立竞争有序的市场体系

建设统一开放、竞争有序的市场体系，使市场在资源配置中起决定性作用的基础，是发挥价格在商品市场化配置和要素市场化配置的关键所在，尤其是要素的市场化配置，是未来江苏省在市场化改革中的主要取向。过去的改革措施在推动商品市场化配置方面取得了巨大成就，基本上形成了“凡是能由市场形成价格的都交给市场”。但是，在要素市场配置方面，我国经济转轨的任务还远远没有完成，突出表现为资本市场发育不完善，劳动力市场功能还存在较大缺陷，以及价格刚性的现象较为明显。这些问题的存在使得生产要素无法从低效率部门向高效率部门自由流动，从而严重制约了高质量发展。“僵尸企业”的存在就是明证。未来江苏省开放型经济发展，唯有建立竞争有序的市场体系，才能为生产要素“松绑”，从而激活生产要素的潜力，释放生产要素的活力和动力。这一点，对于高级创新型要素而言，尤为重要。为此，必须加快形成企业自主经营、公平竞争、商品和要素自由流动、平等交换的现代市场体系，着力清除市场壁垒，提高资源配置效率和公平性。

## 二、市场取向的改革要正确处理政府和市场的关系

党的十八届三中全会报告指出，我国经济改革的核心逻辑就是正确地处理政府和市场之间的关系。下一步进行的全面深化改革，就是要加快简政放权的步伐和加大简政放权的力度，最大限度减少政府对微观事务的管理，只要是市场机制能有效调节的经济活动，都应该交由市场解决。通过简政放权，把大量集中在政府层面的权力，分散到微观经济主体中去。政府通过简政放权，进一步做好“放、管、服”，可以把有限的资源集中在做最有效的事情上，比如，发展战略、规划、政策、标准等制定和实施等事务和活动中；加强市场活动监管，纠正市场失灵；在非营利性的社会发展和民生发展领域发挥政府作用，为市场发展提供充足的外部经济性。如此形成具有强大市场功能和强大政府服务功能的“双强”发展格局。在经济全球化条件下，这样的市场治理格局才是具有竞争力的，才会对全球优质要素产生足够的吸引力。也只有走上这样的道路，才有可能成为未来国际竞争中的赢家。

## 三、进一步扩大开放需要大幅度放宽市场准入

江苏省开放型经济转向高质量发展必须在扩大开放的条件下进行，扩大开放是实现高质量发展的必由之路。出于产业安全等方面的考虑，我国开放型经济发展，对市场准入有着严格的限制。实际上，实行较为严厉市场限制的产业和部门，往往是高端要素密集型的产业部门。比如，在一般制造业领域的开放程度相对比较高，但是在某些先进制造业领域则存在着明显的保留限制，而这些制造业部门对先进要素的需求显然更为强烈。相比于制造业，服务业尤其是高端服务业领域的市场准入限制更为严厉，比如，金融、建筑设计、医疗、电信等领域。上述服务业部门显然也是技术和知识要素密集型部门，其产业发展高度依赖于高端生产要素供给。因此，江苏省新一轮开放型经济发展，通过大幅度放宽市场准入，更有利于全球先进和高级生产要素流入相应的产业和生产部门，也更有利于产生经济竞争效应。如此，能够让国内外高级要素在亟待发展的产业部门集聚、竞争、碰撞、创新，从而推动江苏省开放型经济高质量发展。

## 四、进一步扩大开放需要创造更有吸引力的投资环境

在2018年的江苏省委十三届四次全会上，娄勤俭书记指出，要致力引进跨国公司总部、地区总部以及决策中心、利润中心、研发中心，着力集聚一批高能级、有活力的经济主体，以高质量利用外资促进高质量发展，走在前列。强调了提升利用外资质量在促进江苏省开放型经济高质量发展中的重要作用。利用外资是江苏省发展开放型经济的重要方式和内容，外资的质量和水平层次关乎开放型经济的发展质量和水平。过去，江苏省依托丰富廉价的劳动力以及优惠政策等创造的低成本优势，吸引了大量外国直接投资，但单纯依靠政策优惠和让利式的低成本竞争优势引不来高端要素。尤其是在全球展开招商引资的激烈竞争态势下，由政府制定优惠政策吸引外商直接投资，要逐步转向为外资企业创造更有吸引力的投资环境以吸引高质量外资。伴随贸易和投资自由化的不断发展，尤其是新型国际分工的深度演进，为了适应经济全球化发展的新需要，全球经贸和投资规则正在朝着高标准方向发展。因此，打造更加具有吸引力的投资环境，以顺应全球经济规则调整和不断高标准化的发展趋势，已成为新时代提升利用外资质量的必备条件。创造更有吸引力的投资环境，既包括对接国际经贸规则、增强政策透明度、降低制度性交易成本、严惩违法失信，也包括完善基础设施、健全市场体系、加强产权保护等方面。

## 五、进一步扩大开放需要加强知识产权保护

在早期的开放型经济发展过程中，由于与发达国家跨国公司间存在着较大的技术差距，江苏省内企业尤其是苏南地区的外向型企业虽然也有技术创新特征，但主要是模仿式创新。这种创新驱动的发展道路，虽然在起步阶段具有较大的优势，但其内在缺陷也是非常明显的，即一方面，跨国公司出于对自身核心技术优势的保护，不会将先进和前沿生产技术带入；另一方面，模仿式创新在成熟技术的发展道路上进步较快，从而技术差距的缩小会限制模仿空间。在江苏省开放型经济进入高质量发展的新阶段后，实施创新驱动的开放型经济发展战略，要求我们必须执行最严厉的产权保护制度。加强知识产权保护，不仅是激励创新要素进行创新活动的必要制度保障，也是据此吸引和集聚全球创新型要素的重要竞争政策。

## 六、进一步扩大开放应该利用好主动扩大进口的战略机遇

过去，在国内本土市场规模有限的条件下，江苏省发展开放型经济从需求拉动层面看，主要依托强劲的国际需求市场。这种发展模式虽然在早期能够收获开放发展红利，但在当前经济全球化新形势下，已经面临显著约束。一是这种发展模式带来了长期贸易顺差，从而使我国成为全球经济失衡中的焦点，容易引发贸易摩擦，而江苏省作为开放发展大省，往往成为贸易摩擦的“重灾区”。二是伴随2008年金融危机后全球经济进入深度调整期，以及当前逆全球化思潮的兴起，依托这一发展模式收获“经济全球化红利”基本已经丧失了发展空间。新形势下主动扩大进口，不仅有利于我国在世界经济再平衡中发挥应有的作用，而且还能够利用扩大进口的战略机遇，依托本土市场规模优势，充分发挥进口竞争效应，从而促进开放型经济的高质量发展。这是因为，强化竞争效应不仅有利于激励包括本土企业在内的企业加快技术进步，而且也更有利于吸引全球优质生产要素的流入。已有研究表明，伴随一国市场需求规模的不断扩大，出于更加接近市场和提升竞争力的需要，跨国公司会不断将研发创新等高端环节和阶段转移到该国。近年来，江苏省外资总部企业数量不断增长，尤其是苏州市、无锡市、南京市成为外资总部集聚地区，其中苏州市特别是苏州工业园区集聚度最高（苏州工业园区，拥有金融类机构900余家，其中，各类总部113家、外资金融机构40余家），一定程度上是本土市场规模作用的结果。因此，在我国已经成为全球第二大经济体的背景下，江苏省应该充分发挥经济总量的在位规模优势，依托本土市场规模，主动扩大进口，以充分利用内需撬动外部世界的先进生产要素，促进江苏省开放型经济高质量发展。

总之，开放型经济转向高质量发展后，从根本上需要有与以往不同的驱动力，即形成创新驱动的发展模式。这既是提高开放发展效益和效率的需要，也是实现开放型经济更加平衡和充分发展的基本前提和条件。而创新驱动发展模式的形成，不仅意味着我们参与国际分工所依托的狭义层面的优势要素必须实现转型升级，即从以往依托“人口红利”等初级要素的低成本竞争优势，转向依托“人才红利”等高级要素的创新竞争优势，而且在广义生产要素层面上，还必须创造出能够与狭义高级生产要素相匹配的制度环境和政策条件。因为，作为广义层面意义上的生产要素，诸如完善的制度环境、国际化、法制化和市场化的营商环境，更加开放的政策环境等，不仅是培育、吸

引和集聚高级要素尤其是创新要素的必要条件，而且也是释放和激励创新要素进行创新活动的根本制度保障。为此，需要汲取改革开放的成功经验，并在新时代继续保持和弘扬江苏省过去“先试先行、敢闯敢拼”的改革开放精神，通过全面深化改革和进一步扩大开放，为实现开放型经济高质量发展开拓一条光明大道。唯有如此，才能以有效供给突破中低端锁定、以结构优化突破结构性缺陷、以拓深开放突破不平衡短板、以制度创新突破体制性弊端，打通江苏省开放型经济高质量发展通道。

作者：张二震　南京大学长江产业经济研究院开放经济研究方向首席专家
戴　翔　南京大学长江产业经济研究院特约研究员

第五篇

# 经济高质量发展案例

# 第十三章　中小企业发展指数研究

目前我国经济发展步入高质量发展阶段，急需转换经济发展新动力和经济发展新方式，中小企业作为经济活动的最小单元，其发展的质量、活力、创新力等决定着一个产业发展，乃至国家兴衰。正如现代管理之父皮特·德鲁克所言，“决定经济前行的，不是财富榜前五百强企业，真正对GDP贡献大的而是那些名不见经传的中小企业”。中小企业是经济发展的重要支撑力量，在促进经济增长、增加就业、优化产业结构、科技创新与社会稳定方面具有不可替代的作用。根据工信部《促进中小企业发展规划（2016—2020年）》公布的最新数据，截至2015年年底我国注册登记的中小企业超过2 000万家，其中规模以上中小企业36.5万家，[①] 占总企业比为97.4%，税金总额超过49.2%，利润达到4.1万亿元，在规模以上工业企业利润总额中占比为64.5%。[②] 更为重要的是，中小企业解决了80%以上的城镇就业。中小企业规模小、生存压力大的特点使之相比大企业更重视科技创新，其中试点城市中小企业专利申请量年均增长53%，专利授权增速超过30%。从中小企业生存与发展的典型事实中如何把握中小企业发展的内在动因和外在表现，尤其是在发展趋势上，亟待从理论与计量上构建一种合理、可行的指数来客观反映中小企业发展动态，进而揭示中小企业发展的内在规律和特征。

---

① 自2011年起中国对规模以上企业的统计口径进行了调整，规模以上工业企业起点标准由原来的年主营业务收入500万元提高到年主营业务收入2 000万元。

② 资料来源：*http：//www.miit.gov.cn/n1146290/n4388791/c5081157/content.html*。

# 第一节 中小企业发展基本特征

## 一、小企业以劳动密集型为主，工资成本不断攀升

经历近40年的高速增长，我国的要素结构经历了深刻的变化。中小企业是经济发展的重要支撑力量，在促进经济增长、增加就业、优化产业结构、科技创新与社会稳定方面具有不可替代的作用，要素禀赋结构变动在中小企业表现得尤为突出。从企业规模数据来看，规模以上工业企业人均资本由2003年的29.3万元提高到2011年的69.2万元，而规模以上中小型企业人均资本同期由23.1万元增加到56.1万元，近些年人均资本不断攀升，增长幅度远高于规模以上工业企业。① 总体而言，我国工业企业要素结构表现为逐渐由劳动相对丰裕转向资本相对丰裕的特征。而中小企业年人均资本只占到规模以上工业企业人均资本的78.8%，可见中小企业相比大企业劳动密集程度更高。分行业中小企业数量分布情况如图13－1所示，可以明显看出中小企业主要集中在非金属矿物制品业、通用设备制造业、纺织业、化学原料及化学制品制造业、农副产品加工、塑料制品业及纺织服装制造业等11个劳动密集型行业中，2011年中小企业数量占比达到64.8%，而在劳动密集集中的11个行业中由中小企业提供的就业岗位数均值高达97.8%。

分行业中小企业资本劳动比情况如图13－2所示。从要素禀赋结构看，纺织服装等制造业、皮革等制品业、家具制造业、木材加工等制品业、工艺品及纺织业等行业人均资本均在30万元以下。从时间序列看，分行业的中小企业资本劳动比一直不断增加，体现为资本深化程度加深。图13－1和图13－2反映了我国中小企业以劳动密集型为主，而企业要素结构逐渐由劳动向资本转变的特征。

① 资料来源于《中国中小企业统计年鉴》，最新数据只公布到2013年，且2012年与2013年没有公布从业人员数据。

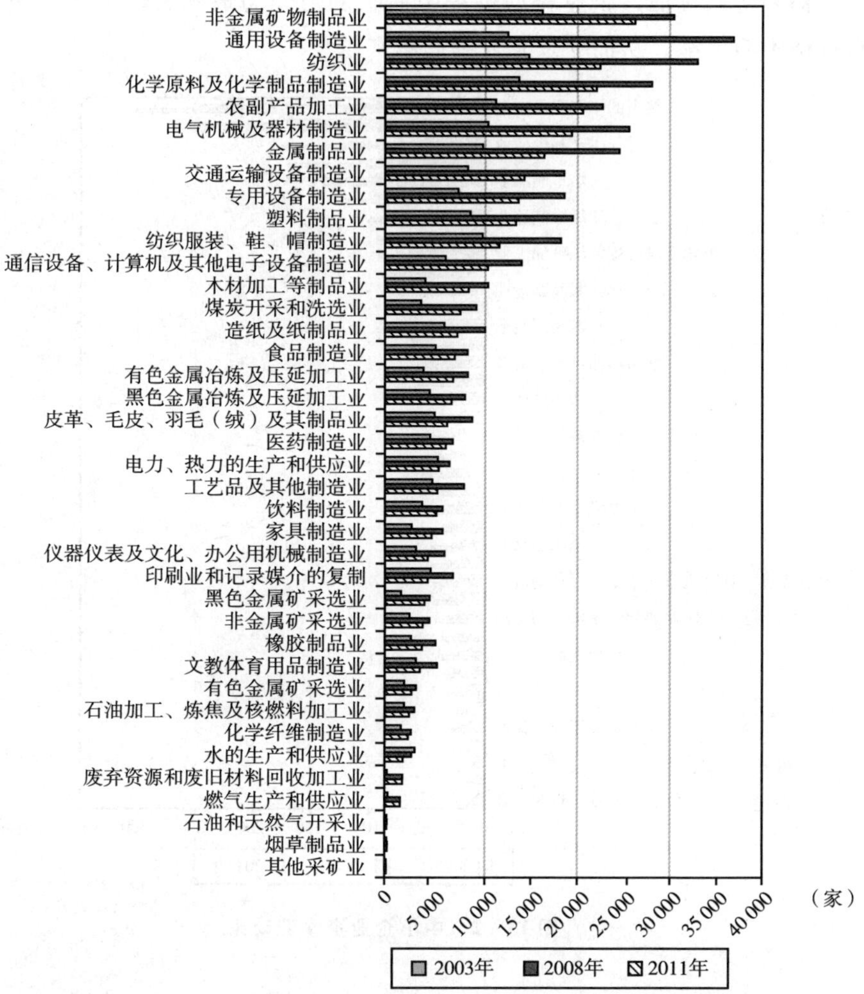


**图 13－1　中小企业分行业数量**

随着以劳动力短缺和工资持续提高为特征的“刘易斯拐点”的到来，以及以人口抚养比不再降低为表现的人口红利的消失，依靠资本和劳动要素投入推动经济增长的方式不可持续，通过提高资本劳动比以改善劳动生产率，可能会导致资本报酬递减（蔡昉，2013）。我国要素结构的变动，导致中小企业出现“用工荒”，工资成本也不断上升。从外部经济环境看，近些年全球经济回暖促使中小企业，尤其是劳动密集型生产企业，订单需求增加，短时期内出现大量的用工需求；从企业用工需求看，随着我国由制造业大国向创新型国家的迈进，企业产业结构与产品战略将会调整，而企业更多需要具备专业知识、高素质、高技能的人才；从企业发展看，“用工荒”主要原因是企业工资福利待遇过低，企业转型过程中面临的劳动力成本大幅上升，加之原材料价格不断上涨，从而导致企业利润越来越少。

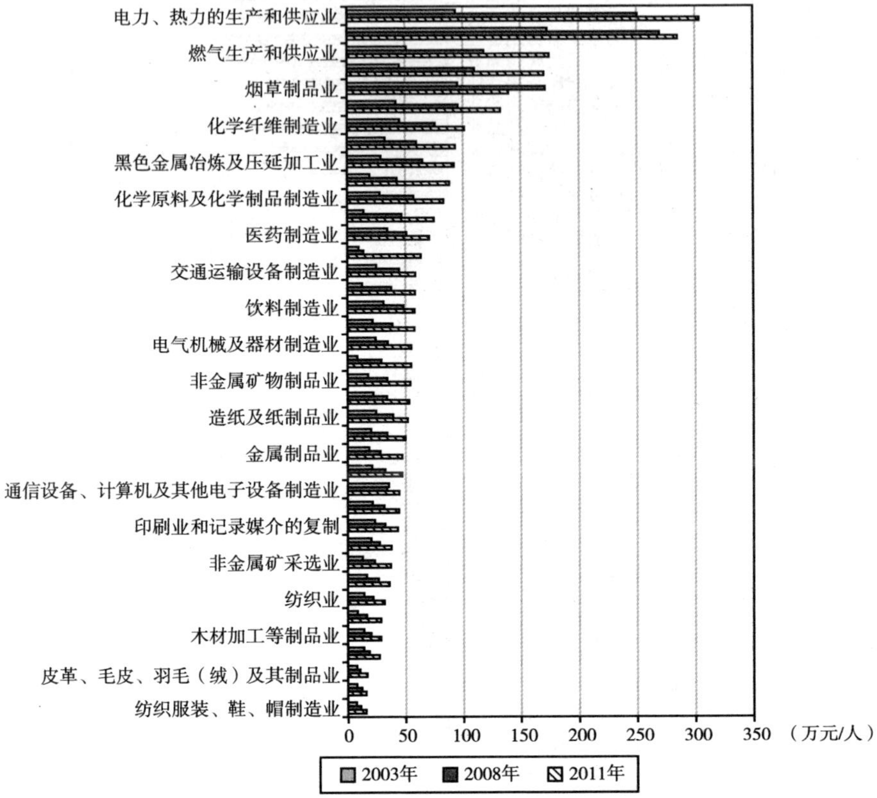


**图 13－2　中小企业资本劳动比**

## 二、中小企业融资难、融资贵问题凸显

我国工业化起步晚，长期以来国有企业是改革发展的重点，在一定程度上忽视了中小企业发展。中小企业长期面临着“两高一短”的成长困境，即“高出生率，短存活期，高死亡率”，而资金短缺往往导致高速增长的企业发展停滞。最新的统计显示，3 年期、5 年期的国债利率分别为 4% 和 4.27%，全社会融资成本居高不下，中小企业融资难情况更加严重。从企业融资渠道看，当企业内源融资难以满足自身发展的资金需求时，企业更多地依赖外源融资。中小企业由于受到企业规模、经营能力、风险控制等诸多限制，很难达到直接融资的标准，往往是通过银行信贷间接获得融资。企业成长理论中

金融融资是中小企业最基础的资源，而融资能力是影响中小企业的重要因素。

中国中小企业协会数据显示，截至2014年中小企业数目已超过1 000万家，其中近90%的中小企业融资需求得不到满足，而占我国企业90%的中小企业获得的银行贷款仅占15%，可见融资难、融资贵俨然成为阻碍中小企业发展的主要阻力。我国经济发展步入“新常态”，中小企业融资问题进一步凸显，经济增速由2010年的10.4%下降到2014年7.4%，增速下降了3个百分点，而实际利率上升了3.76个百分点。从宏观层面看实际利率与经济增速的反方向变动，将会增加企业的融资成本，同时在“稳增长”与“防通胀”双重目标下，将会进一步提高利率水平。从微观层面看，一方面，经济“下行”导致企业整体收益率低、资金周转慢，而银行不能及时收回资金，将会形成资金沉淀；另一方面，由于中小企业信息不透明而不能提供充分的担保或抵押，导致各种形式的非正规金融在发展中国家或地区广泛存在，中小企业因获取正规金融难度较大，为了确保企业发展的资金链不发生断裂，不惜以较大的成本通过民间融资渠道获得资金。与此同时，中小企业的非正规金融融资加大了企业的偿债风险，容易滋生不良信贷，为此商业银行将会进一步提高企业融资准入门槛及压低抵质押率，导致中小企业融资难、融资贵等问题恶化。在市场作用失效的情况下，政府通过出台一系列支持中小企业发展的法律法规和指导意见，以解决中小企业融资问题，如2017年修订并于2018年实施的《中华人民共和国中小企业促进法》，明确规定“中国人民银行应当综合运用货币政策工具鼓励和引导金融机构加大对小型微型企业的信贷支持，改善小型微型企业融资环境”。另外，政府通过积极推动担保机构发展和完善信用评级等市场手段可以在一定程度上缓解中小企业融资难问题。

## 第二节　中小企业发展指数的构建

### 一、基于TFPR的理论构建

影响企业发展的决定性因素，无论是新古典经济增长理论，还是内生经济增长理论，都证实了技术进步与生产率提升是经济持续增长的源泉。近些年，从微观企业活动分析经济发展的内在规律俨然成为研究的热点，许多学者利用规模以上企业样本研究企业生产率的异质性，证实了企业生产率差异是导致企业竞争加剧、市场波动的原因，即企业生产率是决定企业优劣的决定性因素。多数学者对微观企业效率的考察主要基于对 TFP 的测度，也就是测算 TFP 增长率或测算 TFP 对经济增长的贡献。国内许多学者采用最小二乘法、固定效应法、OP 法和 LP 法等参数法和非参数法对我国工业企业的 TFP 进行了估计（鲁晓东和连玉君，2012），从生产率构成要素分析企业特征。有文献采用随机前沿生产模型分解 TFP，将 TFP 增长分解为前沿技术进步、相对前言技术效率、配置效率及规模经济。我国大中型企业中，前沿技术进步决定了 TFP 的增长，而要素配置效率和企业的规模经济性对 TFP 增长影响甚微。基于加总生产率水平的分解，分析企业生产率提高的组内效应、资源配置的组间效应以及企业的进入效应与退出效应等。主要分解方法有 BHC 分解法（Baily 等，1992）、GR 分解法（Griliches 和 Regev，1995）、FHK 分解法（Foster 等，2001）、BG 分解法（Baldwin 和 Gu，2006）、OP 分解法（Olley & Pakes，1996）、DOP 分解法（Melitz & Polanec，2015）等。以上方法侧重于企业生产率与市场份额间的统计变化反映企业 TFP 的特征，难以定义微观企业生存状态。

基于企业个体层面的 TFP 构成项，确立一组替代或逼近企业 TFP 的指标，形成一种指数来反映企业发展效率。很少有文献从生产率增长率分解层面构建企业发展指数进行研究。学者卢燕等（2016）从企业实力、活力及创新力 3 个层面构建指标体系对京津冀地区的企业发展水平进行了测度，但没有体现 TFP 对企业发展的影响。通过相关文献的梳理，我们基于 Foster 等（2008）、Hsieh & Klenow（2009）等提出的收益型全要素生产率函数（TFPR）出发，并对 Kasahara 和 Rodrigue（2008）包含中间投入的生产函数进行扩展，构建了包含运营投入的 TFPR 理论框架。将企业的收益型全要素分解为要素投入的经济效益、要素收益率效应、要素规模效应以及运营投入相关的构成项，来刻画企业发展特征。更为重要的是，能够基于中小微企业数据分析企业发展、真实刻画规模以上企业不同的特征。

本章的指数测算方法与流行的方法有所不同。目前流行的测算指数权重的方法主要分为：主观赋权法，如德尔菲法（Delphi）（Mareschal，1988）、层次分析法（AHP）（Saaty，1980）、最小平方和法（Saaty，1977）和特征向量法（Hwang，2012）等；客观赋值法，如主成分分析（Harte，1996）、熵值法（Herrera，2005）、线性规划法（Xu，2004）和多目标最优化方法（Xu，2007）等。运用主观赋值法对目标决策进行赋权时，决策者往往根据自己的个人经验或者偏好对其进行评估，以至最终决策带有随意性，结果出现偏差；利用客观赋值法求解权重，缺乏现代计量经济学的方法，对于变量之间的因果影响关系不能辨识。学者 Cerulli（2014）分析 42 个新兴国家和发达国家之间“技术能力”对发明（测度“专利强度”）的影响，采用随机系数回归法对选取的企业创新、知识与技能、基础设施相关的9个投入变量核算出国家相应分数（TCR），其测度权重方法是将各个变量系数相加，而没有考虑各个变量之间的影响系数。本研究将企业发展的各个因素之间的相互影响纳入权重分析模型，形成了一种随机系数回归法。

## 二、数据说明与变量处理

本章的数据，来自于江苏省中小微企业活动的微观数据。总计6 571家企业，选取2014年1月至2016年12月为研究区间。由于数据填报登记过程中的遗漏，有较多的企业数据并不完整，并且2014年1月最初填报时很多数据填报有误。因此，对数据进行如下处理：①剔除缺失值较多的企业数据。②剔除2014年1月的数据。③由于企业的成长定义为某一指标的增长率，所以第一期无法得出增长率即2014年2月，故删除。处理之后得到了845家江苏省中小微企业，2014年3月至2016年12月共34个月的数据，总计28 730个观测值，并且这些样本企业遍布了江苏省13个地级市，便于后面对于分地区的地区间差异性的研究。中小微企业发展指数权重核算采用2014—2016年数据核算，企业发展指数则为各月数据标准化后核算的。以下是本章主要参数变量的核算。

（1）固定资本K。测算资本存量的方法采用Goldsmith提出的永续盘存法，基本公式为 $K_t = I_t + (1-\delta)K_{t-1}$，$K_t$ 表示 $t$ 年的资本存量，$K_{t-1}$ 表示 $t-1$ 年的资本存量，$I_t$ 表示第 $t$ 年的投资，$\delta$ 表示折旧率。邹至庄（1993）、贺菊煌（1992）、王小鲁和樊纲（2000）等学者基本都是在永续盘存法基础上进行了细节的处理来核算宏观产业的资本存量，但是采用衍变后的永续盘存法测算企业的资本存量时，微观数据很难满足，因此我们只能采用一些与企业相关的代理指标核资本存量。首先，基期资本存量K的确定，鲁晓东和连玉君（2012）采用固定资产合计进行核算，而本研究基于中小微企业数据则采用2014—2016年用电量均值为基期资本存量 $K_0$，另考虑到企业数据年限较短，则可认为固定资产投资价格指数影响较小。其次，当月的投资I则选取了企业的固定资产投资指标。最后，折旧率 $\delta$ 的选取出入较大①，本研究则采用Per-

① 霍尔和琼斯（1999）、杨格（2000）等核算国家资本存量时折旧率采用6%；龚六堂和谢丹阳（2004）等核算我国各省资本存量时折旧率采用10%；黄永峰等（2002）核算我国制造业、设备及其他类型投资的折旧率分别为6.9%、14.9%、12.1%；张军等（2004）核算我国各省固定资本时折旧率为9.6%。

kins（1998）、胡永泰（1998）、王小鲁（2000）以及 Wang and Yao（2001）等选取的5%。

（2）资本利率 $r$。对于资本利率的测度，为了区别不同企业获取资本要素的成本不同，本研究采用财务费用与负债比值作为资本利率的代理变量。

（3）要素产出弹性。对于资本产出弹性 $\alpha$ 及劳动产出弹性 $\beta$ 的核算方法主要有3种：一是经验估计法，其值一般具有随意性[①]，而企业层面的资本产出弹性与劳动力产出弹性更是霄壤之殊。二是最小二乘法，张军（2002）等学者采用此法核算参数，虽排除了规模报酬不变的假定，但是因未采用生产要素的联立方程体系，要素结构变化可能会对产出产生影响，甚至核算的弹性系数为负值，因此受到林毅夫和任若恩（2007）等的批判。三是比值法或份额法，采用资本或劳动力在要素成本（或者总产出）中所占份额核算，而此法前提条件为完全竞争、利润最大化及规模报酬不变，可能会因经济发展中存在规模不经济导致核算结果存在偏差。本研究则基于中小微企业的微观数据，而且考虑到企业间产出弹性的异质性问题，而非核算宏观经济变量的要素产出弹性，综合看来采用份额法较为合适。企业资本产出弹性为企业固定资本乘以资本利率与各个企业工业增加值的比值，企业劳动产出弹性为企业的应付职工总薪酬与各企业工业总产值的比值。[②]

## 三、企业发展指数的分析框架与权重

1. 中小企业发展指数指标体系。TFP增长是企业发展中的重要指标，但是作为综合指标来反映企业发展指数，又缺乏对企业经营各方面的变化趋势的区分。根据TFPR构成项的分析，本章就可以利用一系列相关指标来构建一个指数，替代和逼近TFPR。基于指数构成的各项指标，就可以更为深入、具体地理解企业发展各方面特征。该指标体系设置了1个目标层（企业发展指数）、7个评价层（要素投入的经济效益、要素规模效应、要素收益率效应、经济效益指数、升级指数、融资指数、经营环境指数），如表13－1所示。

---

① 通常情况，资本产出弹性取值为0.8、0.4、0.6，在规模报酬不变的前提下，劳动产出弹性则取0.2、0.6、0.4。

② 考虑到企业发展过程中，企业要素产出弹性较为稳定，故在核算时企业要素产出弹性采用半年均值；同时，企业指标数据（如固定资产投资、负债、资产、应付职工薪酬等）非每月发布，考虑到核算企业发展指数的延续性，则采用滞后一期的企业要素产出弹性核算，如2016年上半年企业发展指数中要素弹性基于2015年下半年企业的要素产出弹性核算。

表 13－1　　中小企业发展指标体系

| 目标层 | 评价层 | 评价项目层 | 评价因子 |
| --- | --- | --- | --- |
| 企业发展指数 | 要素投入的经济效益 | 劳动投入效益 | 总产值与劳动工资总额比重的增长率 |
| | | 资本投入效益 | 总产值与资本费用总额比重的增长率 |
| | 要素规模效应 | 劳动投入效应 | 经产出弹性调整的劳动要素投入增长率 |
| | | 资本投资效应 | 经产出弹性调整的资本要素投入增长率 |
| | 要素收益率效应 | 劳动工资率效应 | 劳动工资率增长率 |
| | | 资本收益率效应 | 资本收益率增长率 |
| | 经济效益指数 | 营业利润率 | 营业利润/营业收入 |
| | | 出口产值比 | 出口交货值/工业总产值 |
| | | 营业收入产值比 | 营业收入/工业总产值 |
| | | 主营收入增长率 | 主营收入增长率 |
| | 升级指数 | 人均资本密集度 | 固定资本/从业人员 |
| | | 工资激励强度 | 工资总额/营业收入 |
| | 融资指数 | 产值融资率 | 借款余额/工业总产值 |
| | | 资产负债率 | 负债/资产 |
| | 经营环境指数 | 产值账款率 | 工业总产值/应收账款 |
| | | 产值应税率 | 工业总产值/应交税费 |

资料来源：作者整理所得。

2. 中小企业发展指数指权重。基于以上的分析，综合考虑影响中小微企业发展水平的 5 个方面：企业全要素生产率、营收能力、技术能力、融资能力、环境适应能力，选了相关的变量指标评估了各个方面的发展程度，并基于本研究的回归系数法核算出每个子项的权重，构建出了一个全面反映当前现实的中小微企业发展指数。通过核算得出江苏省中小微企业 TFPR 分项和权重为 30.75%（包含了 6 个子项，各占 5.12%），营业利润率指标权重为 10.92%、主营收入增长率权重为 13.63%、工资激励强度指标权重为 11.07%、产值账款率指标权重为 6.59%（见表 13－2）。

表 13－2 **中小企业发展指标权重系数** 单位：%

| 一级指标 | | 二级指标 | 三级指标 | 权重 | 系数绝对值 |
|---|---|---|---|---|---|
| 中小企业发展指数 | 发展能力（TF-PR 增长率）指数 | 要素投入经济效益 | 劳动投入效益 | 5.12 | 0.41 |
| | | | 资本投入效益 | 5.12 | |
| | | 要素规模增长效应 | 劳动投入效应 | 5.12 | |
| | | | 资本投资效应 | 5.12 | |
| | | 要素收益率增长效应 | 劳动工资率效应 | 5.12 | |
| | | | 资本收益率效应 | 5.12 | |
| | 经营能力指数 | 营收能力指数 | 营业利润率 | 10.92 | 0.15 |
| | | | 出口产值比 | 3.79 | 0.05 |
| | | | 营业收入产值比 | 2.04 | 0.03 |
| | | | 主营收入增长率 | 13.63 | 0.18 |
| | | 技术能力指数 | 人均资本密集度 | 6.64 | 0.09 |
| | | | 工资激励强度 | 11.07 | 0.15 |
| | | 融资能力指数 | 产值融资率 | 7.87 | 0.11 |
| | | | 资产负债率 | 4.15 | 0.06 |
| | | 环境适应指数 | 产值账款率 | 6.59 | 0.09 |
| | | | 产值应税率 | 2.55 | 0.03 |

注：系数绝对值核算时，TFP 作为一个整体变量，而 TFP 分项赋权时，依据理论公式等权处理。

## 第三节　中小企业发展总指数分析

### 一、经营能力是中小企业持续发展的基础，企业发展能力稳步提升

2014 年 1 月至 2017 年 5 月江苏省中小企业发展指数走势如图 13－3 所示，2014 年均值为 39.3、2015 年均值为 39.4、2016 年均值为 39.3。从各年内看，中小企业发展指数呈现“先降后升”的走势，2014 年 12 月企业发展指数为 40.1，2015 年 12 月为 41.3，2016 年 12 月高达 42.4，发现各年末中小企业发展指数表现为“逐年增加”的趋势。从年度整体上看，中小企业持续发展表现基本稳定。

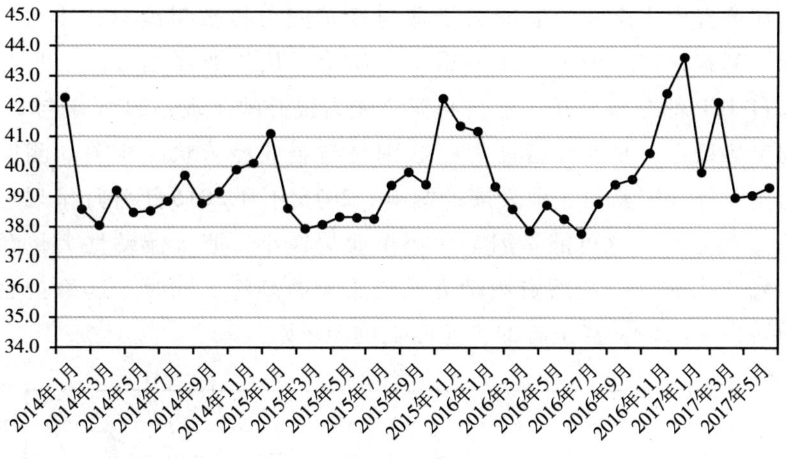


**图 13－3　江苏省中小企业发展指数走势**

中小企业发展总指数分为企业发展能力指数和经营能力指数如图 13－4 所示。从分项指数结果看，中小企业经营能力指数基本维持在 23—27，在 2017 年上半年经营能力指数不断下降；中小企业发展能力指数稳定上升，从 2014 年年初的 14.4 上升到 2016 年年末的 16.5，2017 年上半年上升幅度较大。结合图 13－3 的中小企业发展总指数，可以看出中小企业发展能力指数与经营能力指数走势基本保持同步，而且经营能力在企业持续发展中占比具有绝对地位，同时中小企业发展更多地受到企业经营能力的影响。另外，中小企业发展能力在样本期内稳步上升，在一定程度上反映出中小企业的发展势头良好。

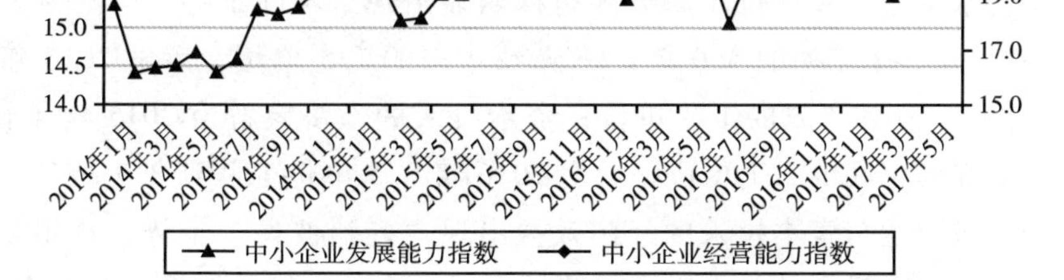


**图 13－4　江苏省中小企业发展能力与经营能力指数走势**

江苏省中小企业发展能力指数与经营能力指数年度对比走势如图 13 - 5 所示，基本证实了图 13 - 4 所得出的结论。从指数构成看，企业发展能力指数来自 TFP 的分解，是企业自身竞争能力提升的体现，2015 年与 2016 年各月之间走势稳定；企业经营能力指数则是与企业经营状况相关的测度，或者理解为企业外部因素对企业发展的影响，2015 年和 2016 年各月呈现一种先降后升的 U 型走势。这可能是因为中小企业规模小，职工流动性大，春节前后企业年底“大酬金”的薪资激励方式造成离职高峰。同时，这给企业发展的资金周转带来问题，甚至有的企业面临倒闭风险。

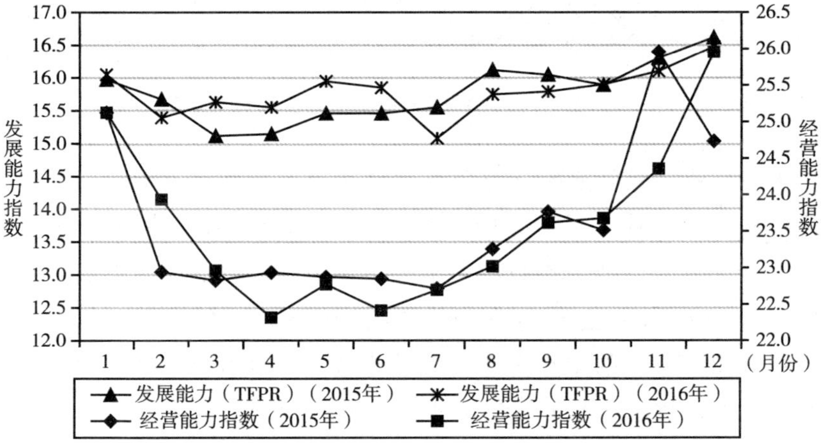


**图 13 - 5　江苏省中小企业发展能力与经营能力指数走势年度对比**

## 二、小企业以“劳动替代资本”实现企业生产率整体稳定发展

企业发展指数分为要素生产率增长效应、要素规模增长效应及要素收益率增长效应 3 个方面，具体走势如图 13 - 6 和图 13 - 7 所示。从江苏省 2015—2016 年的要素生产率增长效应来看，除年末、年初外，走势基本维持在平均水平为 4.4 单位。而分项指标明显出现了不同走势，劳动投入的经济效益由 2015 年年初的 4.0 单位下降到年末的 1.5 单位，后由 2016 年年初的 4.5 单位下降到年末的 1.3 单位；资本投入的经济效益由 2015 年年初的 0.5 单位上涨到年底的 3.1 单位，后由 2016 年 0.5 单位上涨到 3.7 单位。劳动投入的经济效益与资本投入的经济效益出现“此消彼长”走势，在年度交接时导致企业要素投入效益出现小幅波动，而走势基本维持缓慢上升。究其原因，江苏省中小企业劳动力就业人员月度基本维持稳定，而企业劳动力平均工资

增速高于企业的工业增加值增速，从而导致了劳动投入的经济效益逐渐下滑的趋势；而对于资本投入的经济效益方面，年度内企业对固定资本投资一般采用年度“一次性”式的投入，投入则随着生产及折旧而减少；但是，资本的利率增速不能抵消企业的工业增加值增速及弥补固定资本增长率的下降，从而资本投入的经济效益呈现出逐渐上升的趋势。可以发现，在劳动力成本不断上升的背景下，中小企业以雇佣更多的劳动替代资本，弥补融资约束下企业融资压力，以保持企业生产率的稳定提升。

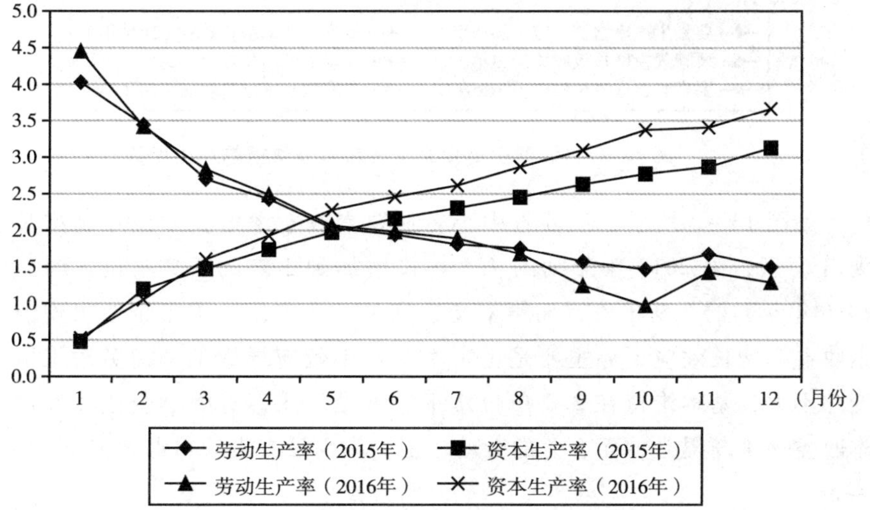


**图 13－6　中小企业要素投入效率指数走势**

中小企业要素规模增长效应主要考察劳动、资本等要素投入对企业发展的影响，如图 13－7 所示，企业要素规模增长效应在 2015 年上半年呈现出水平状，下半年出现缓跌；2016 年上半年先降，下半年意外地出现先升再降走势。究其原因，我们可以考察下分项指标，发现劳动投入效应维持稳定，2015 年及 2016 年均为 4.0 单位；而资本投入效应 2014 年基本水平状，2015 年出现先降后升再降走势，其与企业要素规模增长效应走势吻合。也就是说，中小企业劳动要素投入效应的作用高于资本投资效应，而企业要素规模增长效应走势由资本投资效应所决定的。企业生产过程中不断调整固定资本的投入，从而出现不同程度的波动，而在短期内劳动要素的投入则是维持相对稳定的。

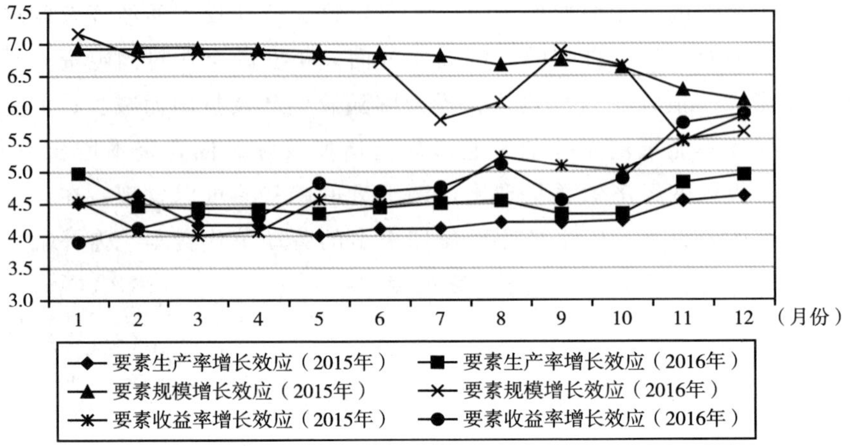


**图 13－7　江苏中小企业发展能力分项指数环比走势**

如图 13－7 所示，江苏省中小企业要素收益率增长效应年度增长之间呈现出 N 型，由 2015 年年初的 4.5 单位增加到年末的 5.9 单位，继而骤降到 2016 年年初的 3.9 单位，而年末又达到了 5.9 单位。中小企业出现的企业要素收益率增长效应走势主要是由资本收益率效应导致的，而劳动工资率效应变化不大，基本维持在 2.2 单位水平。可见，江苏省中小企业发展过程中资本收益率不断提升，而企业的劳动力工资率则没有表现得那么突出。

## 三、小企业技术与融资能力是短板，营收能力是核心，环境适应能力是优势

中小企业发展核心竞争力，除表现在企业生产要素的投入上，经营绩效、企业转型升级、融资环境及经营环境等运营投入也是重要体现。因此，以营收能力指数、技术能力指数、融资能力指数及环境适应能力指数考察中小企业发展情况如图 13－8 所示，不同的指标反映出了企业不同的发展势头。中小企业营收能力指数由营业利润率、出口产值比、营业收入产值比及主营收入增长率 4 部分构成。从分项指标看，企业的营业利润率对企业营收能力指数年均贡献率高达 77.6%，决定着中小企业经营状况，影响企业是否进一步扩大规模的决策。企业的主营收入增长率走势与企业的营收能力指数同步，对中小企业发展同样具有无可比拟的作用。而中小企业中出口竞争力不强，在企业经营绩效指数中年均仅为 0.2 单位，同样企业的出口产值比年均也只有 1.1 单位。

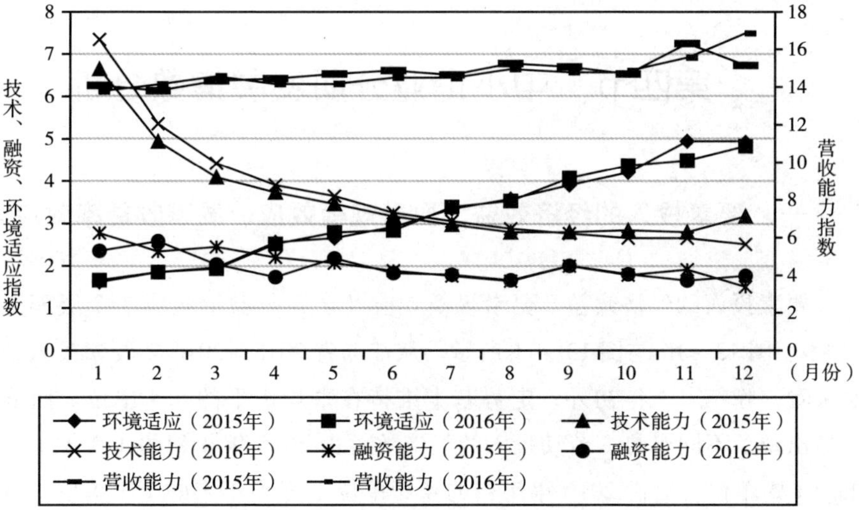


**图 13－8　江苏省中小企业经营能力分项指数走势**

中小企业的技术能力，主要是由企业的人均资本密集度与工资激励强度决定，后者采用企业营业收入中劳动者工资份额核算。在 2015—2016 年度，中小企业的工资激励强度维持在 2.3 单位上下，没有大幅度的波动，主要是因为企业发展过程中的就业人数在短期内是固定的，而工资短期内具有“价格黏性”。企业技术能力指数年均值为 3.7，其分项工资激励强度年均值为 2.3，分项贡献率为 64.2%，可见如果从要素投入视角提升企业技术能力，则应适度提高劳动者报酬，提高员工的积极性，从而实现企业的良性发展。采用产值融资率和资产负债率衡量企业的融资能力，其中资产负债率反映了企业的资产状况和经营情况，也是企业调节财务管理的一个杠杆，其太低表明企业经营保守或者对行业看淡，太高的话则会加大财务成本、增加运营风险。因此，在中小企业融资过程中，资产负债率对企业融资能力指数的贡献率达到 71.1%，是企业运营过程中的核心指标。在企业经营环境适应过程中，体现为以应收账款核算的产值账款率及以应交税费核算的产值应税率，而企业环境适应指数由 2015 年年初 1.6 单位，上升到年末的 4.9 单位，骤降到 2016 年年初的 1.7 单位，最后缓升到年末的 4.8 单位，呈现出一种“骤降缓增”的态势。原因可能为中小企业发展过程中，企业间应收账款不能按时交付，一直拖欠到年底，从而使企业间的经营环境在年度中不断改善。

# 第四节　中小企业分项发展指数分析

## 一、要素投入的经济效益、要素规模效应、要素收益率效应

要素投入的经济效益、要素规模效应及要素收益率效应 3 个层面走势如图 13－9、图 13－10 与图 13－11 所示。从江苏省 2015—2016 年要素投入的经济效益来看，除年末、年初外，走势基本维持在平均水平的 4.4 单位。而分项指标明显出现了不同走势，劳动投入的经济效益由 2015 年年初的 4.0 单位下降到年末的 1.5 单位，后由 2016 年年初的 4.5 单位下降到年末的 1.3 单位；资本投入的经济效益由 2015 年年初的 0.5 单位上涨到年底的 3.1 单位，后由 2016 年年初的 0.5 单位上涨到年末的 3.7 单位。劳动投入的经济效益与资本投入的经济效益出现“此消彼长”走势，在年度交接时导致企业要素投入效益出现小幅波动，而走势基本维持缓慢上升。企业资本、劳动等全要素投入的经济效益维持稳定。究其原因，江苏省中小微企业劳动力就业人员月度基本维持稳定，而企业劳动力平均工资增速高于企业的工业增加值增速，从而导致了劳动投入的经济效益逐渐下滑的趋势；而在资本投入的经济效益方面，年度内企业对固定资本投资一般采用年度“一次性”地投入，投入则随着生产及折旧而减少；但是，资本的利率增速不能抵消企业的工业增加值增速及弥补固定资本增长率的下降，从而资本投入的经济效益呈现出逐渐上升的趋势。

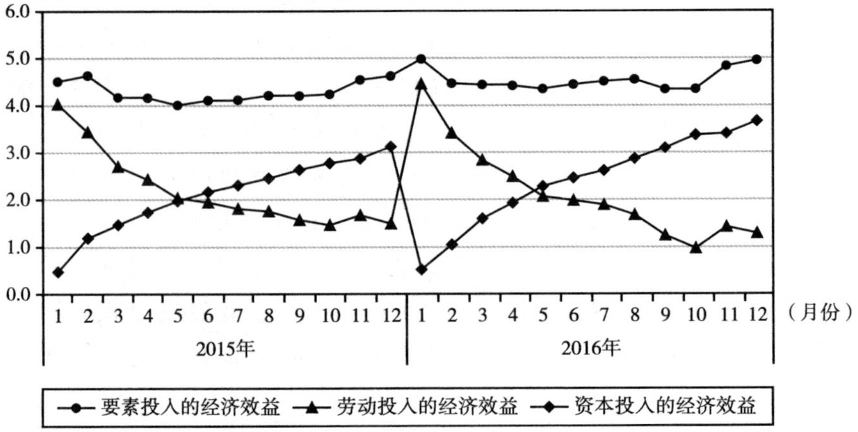


**图 13－9　江苏省中小微企业要素投入的经济效益及分项**

中小微企业要素规模效应主要探析生产要素投入对企业发展的影响，如图13－10所示，企业要素规模效应在2015年上半年呈现出水平状，而下半年出现缓跌；2016年上半年先降，而下半年意外地出现先升再降走势。究其原因，我们可以考察分项指标走势，可以看出劳动投入效应维持稳定，2015年及2016年均为4.0单位；而资本投入效应2014年基本为水平状，2015年出现先降后升再降走势，其与企业要素规模效应走势吻合。也就是说，中小微企业劳动要素投入效应的作用高于资本投资效应，而企业要素规模效应走势由资本投资效应所决定。企业生产过程中不断调整固定资本的投入，从而出现不同程度的波动，而在短期内劳动要素的投入则是维持相对稳定的。

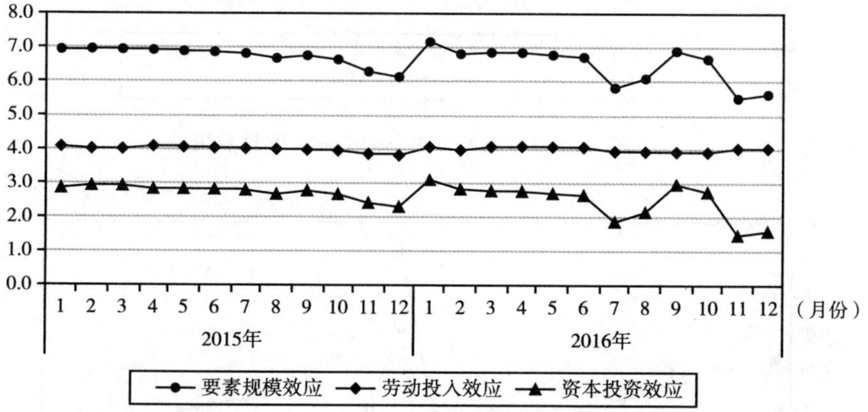


**图13－10　江苏省中小微企业要素规模效应及分项**

## 二、经营效益指数、升级指数、融资指数及经营环境指数

中小企业发展核心竞争力不仅仅体现为企业生产要素的投入，经营绩效、企业转型升级、融资环境及经营环境等运营投入也是重要体现。因此，用经济效益指数、升级指数、融资指数及经营环境指数考察中小微企业发展情况如图13－11至图13－14所示，不同的指标反映出了企业不同的发展势头。中小微企业经营绩效指数由营业利润率、出口产值比、营业收入产值比及主营收入增长率4部分构成。可以看出，企业的营业利润率对企业经营效益指数年均贡献率高达77.6%，决定着中小微企业经营状况，及是否进一步扩大企业规模。企业的主营收入增长率走势与企业的经营效益指数同步，对中小微企业发展同样具有无可比拟的作用。而中小微企业中出口竞争力不强，在企业经营绩效指数中年均仅为0.2单位，同样企业的出口产值比年均也只有

1.1 单位。

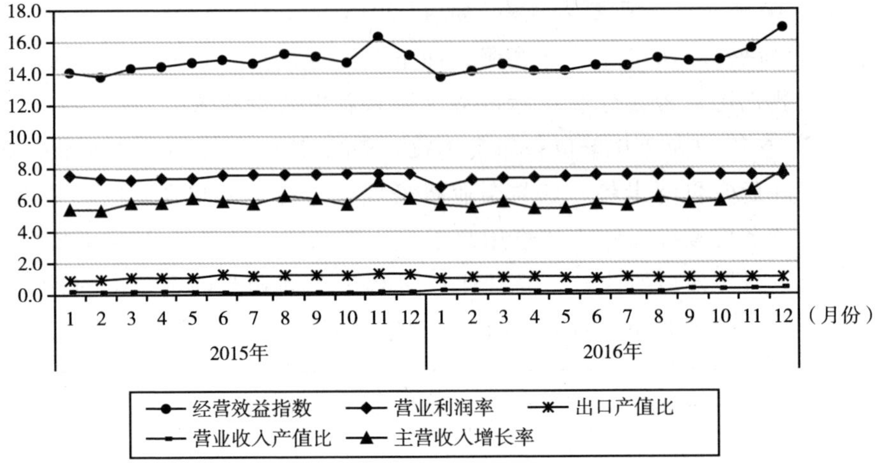


**图 13-11　江苏省中小微企业经营效益指数**

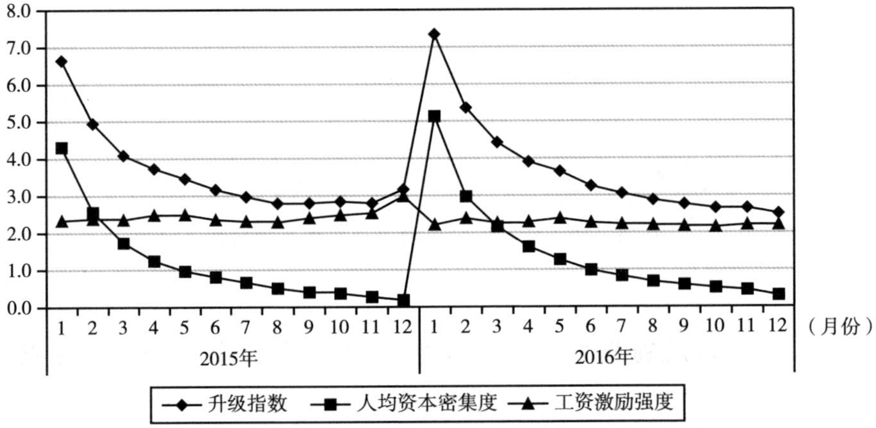


**图 13-12　江苏省中小微企业升级指数及分项**

在中小微企业的产业升级过程中，体现为企业的人均资本密集度与工资激励强度，后者采用企业营业收入中劳动者工资份额核算。2015—2016 年度，中小微企业的工资激励强度维持在 2.3 单位上下，没有大幅度的波动，主要是因为企业发展过程中的就业人数在短期内是固定的，而工资短期内具有“价格黏性”。企业升级指数年均值为 3.7，其分项工资激励强度年均值为 2.3，分项贡献率为 64.2%，可见要是从要素投入视角分析企业升级，则应适度提高劳动者报酬，提高员工的积极性，从而实现企业的良性发展。在企业的融资环境中，采用产值融资率和资产负债率进行衡量，其中资产负债率反映了企

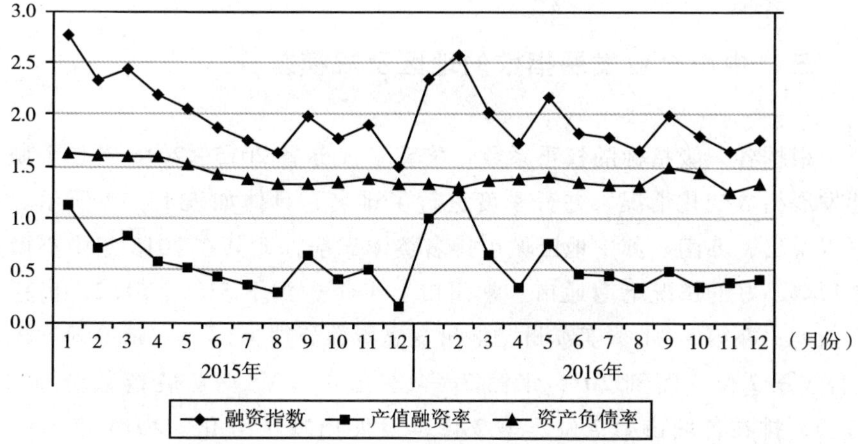


**图 13-13　江苏省中小微企业融资指数及分项**

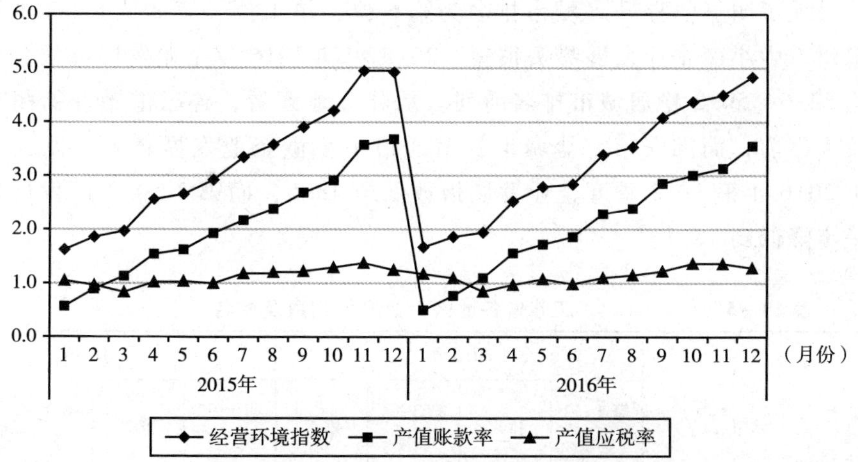


**图 13-14　江苏省中小微企业经营环境指数及分项**

业的资产状况和经营情况，也是企业调节财务管理的一个杠杆，其太低表明企业经营保守或者对行业看淡，太高的话则会加大财务成本、增加运营风险。因此，在中小微企业融资过程中，资产负债率对企业融资指数的贡献率达到 71.1%，是企业运营过程中的核心指标。在企业经营环境中，体现为以应收账款核算的产值账款率及以应交税费核算的产值应税率，而企业经营环境指数由 2015 年年初 1.6 单位，上升到年末的 4.9 单位，骤降到 2016 年年初的 1.7 单位，最后缓升到年末的 4.8 单位，呈现出一种“骤降缓增”的态势。原因可能为中小企业发展过程中，企业间应收账款不能按时交付，一直拖欠到年底，从而使企业间的经营环境在年度中不断地改善。

## 三、中小企业发展指数的地区及规模差异

根据各三级指标的权重系数，核算了江苏省2015—2016年各个城市的企业发展指数变化情况，并分季度进行了排名，具体如表13-3所示。从结果可以看出，苏南、苏中地区城市排名整体靠前，尤其在2015年中小微企业发展形势不好的情况下南通市、常州市上半年达到了51.9、51.2，仍稳居各城市前列；在第3—4季度泰州、常州发展指数分别为54.3、52.0排在各城市第1位、第2位，而到2016年第3—4季度中小企业发展指数分别49.6及51.0，排在各城市第7位及第2位，发展出现了分化。2015年无锡市、南京市及扬州市中小微企业发展较为迟缓，而到2016年上半年中小微企业发展出现了明显的提升（城市排名为第6位、第1位、第2位）。苏中地区的泰州市中小微企业发展势头很猛，2015年和2016年企业发展指数分别以年均52.6、50.2稳居城市排名前列。从苏北地区看，连云港市、徐州市排名较为靠前，而淮安市、盐城市及宿迁市中小微企业发展较差，尤其是淮安市2016年第1—2季度企业发展指数低至48.5，而第3—4季度发展指数进一步降低到48.1。

**表13-3　　江苏省各地区企业发展指数及排名**

| | 地区 | 2015年 | | | | 2016年 | | | |
|---|---|---|---|---|---|---|---|---|---|
| | | 第1—2季度 | 排名 | 第3—4季度 | 排名 | 第1—2季度 | 排名 | 第3—4季度 | 排名 |
| 苏州市 | 苏南 | 47.7 | 11 | 46.9 | 13 | 50.2 | 7 | 50.2 | 3 |
| 常州市 | | 51.2 | 3 | 52.0 | 2 | 50.0 | 8 | 51.0 | 2 |
| 无锡市 | | 46.4 | 13 | 48.9 | 11 | 50.7 | 6 | 51.3 | 1 |
| 南京市 | | 46.7 | 12 | 49.5 | 10 | 51.7 | 1 | 50.0 | 4 |
| 镇江市 | | 50.0 | 7 | 51.3 | 7 | 48.5 | 12 | 47.8 | 13 |
| 泰州市 | 苏中 | 50.9 | 4 | 54.3 | 1 | 50.8 | 3 | 49.6 | 7 |
| 南通市 | | 51.9 | 1 | 51.6 | 5 | 49.6 | 10 | 49.1 | 9 |
| 扬州市 | | 49.2 | 10 | 47.8 | 12 | 51.1 | 2 | 49.8 | 5 |

续表

| | 地区 | 2015年 | | | | 2016年 | | | |
|---|---|---|---|---|---|---|---|---|---|
| | | 第1—2季度 | 排名 | 第3—4季度 | 排名 | 第1—2季度 | 排名 | 第3—4季度 | 排名 |
| 宿迁市 | 苏北 | 50.0 | 8 | 49.6 | 9 | 50.7 | 5 | 48.9 | 11 |
| 徐州市 | | 50.3 | 6 | 51.1 | 8 | 48.3 | 13 | 49.6 | 6 |
| 盐城市 | | 49.6 | 9 | 51.5 | 6 | 50.0 | 9 | 49.0 | 10 |
| 连云港市 | | 50.6 | 5 | 51.7 | 3 | 50.7 | 4 | 49.4 | 8 |
| 淮安市 | | 51.8 | 2 | 51.7 | 4 | 48.5 | 11 | 48.1 | 12 |
| 中型企业 | | 51.6 | 1 | 55.1 | 1 | 49.6 | 2.0 | 47.6 | 3 |
| 小型企业 | | 49.3 | 3 | 48.7 | 3 | 50.1 | 1.0 | 51.1 | 1 |
| 微型企业 | | 49.8 | 2 | 53.9 | 2 | 49.1 | 3.0 | 48.6 | 2 |
| 江苏省企业 | | 49.9 | | 50.5 | | 50.0 | | 49.5 | |

资料来源：作者核算整理所得。

## 第五节　结论与政策建议

### 一、主要结论

本章基于微观层面剖析影响企业发展的动力因素，从理论上将企业收益型TFP分解为企业要素投入经济效益、要素规模增长效应、要素收益率增长效应，同时考察了企业营收能力、技术能力、融资能力、环境适应等因素。通过选取全面反映企业发展现状的16个三级指标，并将江苏省中小企业数据作为样本，采用随机系数回归法核算了评价体系的权重，构建了客观评价当前中小企业发展水平的指数，得出了以下简要的结论。

第一，企业的经营能力是企业持续发展的基础，同时近些年小企业发展能力稳步上升。从要素投入的经济效应看，小企业资本与劳动要素之间呈现出一种负相关关系。也就是企业愿意支付较高的工资，提高劳动力的积极性，在劳动力人数保持稳定的前提下，劳动生产率提高了。现实中固定资本基本不变，优化劳动力结构、增加高技能劳动力，或者改善组织管理和激励机制，劳动生产率显著上升，也就是说产出有一个显著的提高，表现出资本要素生产率提高，这是一个资本生产率提高的假象。反之，如果企业劳动力数量和劳动力结构不变，企业使用了更加先进的固定资产，资本生产率水平显著上升，表现为劳动生产率提高，这也是一种假象。

第二，在短期内，中小企业的要素规模增长效应，受到自身发展的影响劳动要素的投入维持相对稳定，而对固定资本投资则根据经济形势的变化而调整，以“劳动替代资本”实现企业生产率提升。从要素收益率看，资本收益率波动幅度大于劳动工资率波动，这是由资本“价格刚性”与劳动“价格黏性”所致。

第三，中小企业技术能力提升不明显，而且融资能力处于较低水平，不利于企业的持续发展。另外，中小企业的营收能力处于较高水平，环境适应能力稳步提升，这是中小企业发展的核心所在。中小企业的营收能力更多体现在企业利润率及主营收入增长率上，而企业发展走势随后者的波动而波动。在要素投入促进企业技术能力提升方面，企业技术能力波动受资本投资驱动影响更大，但工资激励驱动机制占主导。产值融资率对企业融资、企业产值账款率对企业经营环境适应的作用比较明显。

## 二、政策建议与启示

我们的研究结果具有以下的启示：

1. 企业间收益型 TFPR 是导致企业发展优劣的决定因素，且企业工资差异也是重要的影响因素。指数权重核算得出 TFP 3 个构成项所占比重达到了 30.75%，技术能力指数中工资总额分项权重为 11.07%。可见，适当提高中小微企业的劳动力工资水平，及提高企业的生产率水平可以促使企业的良性发展。

2. 从企业的固定资本投资看，中小微企业的固定资本增长率远小于劳动要素增长率，通过增加企业的固定资本投资，实现企业规模的扩大。同时，企业的资本要素成本年度呈现不断增加的特征，政府应该为中小企业发展“减负”，降低中小微企业的融资成本。

中小企业的发展对就业、创新和经济发展都非常重要，为了促进中小企业的发展，中央政府陆续制定了一系列有利于中小企业发展的优惠政策，各地方政府也根据当地实际情况制定了相关配套措施，较好地促进了中小企业的健康发展。针对我国制造业的中小微企业，及上述的一些问题，提出以下建议：

第一，从新旧动能转换看，政府应该加大对新经济、新企业的政策支持。中小企业是我国经济发展的重要组成部分，且近些年中小企业的发展能力稳步上升，为了保持经济稳定，需要通过营造有利的创新环境来激励中小企业创新发展。要发展完备的中小企业系统，继续发展优势传统行业，同时要构建新型制造业体系，发展高端制造业，并配套发展生产性服务行业，将重心逐渐转向现代商业发展新模式。更大范围营造创新和发展环境，政府应更大程度帮助我国企业提高国际竞争力，更多地吸纳全球更优质的资源，尤其是优质的高技能要素。紧紧把握全球科技革命变革方向，深入实施创新驱动发展战略，大力发展新一代信息技术、高端装备、新材料、生物、新能源汽车、新能源、节能环保、数字创意等战略性新兴产业，创造就业新领域。推进新产品、新服务应用示范，加快产业化进程，持续释放吸纳就业潜力。对于具有创新能力的中小企业，政府应该加大支持力度，鼓励中小企业不断创新，提升企业的竞争力和盈利能力，可以不断扩大高层次就业市场，以满足大规模的就业需求。

第二，稳定中小企业就业，为中小企业减负，加快中小企业转型升级。中小企业受到自身发展的限制，加之劳动力成本不断上升，稳就业、促转型是提升企业竞争力的有效途径，要完善有关中小企业的财税政策，从财政补贴率和税收优惠率两方面降低中小企业的成本，解决中小企业成本高的问题，给中小企业增加生产活力及创新动力。同时，创新能力强的企业应积极扩大海外市场，通过不断扩展市场规模提升企业的市场份额，而作为研发能力不强的中小企业也应积极参与国际分工，以扩大自身的企业规模、满足不同层次的就业需求。一方面，要加快发展现代服务业的中小企业，不断拓展服务业发展的广度和深度，鼓励发展就业容量大、门槛低的生活性服务业（如家政服务业、物流配送等），加快培育新兴经济和就业增长点。另一方面，对就业需求刚性、劳动密集型的轻工等制造业企业，加快出台降成本普惠性政策，实施差别化扶持政策。

第三，激发中小企业创业的积极性，扩大创业的经济增长效应。要健全协助中小企业发展的基础设施体系，为中小企业的发展提供有效的且有针对性的支撑，通过各种灵活多样的方式，为中小微企业提供培训、管理、资金、业务等方面的帮助。一方面，鼓励由制造业挤出的低技能劳动力向农村转移，通过发展农村电商支持返乡创业、培育落后地区的接续产业，以实现就地就近就业。要积极引导符合条件的劳动密集型企业特别是高附加值的企业向中西部或东北地区转移，创造更多满足低技能劳动力的就业岗位。另一方面，支持高技能劳动力不断创业，通过建设一批创业孵化基地和创业园区、不断推广新型孵化模式，提供创业空间，并提供项目开发、指导、融资等“一站式”服务，积极培育创新创业生态系统。

第四，鼓励优质企业做强，扶持中小企业做大，同时打造一批以“专精特新”为特征的中小企业。要发展中小企业的集群，将中小企业聚集在一起，发挥区域优势，在每一个区域都培养出自己的优势领域，发挥企业集聚效益，规范中小企业的竞争秩序。针对中小企业要扩大市场准入范围，促进中小企业快速发展，并落实降税减负等扶持政策，扶持中小企业做大，为经济发展提供更多的就业岗位；同时，要为其营造公平开放的市场环境，鼓励中小企业采用多种方式开拓市场，促进中小企业融入全球价值链，鼓励优质企业做强，不断持续拓展就业空间。积极提升中小企业“专精特新”水平，发展一批主营业务突出、竞争力强、成长性高、专注于细分市场的专业化“小巨人”企业，不断提高发展质量和发展水平，带动更多的就业。引导中小企业开展技术创新、管理创新和商业模式创新，提高自主创新能力，从根本上开展企业研发活动，创造自主品牌，避免直接模仿已有技术和产品所造成的就业替代效应，实施产品创新的企业创新方式，形成新的竞争优势。应该更加关注从业人员技能的提升，积极开展技能培训等活动，促使员工素质与技能要求相匹配，以提升就业质量。通过培育和扶持，不断提高“专精特新”中小企业的数量和比重，提高中小企业的整体素质。要推动供给侧改革，适应新常态下的企业发展，建设有国际竞争力的制造业基地，坚持“创新、协调、绿色、开放、共享”的发展新概念，丰富制造业生产的品种，提升品牌影响力，提高制造业产品的质量。

**作者：**郑江淮　南京大学长江产业经济研究院研究员，南京大学教授
宋　建　南京大学经济学院产业经济学系博士生
赵　昆　南京大学经济学院产业经济学系博士生

# 第十四章　江苏省高质量发展水平测度研究

2017年中央经济工作会议认为，推动高质量发展，必须加快形成推动高质量发展的指标体系、政策体系、标准体系、统计体系、绩效评价、政绩考核，创建和完善制度环境，推动我国经济在实现高质量发展上不断取得新进展。鉴于此，本章关注江苏省高质量发展的指标体系设计问题，并尝试测度和评价江苏省高质量发展现状。本研究对推动江苏省经济全面转型升级、在全国率先高质量发展等经济工作和政策实践等，具有重大现实意义。

## 第一节　构建江苏省高质量发展指标体系的思路

### 一、江苏省高质量发展指标体系构建原则

构建江苏省高质量发展指标体系的第一步是先确定原则。本章认为，应以习近平新时代中国特色社会主义思想为指导，从相对全面性、客观性、可衡量性、可操作性、地区差异性"五性"出发，遵循以下几个原则：一是坚持新发展理念。二是坚持以建设现代化经济体系统揽全局。三是坚持以供给侧结构性改革为主线。四是坚持对标国家、体现省情。五是坚持系统思维、全面考量。六是坚持科学合理、简明实用。七是坚持统筹兼顾、综合评价。八是坚持与本省制订的监测指标体系互融，以《江苏省委办公厅　江苏省政府办公厅关于印发〈江苏高质量发展监测评价指标体系与实施办法〉〈设区市高质量发展年度考核指标与实施办法〉的通知》（苏办发〔2018〕22号）的指标体系为蓝本。

## 二、江苏省高质量发展指标体系框架

参考江苏省制订的监测指标文件，考察并总结影响省江苏省高质量发展的主导因素，思考能够反映江苏省高质量竞赛的指标体系设计。包括反映新发展理念和江苏省文化高质量发展特色要求的“经济发展高质量、改革开放高质量、城乡建设高质量、文化建设高质量、生态环境高质量和人民生活高质量”六大发展任务为基本框架的一级指标，在一级指标下设若干反映新发展和特色发展内涵的二级指标，在每一个二级指标下设 n 个三级指标，然后使用科学方法对各指标赋权。具体框架如图 14－1 所示。

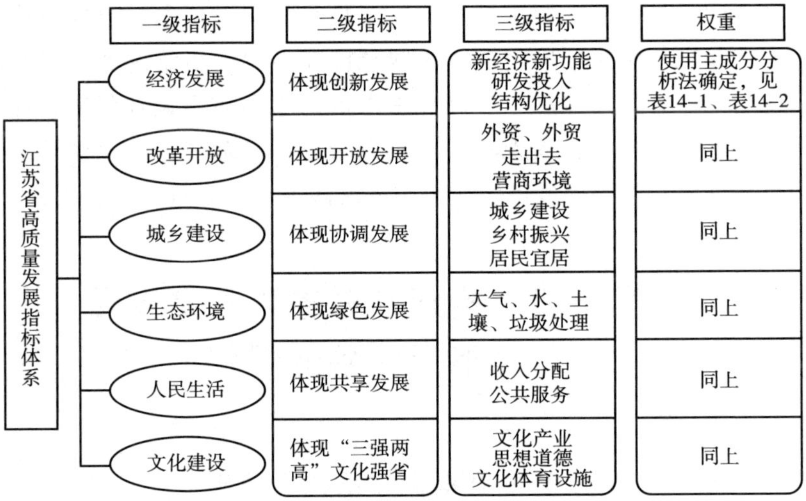


**图 14－1　江苏省高质量发展指标体系框架**

## 三、江苏省高质量发展指标体系构建

遵循以上框架和思路，本章基于对高质量发展的理解和结合江苏省委省政府制订的《江苏高质量发展监测评价指标体系与实施办法》，构建江苏省高质量发展监测评价指标体系，共包括 39 个指标，具体如下：

一是经济发展高质量。江苏省委十三届四次全会报告指出，在推动经济发展迈上高质量台阶的过程中，我们要适应科技新变化、人民新需要，围绕坚守实体经济、构建现代产业体系，在创新引领、自主发展上下功夫，全力推进江苏省制造向江苏创造转变、江苏速度向江苏质量转变、江苏产品向江苏品牌转变，加快建设具有全球影响力的产业科技创新中心和具有国际竞争力的先进制造业基地。为深入贯彻党的十九大和江苏省委十三届三次全会会议精神，主要围绕创新发展理念，从经济发展水平、经济运行质态、产业结构、需求结构、去产能成效、创新能力、人力资本、资本市场、政府型债务等方面，设置 11 项指标，反映经济高质量发展成效。

二是改革开放高质量。按照习近平总书记提出的改革走在前列、开放服务大局的要求，江苏省正积极推动改革开放高质量，形成全面开放新格局。监测评价体系主要围绕开放发展理念，从外贸升级、利用外资、对外投资等方面，共设置 4 项指标，反映改革开放高质量发展状态。

三是城乡建设高质量。为落实党的十九大增强城镇竞争力、实施乡村振兴战略要求，江苏省致力于实施重点城市群规划，促进大中小城市和小城镇协调发展，城镇基本公共服务加快向常住人口覆盖，增强城乡区域发展协调性，监测评价体系主要围绕协调发展理念，从城市品质化发展、乡村振兴等方面设置 6 项指标，反映城乡建设高质量发展情况。

四是文化建设高质量。高质量发展不仅表现在经济“硬实力”上，也应体现在文化“软实力”和社会文明程度等方面的提升上。江苏省文化建设高质量任务，体现了江苏省在新时代进一步落实以人民为中心的发展思想、推动文化强省建设战略部署。为增强江苏省文化引领力、凝聚力、“软实力”，监测评价体系主要围绕“三强两高”文化强省要求，从文化产业发展、公共文化、设施、志愿服务等方面，设置 4 项指标，反映江苏省文化建设高质量发展情况。

五是生态环境高质量。为实现生态环境的根本好转，落实党的十九大提出的形成节约资源和保护环境的空间格局、产业结构、生产方式、生活方式等要求，江苏省委十三届四次全会报告提出，要下大力气补齐拉长生态环境这个突出短板，把江苏省建设得更加令人神往。因而，监测评价体系主要围绕绿色发展理念，通过从能源资源消耗、污染治理、生态保护、污水和垃圾处理等方面，设置 8 项指标，反映江苏省生态环境高质量发展现状。

六是人民生活高质量。党的十九大报告中指出，我国社会主要矛盾已经转化为人民日益增长的美好生活需要和不平衡不充分的发展之间的矛盾。江苏省委十三届三次全会提出，必须保质保量把“人民生活高质量”向前推进，切实解决群众最关心、最直接、最现实的利益问题，不断增进民生福祉，让老百姓的生活更宽裕、更便利、更舒适、更安心、更有尊严，让社会更加公平正义。因而，为科学衡量和客观反映江苏省各地人民生活水平，监测评价体系主要围绕共享发展理念，从收入、就业、教育、卫生健康等方面，设置 6 项指标，反映百姓共享发展成果的情况。

需要注意的是，考虑相关指标存在争议、统计衡量标准不统一、与其他指标存在重叠和嵌套关系、数据来源的主观性较强、区域间不具有可比性和数据不可得等原因，本章构建的高质量指标体系剔除了苏办发〔2018〕22号文件的多个指标。例如，由于企业统计数量发生变化、加强统计执法、剔除重复计算和非工业生产经营活动剥离等因素影响，统计局公布的规模以上工业统计数据的使用引发很多质疑和争议，暂时不宜将其作为高质量发展的衡量指标；营商环境指数涉及的创业创新环境评价主观性较大，如果直接使用二手数据，其数据质量无法保证。更关键是，在后续多省（市）比较研究中，数据缺失严重，苏办发〔2018〕22号文件的多项指标不具有全国范围的适应性。针对这种情况，我们采取多数指标剔除，少数指标替换的办法，例如，在文化建设方面用“每万人拥有图书馆面积”来替代“人均拥有公共文化体育设施面积指标”，反映文化基础设施健全情况；用“乡村集中供水覆盖率”替换“农村供水入户率”来反映农村基础设施建设水平。另外，在城乡建设方面添加了“城镇万人绿地与广场用地面积”“市政公用设施建设固定资产投资占固定投资总额比重”和“单位乡村公共建筑投入”指标，来反映城市品质化发展和落实乡村振兴战略成效。绿地与广场用地及公用设施的完善既贴近绿色发展的要求又符合人民美好生活的需要。加大乡村公共建筑投入城乡现代化发展提供更大容载空间，这两方面指标的设定更能体现城乡高质量发展的要求。最终构建的江苏省高质量发展监测评价指标体系如表14－1。

**表14－1　江苏省高质量发展监测评价指标体系**

<table>
<tr><th>大类</th><th>反映内容</th><th colspan="2">指标</th></tr>
<tr><td rowspan="11">经济发展高质量</td><td>经济发展水平</td><td colspan="2">人均GDP（元）</td></tr>
<tr><td rowspan="2">经济发展总体质态</td><td colspan="2">一般公共预算收入占GDP比重（%）</td></tr>
<tr><td colspan="2">税收收入占一般公共预算收入比重（%）</td></tr>
<tr><td>工业去产能</td><td colspan="2">制造业投资占固定资产投资比重（%）</td></tr>
<tr><td>产业结构优化</td><td colspan="2">服务业增加值占GDP比重（%）</td></tr>
<tr><td>需求结构优化</td><td colspan="2">消费对经济增长的贡献率</td></tr>
<tr><td rowspan="2">创新投入和产出能力</td><td colspan="2">研发经费支出占GDP比重（%）</td></tr>
<tr><td colspan="2">万人发明专利拥有量（件）</td></tr>
<tr><td>人力资本水平</td><td colspan="2">每万劳动力中高技能人才数（人）</td></tr>
<tr><td>利用资本市场融资情况</td><td>金融支出实体经济水平</td><td>亿元GDP境内上市企业股权融资额（万元）</td></tr>
<tr><td>政府性债务风险情况</td><td colspan="2">政府性债务率（%）</td></tr>
</table>

续表

| 大类 | 反映内容 | 指标 | |
|---|---|---|---|
| 改革开放高质量 | 改革激发创业状况 | 净增企业法人单位数占企业法人单位总数比重（%） | |
| | 外贸“优进优出” | 一般贸易进出口占货物进出口总额比重（%） | |
| | 利用外资质量 | 服务业实际利用外资占实际利用外资总额比重（%） | |
| | 产能合作及市场拓展 | 对外投资总额（亿美元） | |
| 城乡建设高质量 | 城市品质化发展 | 城镇基础设施水平 | 城市万人公共交通车辆拥有量（标台） |
| | | | 光纤宽带普及率（%） |
| | | | 城镇万人绿地与广场用地面积（平方公里） |
| | | | 市政公用设施建设固定资产投资占固定投资总额比重（%） |
| | 落实乡村振兴战略成效 | 农村基础设施建设水平 | 乡集中供水覆盖率（%） |
| | | | 单位乡村公共建筑投入（%） |
| 文化建设高质量 | 文化产业发展水平和文化消费情况 | | 文化及相关产业增加值占 GDP 比重（%） |
| | | | 人均文化娱乐消费支出（元） |
| | 文化基础设施健全情况 | | 万人图书馆个数（个） |
| | 志愿服务水平 | | 注册志愿者人数占城镇常住人口比重（%） |
| 生态环境高质量 | 能源资源节约集约利用情况 | | 单位 GDP 能耗（吨标准煤/万元） |
| | | | 单位 GDP 水耗（吨标准煤/万元） |
| | 空气质量改善情况 | | 空气质量优良天数比例（%） |
| | | | $PM_{2.5}$年均浓度（微克/立方米） |
| | 水环境质量情况 | | 地表水达到或好于Ⅲ类水体比例（%） |
| | 生态绿化情况 | | 林木覆盖率（%） |
| | 污水处理能力和成效 | | 城镇污水集中处理率（%） |
| | 垃圾处理能力和成效 | | 垃圾分类集中处理率（%） |
| 人民生活高质量 | 居民收入水平 | | 居民人均可支配收入（元） |
| | 就业情况 | | 城镇登记失业率（%） |
| | 社会保障水平 | | 人均拥有社会保险福利总额（元） |
| | 教育发展 | | 学前教育资源配置率（所/万人） |
| | 医疗健康水平 | | 人均期望寿命（岁） |
| | | | 每万常住人口全科医生数（人） |

# 第二节　江苏省高质量发展测度及评价

## 一、江苏省高质量发展指标的测算方法

高质量发展是一个涉及多达 6 个方面且包括 39 个基础指标的多维综合评价概念，如何科学地给各指标赋权，并将其加总求和，是个难题。对于经济质量发展指数的测算，主成分分析法、相对指数法、熵值法和层次分析法等都是多因素综合评价的常用方法。在这些指标中，由于熵值法是根据指标的变异程度来确定权重的，指标值越大，则该指标在综合评价中所起的作用越大，但由于其忽略了指标本身的重要程度，往往确定的权重与预期相差甚远。相对指数法则是将一系列的指标变成可比的指数形式进行加总，面临权重确定的问题，而且忽略指标间可能存在高度相关性。层次分析法是一种带有模拟人脑决策方式的方法，更讲求定性的分析和判断，确定权重带有一定的主观性。主成分分析方法能很好地避免上述问题，通过降维将多个具有相关性的指标转化为少数几个综合指标，对指标简化的同时，保留原始数据绝大部分信息，并通过数据本身特征确定权重，充分反映基础指标对总指数的贡献。因而，本章对高质量发展的测算采取主成分分析法。

在进行主成分分析之前，首先对初始数据预处理以消除量纲，即选择均值化方法将数据标准化使数据具有可比性。主成分分析法具体操作如下：利用 SPSS19.0 软件分别对标准化的各高质量发展 6 个方面指标进行降维，即提取各方面指标的基础指标信息来确定少数几个主成分（综合指标），这几个主成分既包含绝大部分数据信息又不相关，在主成分的形成过程中也可以明确简便地计算出每个基础指标（系数归一法）和主成分（方差贡献率）的权重，继而利用成分权重计算出该方面指标的综合得分。最后，再重复上述过程，通过各方面得分合成最终的经济发展高质量指数。

## 二、2015—2017 年江苏经济高质量发展状况

江苏省发展为全国探路是习近平总书记对江苏省先后工作视察的一贯要求。作为探路者，迎接新的机遇和挑战、努力走在全国前列、实现发展的质效并进是江苏省迫切需要完成的事。目前，江苏省已进入“十三五”规划的

中期阶段，对近些年江苏省高质量的发展现状进行深入分析，对今后准确把握经济发展方向有重要的借鉴意义。由于作为高质量发展的主要理论内涵和发展主线的新发展理念和供给侧结构改革提出时间都是2015年下半年，此后，我国宏观经济成功企稳，经济结构大为改善，新动能成长迅猛，传统增长模式的制度基础和利益格局有所改变，为经济高质量发展奠定了坚实基础。因此，本研究考察2015—2017年的江苏省经济高质量发展情况。利用主成分分析法得到江苏省高质量发展各基础指标的系数和权重如表14－2所示，6个方面的指标系数和权重如表14－3所示，江苏省高质量发展指数如表14－4和图14－2所示。

如表14－2所示，从各指标对高质量发展的系数和贡献看，在经济增长高质量上，体现人民生活水平的人均GDP，体现经济结构调整优化的服务业增加值比重和消费对经济增长的贡献率，体现创新投入和产出的研发经费支出占GDP比重、万人发明专利拥有量、每万劳动力中高技能人才数和体现直接融资的亿元GDP境内上市企业股权融资额等指标性质为正，且贡献了经济发展高质量权重的67.81%。说明启动内需、调整经济结构、落实国家创新人才战略和发展多层次资本市场对江苏省经济发展高质量至关重要。而一般公共预算收入占GDP比重（$X_2$）、税收收入占一般公共预算收入比重（$X_3$）、制造业投资占固定资产投资比重（$X_4$）和政府性债务率（$X_{11}$）指标性质为负，权重达32.19%，对高质量发展的抑制影响不容忽视。能体现经济运行效益和集约水平的$X_2$和$X_3$表现出负向影响与江苏省企业税费负担仍然偏重、减税力度不足有关。税负高一直是打压中小企业创业激情的重要因素，也在很大程度上增强了政府干预市场的能力，影响经济转型。同样，作为负向指标的$X_4$反映了江苏省制造业还未从结构性困境中摆脱出来，江苏省制造业固定资产投资在2015年以来并没有表现出明显的减速，占总投资的比重一直稳定在46%以上，而当前供给侧改革还处于出清过剩产能阶段，实现产能更新换代还需时日，制造业投资比重高对高质量发展不利。另外，地方债问题一直是江苏省的重大风险问题，据统计，2017年江苏省的债务规模高居榜首，对经济发展高质量的破坏性贡献较大，应引起重视。在改革开放高质量上，体现稳外资的净增企业法人单位数占企业法人单位总数比重（$X_{12}$）、稳外贸的一般贸易进出口占货物进出口总额比重（$X_{13}$）、“走出去”的对外投资总额（$X_{15}$）3项正指标贡献占了江苏省改革开放高质量发展权重的71.84%，极大地带动了江苏省改革开放的高质量发展。而作为负向指标的战略性新兴产业实际利用外资占实际利用外资总额比重（$X_{14}$）这一指标的权重为28.16%，说明在“引进来”方面，江苏省虽借助外资大力发展战略性新兴产业，但这些新兴产业往往代表着国家的未来科技和产业发展新方向，利用外资的过度倾斜容易受制于人，使关键技术不能掌握在自己手里，利用外资水平过高反而抑制了高质量发展。在城乡建设高质量上，城、乡的交通、通信、生活和水利基础设施建设各项指标贡献基本相当，且指标性质都为正，基础设施建设为城乡高质量发展提供保障。在文化建设高质量上，体现文化产业发展、文化消费和文化素养的 3 项指标（$X_{22}$、$X_{23}$、$X_{25}$）的指标系数都为正，且贡献大小并不悬殊，而体现文化基础设施的万人图书馆个数（$X_{24}$）这一项系数为负，说明江苏省文化发展还需加大对文化、体育类的基础设施建设投入。在生态环境高质量上，单位 GDP 能耗和水耗（$X_{26}$）（$X_{27}$）及$PM_{2.5}$（$X_{29}$）年均浓度都表现为负指标，这与节能减排的绿色经济目标是一致的，生态环境改善还需加强保护力度。空气质量优良天数比例（$X_{28}$）的系数虽然为正，但却只有 1.98% 的贡献率，说明这也是生态环境高质量发展有待加强的地方。剩下其他各指标基本平分了 57.05% 的贡献权重。在人民生活高质量上，各指标间的权重贡献基本相当，但城镇登记失业率（$X_{35}$）为负指标。

**表 14－2　　高质量发展各指标的系数与权重**

| | 指标 | 系数 | 权重（%） |
|---|---|---|---|
| 经济发展高质量 | $X_1$ 人均 GDP | 0.064 | 8.51 |
| | $X_2$ 一般公共预算收入占 GDP 比重 | －0.066 | 8.78 |
| | $X_3$ 税收收入占一般公共预算收入比重 | －0.077 | 10.24 |
| | $X_4$ 制造业投资占固定资产投资比重 | －0.016 | 2.13 |
| | $X_5$ 服务业增加值占 GDP 比重 | 0.082 | 10.90 |
| | $X_6$ 消费对经济增长的贡献率 | 0.063 | 8.38 |
| | $X_7$ 研发经费支出占 GDP 比重 | 0.083 | 11.04 |
| | $X_8$ 万人发明专利拥有量 | 0.072 | 9.57 |
| | $X_9$ 每万劳动力中高技能人才数 | 0.072 | 9.57 |
| | $X_{10}$亿元 GDP 境内上市企业股权融资额 | 0.074 | 9.84 |
| | $X_{11}$政府性债务率 | －0.083 | 11.04 |
| 改革开放高质量 | $X_{12}$净增企业法人单位数占企业法人单位总数比重 | 0.287 | 25.58 |
| | $X_{13}$一般贸易进出口占货物进出口总额比重 | 0.308 | 27.45 |
| | $X_{14}$服务业实际利用外资占实际利用外资总额比重 | －0.316 | 28.16 |
| | $X_{15}$对外投资总额 | 0.211 | 18.81 |

续表

| | 指标 | 系数 | 权重（%） |
|---|---|---|---|
| 城乡建设高质量 | $X_{16}$城市万人公共交通车辆拥有量 | 0.171 | 20.28 |
| | $X_{17}$光纤宽带普及率 | 0.165 | 19.57 |
| | $X_{18}$城镇万人绿地与广场用地面积 | 0.143 | 16.96 |
| | $X_{19}$市政公用设施建设固定资产投资占固定投资总额比重（%） | 0.080 | 9.49 |
| | $X_{20}$乡集中供水覆盖率 | 0.129 | 15.30 |
| | $X_{21}$单位乡村公共建筑投入 | 0.155 | 18.39 |
| 文化建设高质量 | $X_{22}$文化及相关产业增加值占 GDP 比重 | 0.254 | 25.05 |
| | $X_{23}$人均文化娱乐消费支出 | 0.257 | 25.35 |
| | $X_{24}$万人图书馆个数 | -0.247 | 24.36 |
| | $X_{25}$注册志愿者人数占城镇常住人口比重 | 0.256 | 25.25 |
| 生态环境高质量 | $X_{26}$单位 GDP 能耗 | -0.105 | 13.00 |
| | $X_{27}$单位 GDP 水耗 | -0.117 | 14.48 |
| | $X_{28}$空气质量优良天数比例 | 0.016 | 1.98 |
| | $X_{29}$ $PM_{2.5}$年均浓度 | -0.109 | 13.49 |
| | $X_{30}$地表水达到或好于Ⅲ类水体比例 | 0.125 | 15.47 |
| | $X_{31}$林木覆盖率 | 0.111 | 13.74 |
| | $X_{32}$城镇污水集中处理率 | 0.118 | 14.60 |
| | $X_{33}$垃圾分类集中处理率 | 0.107 | 13.24 |
| 人民生活高质量 | $X_{34}$居民人均可支配收入 | 0.182 | 17.37 |
| | $X_{35}$城镇登记失业率 | -0.171 | 16.32 |
| | $X_{36}$人均拥有社会保险福利总额 | 0.183 | 17.46 |
| | $X_{37}$学前教育资源配置率 | 0.181 | 17.27 |
| | $X_{38}$人均期望寿命 | 0.171 | 16.32 |
| | $X_{39}$每万常住人口全科医生数 | 0.160 | 15.27 |

如表 14-3 所示，江苏省 6 个方面指标权重上，经济发展、城乡建设和生态环境指标权重相比其他指标略低，人民生活指标权重最高，整体上各指标占比较为均衡，说明这几个方面的高质量发展对江苏省总体高质量指数的贡献大小在伯仲之间。

**表 14－3　　高质量发展各方面指标的系数与权重**

| 方面指标 | 系数 | 权重（%） |
|---|---|---|
| 经济发展高质量 | 0.130 | 12.08 |
| 改革开放高质量 | 0.187 | 17.38 |
| 城乡建设高质量 | 0.131 | 12.17 |
| 文化建设高质量 | 0.232 | 21.56 |
| 生态环境高质量 | 0.149 | 13.85 |
| 人民生活高质量 | 0.247 | 22.96 |

从表 14－4 的高质量发展指数看，2015—2017 年，江苏省高质量发展指数分别为－1.02、0.04、0.98。绝对数上虽然仍处于较低水平，但发展趋势上呈逐年平稳上升态势。说明高质量发展被提上日程以来，在江苏省颇有成效。具体到6 个方面分项指数来看，如图 14－2 所示，经济发展、城乡建设、文化建设、生态建设及人民生活高质量 5 个方面指数，都与总指数一样呈逐年稳步提升走势，只有改革开放高质量发展指数 2017 年比 2016 年有所下降，但相比 2015 年，仍有所上升。

**表 14－4　　高质量发展各方面指数及总指数**

| 年份 | 经济发展高质量 | 改革开放高质量 | 城乡建设高质量 | 文化建设高质量 | 生态环境高质量 | 人民生活高质量 | 总指数 |
|---|---|---|---|---|---|---|---|
| 2015 | －0.77 | －1.12 | －0.66 | －0.73 | －0.84 | －0.9 | －1.02 |
| 2016 | 0.12 | 0.81 | －0.11 | －0.41 | 0.16 | －0.18 | 0.04 |
| 2017 | 0.66 | 0.31 | 0.77 | 1.14 | 0.68 | 1.08 | 0.98 |

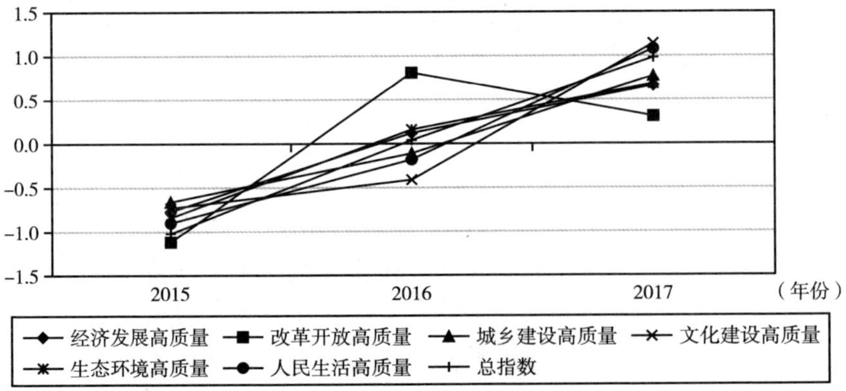


**图 14－2　2015—2017 年江苏省高质量发展指数**

江苏省高质量发展指数有以上表现，其实不难理解。2015—2017 年，江苏省致力于创新、智造、富民，建设生态文明、美好江苏。自 2016 年发布“40 条政策”、助力科技创新以来，江苏省深入实施创新驱动发展战略，加大高新技术企业培育扶持力度，支持企业增强自主研发能力，建立鼓励企业创新的普惠机制，到 2017 年，全社会研发投入占 GDP 比重达 2.7% 左右，万人发明专利拥有量达 22.5 件，科技进步贡献率达 62%。围绕“中国制造 2025”及江苏省行动纲要，江苏省积极推动制造业迈向中高端，变制造为智造，让“制造业更聪明”，江苏省高新技术产业、战略新兴产业产值不断提升，到 2017 年占规模以上工业总产值分别达到 42.7% 和 31%。为全面建成高水平小康社会，江苏省出台 33 条意见，聚焦富民，关注居民创业、高质量就业、增收致富、基本公共服务惠民水平等，确保居民收入与经济保持同步增长，让人民群众有更强的安全感和幸福感，2017 年，居民可支配收入达 35 024 元，公众安全感增至 96.52。为全力打赢生态保护和环境治理攻坚战，江苏省委、省政府具体部署“两减六治三提升”专项行动方案，从源头上为生态环境减负，提升生态保护、环境政策调控、环境监管执法水平，推进民生、民心环境工程，加强生态文明建设，江苏省建成国家生态市县 45 个、国家生态园林城市 16 个、国家生态工业园区 21 个、国家生态文明建设示范市县 5 个。为打造“三强两高”文化强省，江苏省努力创造高质量文化新优势、树立高质量文化新标杆，传播高质量文化新风尚，2017 年，江苏省文化建设获得丰硕成果，社会文明程度测评指数达 88.23，江苏省文化创意成果展示中心落地南京市，南京博物院收藏的甲骨文被列入“世界记忆名录”，“精彩江苏”丛书第一辑“历史文化名城名镇名村系列”出版。另外，江苏省作为开放经济大省，利用外资规模多年来保持全国领先，为充分发挥外资在促进实体经济发展方面的积极作用，江苏省近些年重点加大对战略新兴产业的引资扶持力度，鼓励外资进入高端制造、智能制造等产业。截至 2017 年，十大战略性新兴产业实际利用外资占比上升为 42.8%。但从改革开放高质量发展指数来看，2017 年比 2016 年有所下降，通过对比发现，2017 年，江苏对外投资总额下降为 2015—2017 年最低水平，只有 195.21 亿美元，对外投资水平下降。

## 三、我国东部地区 11 省（市）高质量发展比较

第六届全国人大第四次会议通过的“七五”计划将我国划分为东部、中

部、西部3个地区。其中，东部地区包括北京、天津、河北、辽宁、上海、江苏、浙江、福建、山东、广东和海南等11个省（市）。国家实施振兴东北老工业基地战略后，辽宁省被划入东北地区。东部地区剩下北京、天津、河北、上海、江苏、浙江、福建、山东、广东和海南等10个省（市）。作为中国社会经济最发达的区域，2017年中央经济工作会议强调，支持东部地区率先推动高质量发展。接下来，我们测度东部地区各省（市）高质量发展情况，在横向比较中进一步评估江苏省高质量发展水平，仍然使用东部地区11省（市）统计口径。由于无论是从总体规模还是从人均收入水平看，全国经济发展前10位的省份主要集中在东部地区，因此下文测算出来的东部地区高质量发展情况基本可以认为代表了全国高质量发展处在前列的排名情况。

如表14-5所示，我国东部地区省（市）高质量发展指数按大小排名，依次为北京、上海、浙江、江苏、天津、广东、福建、山东、海南、辽宁和河北。与GDP规模和人均收入排名相比，东部地区各省（市）GDP规模排名与其高质量发展指数排名差异较大，而收入水平排名与其指数排名差异较小，说明我国经济发展方向由量向质的改变更加贴近人民对社会发展的期望，更有利于解决人民日益增长的美好生活需要和不平衡不充分的发展之间的矛盾。就江苏省而言，江苏省GDP规模的全国排名为第2位，人均可支配收入水平的全国排名为第5位，高质量发展指数的全国排名低于北京市、上海市和浙江省，处于第4位。也即，相对于江苏省GDP规模的全国排名，江苏省高质量发展位次下降两位，而相对于人均可支配收入的全国排名，江苏省高质量发展排名上升一位。总体来说，江苏省高质量发展至今卓有成效，与其经济地位基本相符，处于全国前列。但同时也应看到，在过去的GDP“竞赛”上，江苏省处于优势地位，当前如果进行全国的高质量“竞赛”，北京市、上海市和浙江省的高质量发展赶超江苏省，且江苏省与北京市高质量发展指数差距较大，为1.83。究其原因可能在于，北京市等地的高质量发展得益于其摒弃了“透支”式的经济增长，主动调低GDP增速，加快推进供给侧结构性改革，各项工作重点关注高质量发展。上海市也表示要为高质量发展构筑新优势，实现更高水平的小康社会。北京市和上海市的城市化水平和服务化水平远远领先于全国。而浙江省在体现创新驱动的民营经济、电子商务和互联网发展等多个领域处于全国领先地位，经济活力也远非其他省市可比。

**表 14－5　　2017 年我国东部地区各省（市）经济发展、高质量发展指数及排名**

| 省（市） | GDP（亿元） | 排名 | 人均可支配收入（元） | 排名 | 高质量发展指数 | 排名 |
|---|---|---|---|---|---|---|
| 广东 | 89 879 | 1 | 33 003 | 6 | -0.09 | 6 |
| 江苏 | 85 901 | 2 | 35 024 | 5 | 0.26 | 4 |
| 山东 | 72 678 | 3 | 26 930 | 9 | -0.61 | 8 |
| 浙江 | 51 768 | 4 | 42 046 | 3 | 0.70 | 3 |
| 河北 | 35 964 | 5 | 21 484 | 11 | -1.21 | 11 |
| 福建 | 32 298 | 6 | 30 048 | 7 | -0.67 | 7 |
| 上海 | 30 134 | 7 | 58 988 | 1 | 1.52 | 2 |
| 北京 | 28 000 | 8 | 57 230 | 2 | 2.09 | 1 |
| 辽宁 | 23 942 | 9 | 27 835 | 8 | -1.15 | 10 |
| 天津 | 18 595 | 10 | 37 022 | 4 | 0.22 | 5 |
| 海南 | 4 463 | 11 | 22 553 | 10 | -1.04 | 9 |

注：该表中高质量发展指数排名仅限上述省（市）。

我国东部地区各省（市）高质量发展6个方面指数值排序情况如表14－6所示，分析试图揭示各省（市）高质量发展差异的具体原因。通过表14－6可以发现，高质量排名第一的北京市在经济发展、改革开放、文化建设和人民生活4个方面指标的指数都居于榜首，城乡建设指标也处于全国前列，主要落后的指标体现在生态环境的发展上面。高质量发展排名第2位的上海市在生态环境方面处于单方面指标的第8位，相对于其他5个指标的排名比较薄弱。处于排名第3位的浙江省其各项指标发展都比较均衡。从江苏省来看，在近几年积极推动城乡建设的努力下，2017年，江苏省城乡建设高质量发展指数排名处于全国第1位，高质量发展效果显著。在建设文化强省的努力下，江苏省文化建设高质量的全国位次与其总指数排名位次相同。剩下的4个单方面指标的全国排名都低于其总指数排名。影响江苏省高质量指数排名较大的单方面指标主要是经济发展和改革开放。改革开放高质量效率最低，排在第10位，与其总指数第4位的位置差距较大，严重阻碍江苏省高质量发展的进度；经济发展高质量指数排在单个方面指数的第6位，这也是今后江苏省高质量发展要加快的方面。因而，在今后的发展中，江苏省应注重补短板，加快经济和改革开放高质量的建设，努力提高单方面指标位次，以期提高高质量发展总指数排名。从近些年来各地公布的政府工作报告或其他政府公告、文件来看，高质量发展都逐渐提上日程，但因各地资源禀赋和发展阶段各不相同，注重高质量发展的侧重点也有所不同，各地高质量发展程度与使用的测算方法也将有所差异。但无论如何，江苏省高质量发展应对表中央高质量发展要求，努力补缺补差，以确保江苏省高质量发展走在全国前列，人民生活早日迈向高水平小康社会。

**表 14-6　2017 年我国东部地区各省（市）高质量发展各方面指标指数及排序**

| 省（市） | 经济发展高质量 | 排名 | 改革开放高质量 | 排名 | 城乡建设高质量 | 排名 | 文化建设高质量 | 排名 | 生态环境高质量 | 排名 | 人民生活高质量 | 排名 |
|---|---|---|---|---|---|---|---|---|---|---|---|---|
| 广东 | -0.06 | 5 | -0.24 | 8 | -0.22 | 7 | 0.26 | 5 | 0.64 | 3 | -0.32 | 6 |
| 江苏 | -0.14 | 6 | -0.56 | 10 | 0.62 | 1 | 0.63 | 4 | -0.01 | 5 | 0.02 | 5 |
| 山东 | -0.32 | 8 | -0.42 | 9 | -0.05 | 5 | -0.64 | 7 | -0.34 | 9 | -0.33 | 7 |
| 浙江 | 0.23 | 3 | 0.82 | 2 | 0.07 | 4 | 0.79 | 3 | 0.40 | 4 | 0.23 | 4 |
| 河北 | -0.99 | 11 | -0.64 | 11 | -0.73 | 11 | -0.98 | 9 | -0.92 | 11 | -0.65 | 10 |
| 福建 | -0.26 | 7 | 0.17 | 5 | -0.31 | 8 | -0.68 | 8 | 0.76 | 2 | -0.62 | 9 |
| 上海 | 0.91 | 2 | 0.44 | 3 | 0.12 | 3 | 1.34 | 2 | -0.29 | 8 | 1.30 | 2 |
| 北京 | 1.25 | 1 | 1.17 | 1 | 0.4 | 2 | 1.84 | 1 | -0.17 | 6 | 1.40 | 1 |
| 辽宁 | -0.52 | 9 | 0.13 | 6 | -0.2 | 6 | -1.67 | 11 | -0.24 | 7 | -0.44 | 8 |
| 天津 | 0.19 | 4 | 0.24 | 4 | -0.43 | 9 | 0.04 | 6 | -0.73 | 10 | 0.36 | 3 |
| 海南 | -0.58 | 10 | 0 | 7 | -0.43 | 10 | -1.05 | 10 | 1.08 | 1 | -0.68 | 11 |

## 第三节　结论与建议

综上，本章分析了反映高质量发展的理论，尝试构建了江苏省高质量发展指标体系，并从纵向时间轴和横向地区轴两个维度测算和评估了江苏省高质量发展水平。结论如下：

1. 以苏办发〔2018〕22 号文件的指标体系为蓝本，构建既体现对表国家高质量发展要求，也体现省情需要的江苏省高质量发展指标体系，包括了“经济发展高质量、改革开放高质量、城乡建设高质量、文化建设高质量、生态环境高质量和人民生活高质量”6 个方面的一级指标，在一级指标下设若干反映新发展理念和特色发展内涵的二级指标，在每一个二级指标再下设 n

个三级指标，总共设置 39 个基础指标。

2. 从纵向的时间轴对江苏省高质量发展情况进行测度发现，自经济高质量发展被中央提上议事日程，江苏省高质量发展指数从 2016 年开始由负转正，各年的绝对数虽然仍处于较低水平，但发展趋势呈逐年平稳上升态势。总体上，江苏省 2017 年以前的高质量发展颇有成效，为 2018 年的高质量发展开局打下了坚实的基础。从具体分 6 个方面指数看，对江苏省高质量发展基础贡献较大的是经济发展、城乡建设、文化建设、生态建设及人民生活 5 个方面指数，它们都与总指数一样呈逐年稳步提升走势。改革开放高质量发展指数走势呈倒 V 型，虽然 2017 年相比 2015 年有所上升，但显示了其曲折发展过程。另外，对基础指标的系数及权重分析可以看到，江苏省税负高、制造业固定资产投资重、地方债务庞大及战略性新兴产业过度依赖外资等现状对高质量发展的破坏性较大。

3. 从横向比较视角，测度我国东部地区 11 省（市）高质量发展情况发现，总体来说，江苏省高质量发展与其经济地位基本相符，处于全国前列。但江苏省高质量发展的位次排在全国第 4 位，低于其经济规模的全国第 2 位，一定程度上揭示了江苏省经济粗放发展问题。进一步分析 6 个方面指数，江苏省高质量发展不能过于乐观的原因主要在于经济发展和改革开放指数拖后腿，尤其是改革开放高质量效率最低，排在全国东部地区倒数第 3 位，严重阻碍江苏省高质量发展进阶，这与从纵向视角研究江苏省高质量发展的结论类似。

未来，为确保江苏省高质量发展走在全国前列，在继续保持城乡均衡发展势头的同时，江苏省应努力补创新发展和扩大开放两个短板。特别是，围绕创新发展短板，江苏省应紧抓涉及防范化解重大风险的地方债、涉及创新发明涌现和高端人才培养的知识产权保护及创新发展投入、涉及使市场对资源配置发挥主导作用建设服务型政府、把生产性服务业作为当前产业升级主攻方向继续推进结构调整 4 个方面指标做文章。围绕扩大开放短板，江苏省应坚决贯彻中央政治局 2018 年 7 月 31 日会议精神，侧重做好稳外资、稳外贸、扩大对外投资和正确处理政府与市场关系发展战略新兴产业 4 个方面的工作。

**作者：** 张月友　南京大学长江产业经济研究院副研究员
方　瑾　南京大学长江产业经济研究院研究助理

# 第十五章　深化对标找差　推进南京市高质量发展

2017 年以来，南京市委、市政府创造性地提出通过对标找差发现短板、凝聚共识、激发干劲。当前，江苏省委、省政府对南京市的发展提出了一系列新的要求，面对新形势、新要求，南京市对标找差的指标体系需要加强向高质量发展聚焦，为高质量发展提供持续动力。我们将江苏省委高质量发展指导文件中的指标融入南京市对标找差工作中，重点对标上海、杭州、广州、苏州等城市，分析主要差距和制约因素，从主要发力点提出对策。

## 第一节　以高质量发展的要求深化对标找差

### 一、创新驱动

在创新驱动方面，分别从创新投入、创新产出、创新环境 3 个方面作为核心指标，以深圳、苏州等为对标城市。总体判断是，在江苏省内地位有所提升，与深圳等国内一线城市相比，差距仍然较大（见表 15－1）。

**表 15－1　　南京市创新驱动与对标城市比较情况**

| 维度 | 细分维度 | 指标 | 单位 | 完成情况 | 对标城市情况 | | 动态 |
|---|---|---|---|---|---|---|---|
| 科技创新 | 创新投入 | 研发经费支出占 GDP 比重 | % | 3.07 | 深圳 | 4.05（第 1—3 季度） | 基本不变 |
| | 创新产出 | 每万人发明专利拥有量 | 件 | 59.71 | 深圳 | 96（预计） | 增速快于对标城市 |
| | | PCT 专利申请量 | 件 | 926 | 苏州/深圳 | 1 822/20 000 | 增速快但差距较大 |

续表

| 维度 | 细分维度 | 指标 | 单位 | 完成情况 | 对标城市情况 | | 动态 |
|---|---|---|---|---|---|---|---|
| 科技创新 | 创新环境 | 每万劳动力中高技能人才数 | 人 | 955 | 深圳 | 1 079 | 增速快于对标城市 |
| | | 高新技术企业数 | 家 | 3 126 | 深圳 | 约 14 700 家 | 增速快但差距较大 |

从创新投入看，2018 年南京市的研发经费支出占 GDP 比重超过 3%，与深圳市比低 1 个百分点左右，与 2017 年差距基本持平。

从主要创新产出看，2018 年，南京市每万人发明专利拥有量为 59.71 件，同比增长 20%，深圳市预计 96 件，同比增长约 12.3%。南京市《专利合作条约（PCT）》专利申请量为 926 件，同比增长 92.52%，与苏州市绝对差距缩小，但是与深圳市每年 20 000 件左右的 PCT 专利申请量，不在同一量级上。

从创新环境看，南京市每万劳动力中高技能人才数为 955 人，增速 12.8%，深圳市为 1 079 人，增速 8.9%，增速超过深圳市。高新技术企业以公示计 3 126 家，净增 1 282 家，同比增长 69.5%，但深圳市增速也超过 30%，总量与深圳市的差距仍在扩大。

## 二、产业发展

在产业发展方面，分别从经济运行综合效益、产业结构调整两个方面作为核心指标，以广州、杭州、深圳等为对标城市。总体判断是，南京市宏观经济运行主要指标增速较快，与对标城市差距缩小，但在产业结构调整指标上追赶难度大（见表 15 - 2）。

**表 15 - 2　　南京市产业发展与对标城市比较情况**

| 维度 | 细分维度 | 指标 | 单位 | 完成情况 | 对标城市情况 | | 动态 |
|---|---|---|---|---|---|---|---|
| 产业发展 | 经济运行综合效益 | 地区生产总值 | 亿元 | 12 820.4 | 广州 | 23 000 | 增速快但差距较大 |
| | | 一般公共预算收入 | 亿元 | 1 470 | 广州 | 1 632.3 | 增速快于对标城市 |
| | | 一般公共预算收入占 GDP 比重 | % | 11.47 | 广州 | 7.10 | 超过对标城市 |

续表

| 维度 | 细分维度 | 指标 | 单位 | 完成情况 | 对标城市情况 | | 动态 |
|---|---|---|---|---|---|---|---|
| 产业发展 | 产业结构调整 | 服务业增加值占GDP比重 | % | 61 | 广州 | 70（预计） | 基本不变 |
| | | 建设用地地均公共财政预算收入 | 万元/公顷 | 76.8 | 杭州 | 77.42（2016年） | 预计差距明显 |
| | | 软件业务收入 | 亿元 | 4 400 | 深圳 | 6 300 | 基本不变 |
| | | 文化及相关产业增加值占GDP比重 | % | 6.3 | 深圳 | 7（预计） | 差距缩小 |

从主要经济运行指标看，2018年，南京地区生产总值12 820.4亿元，同比增长8%，广州市预计23 000亿元、同比增长6.5%左右。2018年，南京市一般公共预算收入1 470亿元（同口径增长11.1%），广州市1 632.3亿元，增长6.5%，南京市同口径增幅超广州市4.6个百分点。因为一般公共预算收入增幅显著高于GDP增幅，因此一般公共预算收入占GDP比重有较大提升。

从产业结构调整指标看，2018年，南京市服务业增加值占GDP比重为61%，低于广州市9个百分点；南京市文化及相关产业增加值占GDP比重为6.3%，低于深圳市0.7个百分点。软件产业、地均公共财政预算收入等指标，南京市进步较快，但对标城市在高基数下仍然保持较快发展水平，整体仍然存在较大差距。

## 三、生态环境

在生态环境方面，分别从环境质量、环境保护两个方面作为核心指标，以杭州、上海为对标城市（见表15－3）。总体判断是，生态环境成为南京市高质量发展的短板，“蓝天碧水”保卫战任务依然艰巨，需要久久为功、长期努力。

**表15－3　　南京市生态环境与对标城市比较情况**

| 维度 | 细分维度 | 指标 | 单位 | 完成情况 | 对标城市情况 | | 动态 |
|---|---|---|---|---|---|---|---|
| 生态环境 | 环境质量 | 空气质量优良天数比率 | % | 70.5 | 杭州 | 75.6 | 未达标差距扩大 |
| | | $PM_{2.5}$年均浓度 | 微克/立方米 | 43 | 杭州 | 39.2 | 差距扩大 |
| | | 地表水达到或好于Ⅲ类水体比例 | % | 81.8 | 杭州 | 87.5 | 增速快但差距较大 |

续表

| 维度 | 细分维度 | 指标 | 单位 | 完成情况 | 对标城市情况 | | 动态 |
|---|---|---|---|---|---|---|---|
| 生态环境 | 环境保护 | 林木覆盖率 | % | 31.15（预计） | 杭州 | 66%以上（2017年） | 省内进位，但对标城市差距大 |
| | | 单位 GDP 能耗 | 吨标煤/万元 | 下降4%（预计） | 杭州 | 下降3.4%（2017年） | 增速快但差距较大 |
| | | 城镇污水处理率 | % | 95（2017年） | 上海 | 94.5（2017年） | |

从环境质量看，2018 年，南京空气环境质量出现波动下滑，空气质量优良天数比率比杭州市低 5.1 个百分点，相比 2017 年 1.9 个百分点的差距显著扩大。$PM_{2.5}$年均浓度比杭州市多 3.8 微克/立方米，2017 年，杭州市比南京市多 3.4 微克/立方米。

从环境保护看，林木覆盖率有所增加，但绝对数值还不到杭州市 2017 年的一半；单位 GDP 能耗下降幅度基本达标，但相对杭州市的进步没有优势；城镇污水处理率还有较大提升空间。

## 四、对外开放

在对外开放方面，分别从外贸、外资、枢纽经济 3 个方面作为核心指标，以广州、苏州等为对标城市（见表 5－4）。总体判断是，南京市在外资、外贸方面在省内有所进步，但与国内先进城市差距仍然较大，建设国内外重要枢纽城市的任务艰巨。

表 15－4　　南京市对外开放与对标城市比较情况

| 维度 | 指标 | | 单位 | 完成情况 | 对标城市情况 | | 动态 |
|---|---|---|---|---|---|---|---|
| 对外开放 | 外贸 | 外贸进出口总额 | 亿元 | 4 317.2 | 广州 | 8 927.2（1—11月） | 差距缩小 |
| | | 服务贸易进出口总额 | 亿美元 | 151.2 | 广州 | 350（预计） | 差距较大 |
| | 外资 | 实际利用外资 | 亿美元 | 38.5 | 苏州 | 45.25 | 差距缩小 |
| | | 战略性新兴产业和现代服务业实际利用外资占实际利用外资总额比重 | % | 74.50 | 苏州 | 61.60 | 超过对标城市 |

续表

| 维度 | 指标 | | 单位 | 完成情况 | 对标城市情况 | | 动态 |
|---|---|---|---|---|---|---|---|
| 对外开放 | 枢纽经济 | 境外世界500强设立法人企业、分公司及分支机构数量 | 家 | 210 | 广州 | 407 | 差距较大 |
| | | 机场国际货邮吞吐量 | 万吨 | 5.6 | 广州 | 114.5 | 增速快但差距较大 |
| | | 开通国际航线 | 条 | 33 | 广州 | 74 | 差距较大 |

从外贸、外资看，2018 年，南京市外贸进出口额为 4 317.2 亿元，增长 4.7%。广州市 1—11 月为 8 927.2 亿元，下降 0.5%，预计差距将有所缩小；实际利用外资相对苏州市差距缩小，占全省比重有所提升，在对外投资方面处于全省第 1 位。

从枢纽经济建设看，总部经济差异明显。2018 年，南京市境外世界 500 强设立法人企业、分公司及分支机构为 210 家，仅为广州市的一半左右。广州市国际货邮吞吐量达到 112.8 万吨，南京市国际货邮吞吐量为 5.6 万吨，增幅高于广州市约 10 个百分点，但绝对差距巨大，这与国际航线尚不完善、口岸保障能力有待提高等多重因素相关。

## 五、社会民生

在社会民生方面，分别从公共服务、生活质量两个方面作为核心指标，以无锡、杭州、深圳、上海为对标城市（见表 15 -5）。总体判断是，南京市公共服务水平稳步提升，居民收入与国内一线城市相比仍然是民生建设方面的短板。社会文明程度测评指数、居民综合阅读率、注册志愿者人数占城镇常住人口比重均相较于 2017 年有所提升，城镇失业率等指标稳定。2018 年，南京市居民人均可支配收入为 52 916.4 元，增长 9.1%，保持较快增速，但上海市为 64 183 元，增长 8.8%，相比差距仍然较大。

**表 15 -5　　南京市社会民生与对标城市比较情况**

| 维度 | 细分维度 | 指标 | 单位 | 完成情况 | 对标城市情况 | | 动态 |
|---|---|---|---|---|---|---|---|
| 社会民生 | 公共服务 | 社会文明程度测评指数 | % | 90.15 | 无锡 | 90.97 | 省内进位 |
| | | 居民综合阅读率 | % | 95.63 | 杭州 | 93.7（2017 年） | |
| | | 注册志愿者人数占城镇常住人口比重 | % | 14.61 | 深圳 | 约 13 | |

续表

| 维度 | 细分维度 | 指标 | 单位 | 完成情况 | 对标城市情况 | | 动态 |
|---|---|---|---|---|---|---|---|
| 社会民生 | 生活质量 | 居民人均可支配收入 | 元 | 52 916.4 | 上海 | 64 183 | 增速快但差距较大 |
| | | 城镇登记失业率 | % | 1.78 | 杭州 | 3.9（2017 年） | |
| | | 人均期望寿命 | 岁 | 79.1 | 上海 | 83.4（2017 年） | |

## 六、城市建设

在城市建设方面，分别从城乡建设、住房保障两个方面作为核心指标，以苏州、杭州等为对标城市（见表 15 -6）。总体判断是，南京市在住房宜居和保障方面稳步提升，在城乡基础设施建设上与对标城市仍有差距。在行政村双车道四级公路覆盖率、城镇常住人口保障性住房覆盖率等指标上进步较快，在光纤宽带普及率、高标准农田比重等城乡基础设施指标上与对标城市相比差距仍较为明显。

**表 15 -6　　南京城市建设与对标城市比较情况**

| 维度 | 细分维度 | 指标 | 单位 | 完成情况 | 对标城市情况 | | 动态 |
|---|---|---|---|---|---|---|---|
| 城市建设 | 城乡建设 | 行政村双车道四级公路覆盖率 | % | 100 | 苏州 | 100 | |
| | | 光纤宽带普及率 | % | 47 | 省内排名第 1 位城市 | | 省内第 4 位 |
| | | 高标准农田比重 | % | 64.59 | 杭州 | 77.76 | |
| | | 自来水深度处理率 | % | 36.7 | 省内排名第 1 位城市 | | 省内进位 |
| | 住房保障 | 城镇常住人口保障性住房覆盖率 | % | 23.5 | 杭州 | 23.5 | 差距缩小 |
| | | 宜居住区建设任务完成率 | % | 100 | | | |

## 第二节　制约南京市高质量发展的因素分析

通过对标找差的分析，可以看出南京市高质量发展面临的显著制约因素表现为以下 4 个方面：

1. 南京市高质量发展的差距核心表现为产业和创新的差距。总体上看，产业和创新的发展是高质量发展的核心问题，不仅决定着经济高质量发展，而且也影响着城乡发展、生态环境、人民生活的各个方面。这是因为：

第一，产业和创新活动的层次决定着就业水平。南京市科研院所林立，但 2017 年每万劳动力中高技能人才数 800 多人，显著少于深圳市 100 多人，这不能从人才资源的角度解释，而要从产业和创新基础对人才的需求解释。在更多情况下，与上海市、深圳市相比，南京市吸引高端人才的政策措施不可谓不足，主要存在的问题是高端就业机会不足。

第二，产业和创新的水平与生态环境指标密切相关。虽然南京市单位 GDP 能耗近年来制定了每年降低 4% 左右的目标，但是实际实施中与杭州市等地差距较大，且这一差距仍在扩大；万元 GDP 用水量等集约化指标也同样如此。这主要是产业结构的原因。从三次产业内部结构看，南京市服务业增加值占 GDP 比重、生产性服务业占服务业比重等服务业发展指标，均低于广州市。从制造业内部结构来看，南京市化工、钢铁等重化工业占制造业比重过高，南京市排名前 5 位的行业分别为电子（12.6%）、石油加工（12.3%）、化工（11.5%）、汽车（10.2%）、电气机械（7.6%），合计占比 54.2%，而深圳市电子信息占工业增加值比重达到 58.6%，形成了鲜明的产业特色。

第三，产业和创新的层次与城乡居民收入等人民生活指标密切相关。首先企业要有盈利，政府才能有税收，居民才能有收入。南京市的高端产业尚在培育当中，剔除钢铁、石化行业，2017 年南京市工业利润总额同比下降 7.9%，信息通信设备、智能制造装备、生物医药等高端行业企业大都没有掌握核心技术和核心环节，造成产品附加值和资本回报率低，获利能力较弱。南京市的电子信息、专用设备、铁路船舶、医药制造业利润率仅分别为 2.6%、10.8%、6.5%、16.2%，分别低于深圳市 3.1 个、1.8 个、7.1 个、7.9 个百分点，南京市高附加值产业的发展制约了居民收入和消费能力的提升。

2. 南京市高质量发展背后的深层次原因是市场化的机制不足，需要进一步处理好政府与市场的关系。应该说，南京市高质量发展的政绩细化考核已经走在全省前列，但是如何进一步发挥市场作用却是需要在中长期解决的问题。一方面，南京市有省市两级政府机关、大量部属院校、“大院大所”以及军队机关等，这既是南京市的资源，为南京市提供了天然的人才基础和消费基础，但是如果过于依赖体制内的资源，反而会影响市场化资源的流入。我们在调研中了解到，不少科研人员的基础研究在南京市完成，而市场化和产业化的过程却更愿意去深圳市完成。另一方面，南京市工业发展长期过度依赖国有企业，2017 年南京规模以上国有控股工业增加值占全市比重达 44.1%，同期深圳市国企工业占比仅 14.0%。相对而言，国企为主的市场主体对市场反应灵敏度较低，工业经济活力明显不足，2017 年深圳市民营工业增加值占全市工业比重接近 50%，同期南京市民营工业占比为 25.5%，而且当前还有所下降。

3. 南京市高质量发展的长期制约原因是创新创业文化的掣肘，需要加快体制改革改变“官本位”文化。应该借鉴其他城市对自身文化反思经验，勇于直面和正视传统南京文化中不利于高质量发展的弱点。早在 21 世纪之初，深圳就曾经掀起“深圳，你被谁抛弃？”的全民讨论；10 年之前上海市的主要领导就提出“上海为什么出不了马云？”的扪心之问，提出上海市要培育海纳百川的新海派文化；浙江省温州市针对“脱实向虚”、不注重实体经济和工匠精神的行商文化在反思。南京人包容大度、从不排外，这是一种有利于经济高质量发展的开放心态。然而，南京市的经济文化也有明显的弱点。一是文化相对粗放。与苏南吴文化相比，南京市的文化不够精致，这对于建设高质量的城市风貌、打造高水平的营商环境都有潜移默化的影响。二是受“唯有读书高”“学而优则仕”等传统思想文化的影响比较深，“官本位”意识比较浓。南京市有着深厚的文化底蕴，有着崇文重教、创办实业的优良传统，但从社会氛围来说，企业家尤其是中小民营企业家社会地位不高，青年创业氛围弱于杭州市、深圳市等城市。

4. 基数的差距制约了南京市城市能级的提升。与 2017 年相比，南京市在绝大多数高质量发展指标上均取得了改进和提升，但大量指标与标杆城市的相对差距仍在进一步拉大。考虑到很多指标的增速南京市明显快于标杆城市，总量指标的追赶是中长期的过程，需要绵绵用力、久久为功。同时，南京市的高质量发展要更加重视结构类指标、人均类指标以及效益类指标。

## 第三节　南京市高质量发展的着力点

从制约南京市高质量发展的主要因素分析，产业发展和科技创新始终是其高质量发展的重中之重。主要发力点是培育城市的创新创业文化，放大创新创业的财富效应，从知识产权保护等方向进一步形成南京市产业发展和科技创新的特色。

### 一、放大南京市创新创业的财富效应

产业发展和科技创新的动力根本在于财富效应。硅谷之所以成为美国的创新中心，诞生苹果、微软、Facebook这些世界级企业，关键在于背后具有产生数以千百计的亿万富翁、千万富翁的土壤和机制，激励着志存高远的创业者涌向硅谷。这一规律同样适用于深圳市、杭州市这样的国内成功的创新名城。

南京市要通过设计科学合理的激励机制，营造发展新兴产业和科技创新的财富效应。树立一个知识创富的典型，其示范效应比所有的宣传政策都有力。这一效应的形成，主要不是靠政府补贴多少，而是主要依靠市场化的资本市场力量。要按照市场规律和国际通行的办法，将资本市场作为南京市转型升级的突破口，举全市之力让南京市的科技资源在资本市场上实现放大效应。当前国家层面正将振兴资本市场作为高质量发展的重大战略，南京市要抓住科创板块建设等重大机遇，全力将各类科技创新成果和模式推向资本市场，让资本市场独有的定价功能使创新创业人才的价值得到市场化体现。

### 二、加强对“草根”创业创新的支持

以人才引领新兴产业和科技创新发展，必然要重视海外高端人才的引进，要重视“大院大所”科技人员的积极性。但与此同时，“高手在民间”，通过制度建设增强本土人才、“草根”创新创业的积极性同等重要。尤其是在互联网时代，出现颠覆性思想和商业模式的伟大企业从来都是不拘一格的，无一不是打破了学院派的条条框框。

对此，南京市应当更加注重创新创业的普惠制度。支持重点企业固然重

要，但是世界级企业毕竟不是依靠挑选出来的，阿里巴巴、腾讯的成功都是地方政府的“无心插柳”。要使政策更加侧重于普惠型的营商环境的塑造，今天“铺天盖地”，明天“顶天立地”；今天是创业新兵，明天就是参天大树，寄希望于南京市形成创新创业的汪洋大海，在初创企业中形成南京市的世界级企业。南京市突出“草根”创业，要倡导建设“全民创业型社会”，充分激活广大人民群众蕴藏的无穷的创业创新热情、智慧和力量，大力弘扬“创业创新创优，争先领先率先”的精神，破除一切不利于创新创业的体制障碍，加快推进公平准入，创造机会均等，不问学历资历，鼓励和支持国内外所有的有志者到南京市创新创业，致力于为南京市的每一个创业者提供一个工位，期待南京出现“马云”“马化腾”式的创业人才。

## 三、将知识产权保护作为创新名城建设的重要突破口

知识产权保护是为创新者创造财富效应、提升企业自主研发动力。可以预见，知识产权保护与科技创新融合将迸发出新的火花。在南京市打造创新名城、推进“两落地、一融合”的过程中，要将知识产权的保护作为一个重要的切入点，要力争打造知识产权保护的示范区。

以知识产权为推进“两落地、一融合”的重要突破口，将技术转移与知识产权相结合构建服务平台。引进知识产权运营、无形资产评估、专利检索等知名品牌服务机构，重点吸引跨国技术集成研发、国际技术转移等领域的全球知名服务商。引导和促进智力密集型高端科技服务业发展，打造“高精尖”的新型科技服务业，培育出知识产权密集型产业竞争新优势。

通过广泛学习借鉴国际通行规则，积极探索自主制定技术转移、知识产权服务等规则和标准，重点提升平台知识产权评估、技术交易定价等核心竞争力。在现有政策框架下优先支持集聚区内服务机构为企业提供海外知识产权预警、知识产权战略制定、数据挖掘、信息分析、专利运营等高端服务。支持标准服务机构与企业共同制定技术标准，推动知识产权和标准服务业的模式创新与业态升级，成为提升知识产权国际话语权的重要载体。

## 四、全力打造“芯片之城”

理想情况下，一个城市应当有一两个最突出的产品品牌，国内外城市和产业发展的基本规律都是如此。正如我们一谈到西雅图就联想到航空制造业，

谈到名古屋就联想到丰田汽车城，谈到杭州市就想到互联网业，谈到无锡市就想到物联网。南京市同样需要一个响亮的产业品牌来代表和支撑其高质量发展。从国家战略、产业前景、南京市基础等方面出发，我们认为南京市当前可以将“芯片之城”确立为其产业品牌和产业名片，努力以江北新区为主要载体形成芯片产业集聚区，举全市之力建设好这一产业名片。同时，聚焦宣传口径，通过举办国际性论坛等方式宣传好南京市打造“芯片之城”的信心、条件和成就。

## 五、共创南京市创业文化

创业文化的培育是一个从认知认同、情感认同、行为认同的过程。南京市创新创业的希望在于广大青年，青年对创业文化形成观念和情感上的认同，才能形成行为认同，创业文化才能转化为创业者的行为。建立在共同的价值目标、价值取向和价值追求之上的创业文化培育才有可能。提升南京市的创业文化是长期过程，需要全社会的共同努力：①要利用好中央大力支持扶持民营企业发展的契机，进一步在南京市营造尊重民营企业家，尤其是尊重中小民营企业家、工商户的社会氛围，在文化氛围上提升企业家社会地位。②创业文化的形成，需要历史形成的“官本位”文化的消退。本质上需要进一步深化体制机制改革和简政放权，将政府功能更加集中于公共服务，减少对市场微观行为的干预。③要将创业教育深入南京市的大中专院校，将市场主体机会平等、权利平等、规则平等的市场化创业理念深入创业教育中，在南京市青年中形成“我以创业为荣”的文化理念。

**作者：** 陈　柳　南京大学长江产业经济研究院研究员
程俊杰　江苏省社科院副研究员
赵紫燕　南京大学长江产业经济研究院研究助理

# 第十六章　以更高质量的营商环境应对中美贸易摩擦

## ——基于江苏省进出口企业的调研

2018 年 10—12 月，南京大学长江产经研究院调研组在政府职能部门的协助下，采取现场调研、政府部门座谈会等形式，调研江苏省 40 多家不同程度受到中美贸易摩擦影响的企业。调研对象既包括大中型上市公司，也包括中小企业；既有战略性新兴产业，也有传统产业。调研目的是了解在新的国际国内形势下，中美贸易摩擦对广大实体经济、尤其是制造业企业的影响以及应对的有效措施。

## 第一节　中美贸易摩擦对企业的影响取决于多重因素

中美贸易摩擦对我国企业的影响是全面的，不仅对出口企业产生直接影响，对进口企业的影响也不容小觑；不仅对直接出口美国市场的企业有影响，对与此相关的产业上下游的企业，也会有一定的影响，并最终对整体经济产生深刻影响。总体上看，影响因素的影响程度取决于以下几种情况：

1. 对美国市场的依赖程度。如果美国只是企业的部分市场，企业可以通过其他市场盈利。或继续开拓美国之外的市场来对冲美国征税影响，而对市场主要在美国的部分企业，则面临着市场转型的大问题。比如，某企业生产空气净化器，99% 产品出口，对美出口占 75% 以上，受征税措施影响订单下滑严重。面对形势变化，企业认为国内是最大的销售市场，希望与国内具备信用的品牌伙伴合作帮助企业实现从外销转内销的转型。

2. 出口企业的可替代性。如果企业具有一定的垄断性，市场可替代性弱，那么受到的影响就相对较小。这类企业往往属于细分行业的龙头，在细分行业内一般只存在少数几家主要的企业。

如，苏州市一家仪器企业表示，其生产的特殊车辆控制系统行业狭窄且产品市场地位强，企业已经申请了产品排除，并表示对产品很有信心，市场不会对价格敏感。江苏省某甜味剂公司的主要产品是阿巴斯甜，出口量占全国出口总量的60%以上，美国市场是公司的第一大市场。虽然美国已经开始对我国生产的阿巴斯甜征收10%的关税，并可能提高到25%，但是在阿巴斯甜这个细分行业中，世界上只有7家主要的生产企业，其中5家在中国、1家在日本、1家在法国。法国的企业也即将关停，日本企业产品价格偏高。所以，预计可口可乐、百事可乐、卡夫等美国公司仍将采购中国产品。但是，如果是同质化产品则影响较大。在某个家用吸尘器行业的产业集聚区了解到，与大家电行业相比，吸尘器这样小家电由于体积小、损坏率低等原因，其主要产能在中国，受贸易摩擦影响明显。企业普遍表示吸尘器出口企业竞争激烈，并且相对是同质化竞争，如果加征25%的关税，将导致订单流失。

3. 国内客户影响的传导。对内销型企业或者是产品内销的部分，虽然产品不直接出口，但贸易摩擦的负面影响可能会传导到国内下游客户而被间接体现出来。苏南某规模较大的半导体封装企业，除了60%是美国客户而受到影响之外，同时也受到国内客户的间接影响。国内客户主要是海康威视、中兴通讯等电子通讯类的整机企业，这些企业受到贸易摩擦影响较大，国内整机厂对其的元器件采购量下降了20%—30%，导致部分产能闲置。

4. 美国进口因素对企业的影响。从进口看，一方面，提升部分进口企业进口成本，粮油进出口公司反映，处于经济以及其他方面考虑，我国的大豆进口绝大部分将会转向巴西和阿根廷为主的国家，需要保证巴西和阿根廷等国家大豆出口升贴水和美国报价之间维持一定的价差。另一方面，“中兴事件”等也表明，为了遏制我国高科技企业的全面发展，美国对设备和供应链出口的限制，将使相关生产受到很大的影响。

## 第二节　企业正在积极化解中美贸易摩擦的不利影响

规模如此之大、涉及面如此之广的贸易摩擦甚至科技封锁，对大多数企业来说都是严峻的新挑战。我国制造企业作为竞争最敏锐的市场主体，正在积极进行摩擦略调整，通过多重途径降低或减弱贸易摩擦的负面影响。

1. 通过向中西部地区外包来降低成本。对服装等劳动密集型出口企业来说，制造环节的人工成本是成本的主要部分，企业可以采取向国内低工资地区外包的模式降低人工成本。位于苏州市的某服装企业年销售收入 1 亿美元左右，产品全部出口，其中对美国出口占 40% 左右，但对成衣这样的传统行业来说，毛利率很低，净利润率在 2% 左右。企业为了抵消成本上升，在获得外商订单后，只有 20% 的工序在苏州市本地完成，80% 的部分采取发往安徽省等中西部地区完成，目前在苏州市工厂的工人 700 多人，已经比 2015 年减少了接近一半。

2. 普遍与外商谈判转移关税成本。在大多数情况下，国内出口企业一般是与外方客户发生销售关系，并不是直接针对消费者。出口企业与美国客户之间的议价能力或成本转嫁能力，这关系到加征关税成本会在多大程度上被吸收。美国将 10% 的关税提高到 25%，在一定程度上增加了化解难度，需要通过多个路径化解。一些出口企业表示，已与部分客户达成关税分摊事宜，近期人民币汇率贬值和国家出口退税政策也进一步降低了企业负担，加征关税总体对企业影响不大。此外，部分进入壁垒较强的行业，也有利于企业转嫁关税成本，某航空零部件企业 40% 的产品为对美出口，由于航空产品需要进入论证，存在一定的进入壁垒，客户在短期内尚不会因关税而转移订单。

3. 通过海外布局减少关税影响。通过海外建设工厂，既可以利用国外具有工匠精神的工程师或者价格低廉的劳动力，又可以采取迂回战略直接面对美国市场、减少关税成本。无论是传统产业还是新兴产业，近年来不少企业都借助“一带一路”倡议进入国际化的实质性阶段，对开拓市场起到了重要作用。比如，埃塞俄比亚德雷达瓦工业园是以纺织服装为特色的工业园，聚集了多家中资的纺织企业。某航空配件企业正在通过国外生产基地调整产品和产能结构，2015 年利用自有资金和并购贷款收购土耳其工厂，为直接面对欧洲客户打下坚实的基础，目前土耳其工厂的年销售额达到 8 000 万欧元，占企业总销售的一半左右。近期出于中美贸易摩擦对北美市场影响的考虑，采用租用厂房的方式建设位于墨西哥的工厂，通过部分工序在墨西哥生产的方式应对美国征收关税。美国市场对通信产品一直存在对我国的进口限制，某以通信光缆为主营的上市公司进军美国市场一直存在阻碍，2018 年 9 月该公司与墨西哥的合作伙伴达成协议，准备在墨西哥建厂，再进入北美市场。

4. 通过产品结构调整减少关税影响。当企业存在系列产品时，选择对提征关税不敏感的产品集中发力，通过扩大这类产品的销售来调整产品战略。苏州市某电子企业产品涉及网络设备、机站通讯、民用消费、工业控制、安防视频等多个领域，2018 年企业研发的新产品电子烟小批试单，2019 年开始量产出口，导致出口同比猛增，由于新产品市场反响良好，总体出口未受明显影响。

5. 通过国际化市场调整减少关税影响。对于国际化程度比较高、海外具有多个生产基地的公司来说，通过各工厂服务的市场进行调整，比较有效地降低了关税的不利影响。比如，某生产印刷电路板的全球性企业，目前正在考虑将昆山公司产品销往美国改为欧洲，印度尼西亚工厂的产品由销往欧洲改为美国。这样虽然增加了一道物流成本，但是相对于关税成本来说，比重是比较低的。

## 第三节 当前企业在应对中美贸易摩擦中的相对有利因素

1. 国际产业分工规律仍在发挥作用。从我国制造业所处的位置来看，出口型企业主要处于中端水平，与美国等发达国家的高端环节错位竞争。中美之间的贸易格局是由国际产业分工决定的，对我国加征关税并不能从根本上改变既有的产业分工，这种分工在很长一段时间内将持续存在。

2. 供应链的优势。关税虽然增加了我国企业的成本，但是东部沿海地区长期以来形成的产业供应链，相对于东南亚等地区来说仍然具有显著的优势。据某服装企业反映，虽然成本上升较快，企业坚持一直在苏州市本地设有部分工厂，看中的就是长三角地区能够快速反应的配套能力。纺织服装行业向东南亚国家转移较快，但是如果是为阿玛尼等顶级品牌代工，江浙地区仍然具有技术、工艺、供应等配套优势。据一家生产纺织纤维的民营上市公司反映，近年来调整产品结构，开发汽车用纤维、全消光内衣、窗帘用纤维等，其下游厂商受到中美贸易摩擦的影响较大，企业成本上升也较快，但由于上下游的炼化、印染等环节的供应配套优势，行业在江浙地区集聚的情形没有发生根本变化。这说明即使在化纤、服装这样的传统行业，由于完善便捷的供应链，我们在中高端产品上相对于东南亚等国家仍具有优势。

3. 进入智能化的关键阶段。东部沿海地区制造业企业已经进入“机器换人”的智能化发展的关键阶段，通过信息化与工业化融合，可以有效提高生产安全，降低劳动力成本。从一家化纤企业调研中了解到，企业从意大利智能加工系统，研发了化纤行业的首台套生产智能物流系统，部分车间用工人员减少了三分之一，故障率也大幅降低。企业介绍，智能化改造不仅降低了用工成本，而且提高了生产效率，从而提升综合经济效益。

4. 人民币汇率温和贬值。被调研的企业普遍表示，人民币对美元汇率的温和贬值，对出口企业来说，客观上是对关税成本提升的一种缓冲。在一些行业，通过人民币贬值消化一部分成本，下游客户分担一部分成本，企业自身承担一部分成本，基本能够有能力维持现有订单。

## 第四节　企业应对中美贸易摩擦仍面临较大的风险

1. 订单转移的风险。增加关税成本之后，客观上我国在国际产业分工中的成本优势受到较大影响，因为成本变动而出现的产业转移存在两种情况：一种是众所周知向东南亚转移；另一种是过去中等发达国家和地区向我国东部地区转移的产业，现在有回流的趋势。在苏南等地的台资的家具企业反映，当前台湾家具产业的综合成本比苏南地区只高3%左右，在已经加征10%关税的情况下，他们或者考虑转到东南亚去，或者考虑部分业务返回台湾地区去做。

还有一种情况，虽然目前订单没有转移的动机，但是“两头在外”的国际代工模式使得外移的潜在风险较大。比如，国内苹果产业链中的环节，均没有在美国加征关税目录之中，这与国内较为完善的国际代工体系有一定关系。但相关企业表示，由于苹果供应链体系是全球采购的，如果长期处于两头在外的国际代工模式，苹果代工企业就存在外移的可能。

2. 国内因素成本上升加快。在贸易摩擦的背景下，企业对环保、社保、融资等成本的增加更加敏感，尤其是部分民营企业，甚至认为这些国内的因素在某些时候比国际因素影响更大。就融资成本来说，集成电路、显示面板等行业都是属于资本密集和资产密集型企业，由于国内发展阶段和金融体系的多方面原因，日本、韩国的同类企业的年融资成本只有1%—2%，而国内企业作为追赶者却要承担5%—6%的融资成本，拖累了追赶者。就环保、社保因素来说，绝大部分企业对加强严格环保管制、增强社保规范是理解的，但普遍认为在执行上可以区别企业的不同情况，不要“一刀切”。就能源来说，为了提高环保水平动力燃料改用天然气，苏南地区工业用气2.7元/立方米的价格远高于国外同类企业，但更关键的是，工业供气常常难以保障。

3. 政策执行的协调成本较高。部分涉及环保和安全的政策，企业表示不是不愿意去做，也不是不愿意投入，而是很多政策存在不协调导致无法执行。有企业反映，一是环保的标准变化快，标准两三年一变，两年之前按照环保标准配套建设的设施，刚刚建成按照新标准却无法达标；二是表现为环保的要求高，很多环保的标准高于国外发达国家的同类标准，按照国内现有的技术水平实在难以达到，显得脱离实际。还有企业反映，企业在生产过程中严格按照环保要求收集了固体废弃物，但是市场上固体废弃物处理的企业处理产能和能力跟不上，企业只能长期保存这部分固体废弃物。

## 第五节　当前提升营商环境、降低出口企业综合成本的对策建议

中央多次指出，要切实办好自己的事情，坚定不移推动高质量发展。应当认识到：我国经济的规模和位置发展到当前阶段，国际经济“冲突”可能将是一个长期的过程，而进一步提升营商环境，努力降低企业的不合理负担和成本，这是我们可以控制的因素。加征关税本质上是增加企业成本，我们要按照供给侧结构性改革的要求，当前在政策制定和执行上为企业提供更好的环境，切实降低企业各项成本。

1. 更大力度的减税政策同样要体现在政策执行层面。供给侧结构性改革以来，我们推出了多项力度很大的减税措施，政策的正面效应正在显现。但不可否认，在我国当前的现实情况下，税收除了与政策相关，还与征收力度有关。调研中企业普遍反映，部分地区税务征管力度明显加强，不少是翻过去几年“老账”，找出企业历史上税收缴纳过程中的瑕疵，大多数企业认为这与地方政府财政压力加大有关。

2. 减少政策“一刀切”的情况。“一刀切”的做法减少了政策制订的难度，却在政策执行时大大增加了社会成本。要努力把政策细化，提高政策的精准度。比如，关于社保的问题，有企业建议，社保政策可以将最低标准的门槛制定更低一些，然后让企业在最低门槛之上，自由选择缴纳费率。关于出口退税的问题，有企业表示，其特钢由于属于钢铁产品，故享受不了出口退税，但是事实上特钢不同于普通钢铁，企业生产的是德国、日本、美国等世界上少数企业可以稳定生产的品种。

3. 提高政策的可执行度，增强政策稳定的预期。在生产安全和环保等方

面，建议对照中等发达国家和地区，制订和执行符合我们实际情况的标准，避免标准过高存在普遍违法违规的情况。同时，要避免把所有的问题都推给企业，除了要求企业需要达到什么标准之外，还要积极为企业考虑通过哪些有效办法达到这一标准，为企业做好咨询和服务。企业普遍反映，当前环保、安全方面的管制标准已经明显高于发达国家的标准，部分要求明显是脱离当前技术和成本实际的。又比如，在企业“走出去”应对贸易摩擦方面，有企业反映，不同政府部门在掌握“走出去”政策上存在冲突现象，外汇管理部门、银行等与发展和改革部门、商务部门在程序相互认可上，存在明显不协调。

4. 大力加强公共产品的供给。越来越多的企业认识到应当制定竞争中性的产业政策。在现有产业政策环境下，各家企业在争取补贴的过程中牵扯大量精力，并且不可避免地造成不公平。通过为企业加大公共产品的供给，即是降低企业成本的有效做法。有企业表示，公司部分产品的有些测试平台建设投入需要高达几千万元，但是使用频率并不高。强烈建议政府出面建设公共平台，或者由政府部门牵头企业成立检测平台。某企业处于快速扩张阶段，需要增加污染物排放，但是公司所在区域的污染物排放已经没有指标，在企业层面无法解决，建议政府在废水和固体废弃物方面配给土地等资源，引导成立专业的处理公司，进行合理布局、合理定价为企业服务。

**作者：** 刘志彪　南京大学长江产业经济研究院院长，长江学者特聘教授
陈　柳　南京大学长江产业经济研究院研究员

# 参考文献

【1】罗斯托：《经济增长的阶段》，中国社会科学出版社 2001 年版，第 4 页。

【2】习近平：《之江新语》，浙江人民出版社 2013 年版，第 119 页。

【3】《马克思恩格斯全集》第 46 卷（下），人民出版社 1980 年版，第 218—219 页。

【4】杰里米·里夫金：《第三次工业革命》，中信出版社 2012 年版，第 15 页、第 31 页。

【5】“二十国集团创新增长蓝图”，《人民日报》，2016 年 9 月 6 日。

【6】习近平：“扎扎实实做好改革发展稳定各项工作　为党的十九大胜利召开营造良好环境”，《人民日报》，2017 年 6 月 24 日第 01 版。

【7】斯蒂格利茨：《社会主义向何处去》，吉林人民出版社 1998 年版，第 54 页。

【8】库兹涅茨：“现代经济增长”，《比较现代化》，第 280 页。

【9】中共中央文献研究室编：《习近平关于社会主义经济建设论述摘编》，中央文献出版社 2017 年版，第 51—52 页。

【10】库兹涅茨：《现代经济增长》，北京经济学院出版社 1989 年版，第 250 页、第 251 页。

【11】《习近平谈治国理政》第 2 卷，第 203 页。

【12】刘志彪：“建设现代化经济体系：新时代经济建设的总纲领”，《山东大学学报》2018 年第 1 期。

【13】宁吉喆：“深入学习贯彻党的十九大精神，加快推进现代化经济体系建设”，《宏观经济管理》2017 年第 12 期。

【14】杨伟民：“推动经济高质量发展须过三道关口”，中国经济时报—中国经济新闻网，http：//www. cet. com. cn/ycpd/sdyd/1992237. shtml。

【15】刘伟：“以供给侧结构性改革为主线建设现代化经济体系”，《人民

日报》2018 年 1 月 26 日理论版。

【16】刘志彪：“夯实高质量发展的产业体系基础”，《人民日报》2018 年 3 月 20 日理论版。

【17】刘志彪：“深化经济改革的一个逻辑框架：以政府改革推进供给侧结构性改革”，《探索与争鸣》2017 年第 6 期。

【18】配第：《赋税论献给英明人士货币略论》，陈冬野等译，商务印书馆 1978 年版，第 66 页。

【19】配第：《政治算术》，陈冬野等译，商务印书馆 1978 年版，第 11 页、第 12 页、第 24 页。

【20】李嘉图：《政治经济学及赋税原理》，郭大力等译，商务印书馆 1962 年版，第 7 页。

【21】布阿吉尔贝尔：《谷物论　论财富　货币和赋税的性质》，伍纯武译，商务印书馆 1979 年版，第 17 页、第 21 页、第 117 页。

【22】马克思：《资本论》第 3 卷（下），中共中央马克思 恩格斯 列宁 斯大林著作编译局译，人民出版社 1975 年版，第 717 页。

【23】马克思：《〈政治经济学批判〉序言、导言》，徐坚译，人民出版社 1964 年版，第 22 页。

【24】马克思：《资本论》第 2 卷，中共中央马克思 恩格斯 列宁 斯大林著作编译局编译，人民出版社 1975 年版，第 192 页。

【25】中共中央文献研究室：《毛泽东文集》第 7 卷，人民出版社 1999 年版，第 1 页、第 241 页。

【26】姚红：《毛泽东思想和中国特色社会主义理论体系概论》，中共党史出版社 2014 年版，第 8 页。

【27】邓小平：《邓小平文选》第 2 卷，人民出版社 1983 年版，第 89 页。

【28】中共中央文献研究室：《邓小平文选》第 3 卷，人民出版社 1995 年版，第 225 页、第 274 页、第 373 页、第 377 页。

【29】柏必成：《改革开放以来我国住房政策的变迁：轨迹与动力分析——基于政策变迁理论的研究》，武汉大学出版社 2016 年版。

【30】任泽平、夏磊、熊柴：《房地产周期》，人民出版社 2017 年版。

【31】王锋、李宇嘉：《深圳住房政策实践与住房制度创新》，中国建筑工业出版社 2014 年版。

【32】王德培：《中国经济 2018》，中国友谊出版公司 2018 年版。

【33】邓菊秋：《我国房地产交易税和保有税对房价的影响》，四川大学

出版社 2014 年版。

【34】艾经纬：《房市大衰退：33 年房市变迁大推演》，机械工业出版社 2014 年版。

【35】陈国强：《房地产江湖》，中国法制出版社 2010 年版。

【36】李骏：《住房产权与政治参与》，上海社会科学院出版社 2013 年版。

【37】腾讯大家编辑部主编：《房价暴涨的台前幕后》，中信出版社 2016 年版。

【38】虞晓芬：《住有所居：住房政策法规解读》，浙江大学出版社 2009 年版。

【39】辜胜阻、李洪斌、吴学丽："完善租房市场　构建多层次住房体系"，《理论学刊》2013 年第 1 期。

【40】郭炎兴："金融支持住房租赁的'五个答案'——建行试水住房租赁市场"，《中国金融家》2017 年第 12 期。

【41】刘斌、姜博："住房保障政策的国外文献及引申"，《改革》2013 年第 1 期。

【42】刘洪玉："什么因素阻碍了租房市场健康发展?"，《人民论坛》2017 年第 24 期。

【43】刘金、邢远阁："租购并举中公共服务均衡化实现机制研究"，《上海经济研究》2018 年第 5 期。

【44】闵晓鸣："住房租赁市场发展的国际经验及启示"，《金融纵横》2018 年第 4 期。

【45】邵林："我国住房租赁市场金融支持问题解决及国际借鉴"，《理论探讨》2018 年第 3 期。

【46】隋钰冰："美日金融支持住房租赁市场启示"，《中国金融》2017 年第 19 期。

【47】汪利娜："日本住房金融公库住房保障功能的启示"，《经济学动态》2010 年第 11 期。

【48】朱玲："德国住房市场中的社会均衡和经济稳定因素"，《经济学动态》2015 年第 2 期。

【49】Jang - Sup Shin："Dynamic catch - up strategy, capability expansion and changing: windows of opportunity in the memory industry"，《Research Policy》2017 年第 46 期。

【50】陈柳："做出建设自主可控现代产业体系的江苏作为"，《新华日

报》2019 年 3 月 12 日。

【51】赵元铭："产业控制力的实现层次：基于后发国家产业安全边界的审视"，《世界经济与政治论坛》2008 年第 6 期。

【52】张明之、梁洪基："全球价值链重构中的产业控制力——基于世界财富分配权控制方式变迁的视角"，《世界经济与政治论坛》2015 年第 1 期。

【53】陈佳贵、王钦："中国产业集群可持续发展与公共政策选择"，《中国工业经济》2005 年第 9 期。

【54】陈志、丁明磊："面向集群的创新政策：德国集群计划的经验"，《科技进步与对策》2014 年第 5 期。

【55】成楠："全球价值链视角下江苏制造业集群转型升级研究"，南京理工大学硕士学位论文，2017 年。

【56】江静、刘志彪："全球化进程中的收益分配不均与中国产业升级：基于商品价值链视角的分析"，《经济理论与经济管理》2007 年第 7 期。

【57】梁琦："世界级先进制造业集群的基本特征和战略选择"，《国家治理》2018 年第 1 期。

【58】刘志彪："攀升全球价值链与培育世界级先进制造业集群——学习十九大报告关于加快建设制造业强国的体会"，《南京社会科学》2018 年第 1 期。

【59】芮明杰："世界先进制造业群发展的创新模式探索"，2017 年。http：//www. sohu. com/a/199264368_184714.

【60】张辉："全球价值链下地方产业集群升级模式研究"，《中国工业经济》2005 年第 9 期。

【61】朱秀梅："高技术产业集群创新路径与机理实证研究"，《中国工业经济》2008 年第 2 期。

【62】国务院发展研究中心和世界银行联合课题组、李伟、Indrawati S M 等："中国推进高效、包容、可持续的城镇化"，《管理世界》2014 年第 4 期。

【63】Lucas R E："On the Mechanics of Economic Development"，《Journal of Monetary Economics》1988 年第 22 期。

【64】李煜伟、倪鹏飞："外部性、运输网络与城市群经济增长"，《中国社会科学》2013 年第 3 期。

【65】沈坤荣、金刚、方娴："环境规制引起了污染就近转移吗?"，《经济研究》2017 年第 5 期。

【66】Krugman P："Increasing Returns and Economic Geography"，《Journal of Political Economy》1990 年第 3 期。

【67】Ciccone A，Hall R E："Productivity and the Density of Economic Activity"，《American Economic Review》1996 年第 1 期。

【68】Ciccone A："Agglomeration Effects in Europe"，《European Economic Review》2002 年第 2 期。

【69】范剑勇："产业集聚与地区间劳动生产率差异"，《经济研究》2006 年第 11 期。

【70】陈良文、杨开忠、沈体雁等："经济集聚密度与劳动生产率差异——基于北京市微观数据的实证研究"，《经济学（季刊）》2008 年第 1 期。

【71】沈体雁、劳昕、张晓欢："经济密度：区域经济研究的新视角"，《现代经济探讨》2012 年第 6 期。

【72】匡兵、卢新海、周敏："中国城市土地经济密度的分布动态演进"，《中国土地科学》2016 年第 10 期。

【73】钟韵、胡晓华："粤港澳大湾区的构建与制度创新：理论基础与实施机制"，《经济学家》2017 年第 12 期。

【74】Eeckhout J，Pinheiro R，Schmidheiny K："Spatial Sorting"，《Journal of Political Economy》2014 年第 3 期。

【75】韩长赋："大力实施乡村振兴战略"，《人民日报》2017 年 12 月 11 日。

【76】蔡昉：《从人口红利到改革红利》，社会科学文献出版社 2014 年版。

【77】董敏杰、梁泳梅："1978—2010 年的中国经济增长来源：一个非参数分解框架"，《经济研究》2013 年第 5 期。

【78】郑江淮、宋建、张玉昌、郑玉、姜青克："中国经济增长新旧动能转换的进展评估"，《中国工业经济》2018 年第 6 期。

【79】袁富华："长期增长过程的'结构性加速'与'结构性减速'：一种解释"，《经济研究》2012 年第 3 期。

【80】中国经济增长前沿课题组："中国经济转型的结构性特征、风险与效率提升路径"，《经济研究》2013 年第 10 期。

【81】刘瑞翔、安同良："中国经济增长的动力来源与转换展望：基于最终需求视角的分析"，《经济研究》2011 年第 7 期。

【82】顾海兵、张敏："基于内力和外力的区域经济一体化指数分析：以长三角城市群为例"，《中国人民大学学报》2017 年第 3 期。

【83】侯赟慧、刘志彪、岳中刚："长三角区域经济一体化进程的社会网

络分析”，《中国软科学》2009 年第 12 期。

【84】孔令池：“以现代市场体系推进长三角更高质量一体化发展”，《经济日报》2019 年 2 月 15 日。

【85】孔令池：“多元联动深入推进长三角区域一体化”，《经济日报》2019 年 5 月 10 日。

【86】孔令池、刘志彪：“长三角地区高质量一体化发展水平研究报告(2018)”，《光明日报》2019 年 4 月 8 日。

【87】刘志彪：“长三角区域高质量一体化发展的制度基石”，《人民论坛·学术前沿》2019 年第 4 期。

【88】刘志彪等：《长三角区域经济一体化》，中国人民大学出版社 2009 年版，第 94—96 页。

【89】刘志彪、陈柳：“长三角区域一体化发展的示范价值与动力机制”，《改革》2018 年第 12 期。

【90】刘志彪、孔令池：“长三角区域一体化发展特征、问题及基本策略”，《安徽大学学报（哲学社会科学版)》2019 年第 3 期。

【91】孙久文、丁鸿君：“京津冀区域经济一体化进程研究”，《经济与管理研究》2012 年第 7 期。

【92】曾刚、王丰龙：“长三角区域城市一体化发展能力评价及其提升策略”，《改革》2018 年第 12 期。

【93】ESTRADA R：“The Global Dimension of the Regional Integration Model (GDRI - Model)”，《Modern Economy》2013 年第 4 期。

【94】金碚：“关于‘高质量发展’的经济学研究”，《中国工业经济》2018 年第 4 期。

【95】金碚：“中国改革开放 40 年的制度逻辑与治理思维”，《经济管理》2018 年第 6 期。

【96】习近平：“顺应时代潮流　实现共同发展”，《人民日报》2018 年 7 月 26 日。

【97】科斯：《社会成本问题》，陈昕主编：《财产权利与制度变迁——产权学派与新制度学派译文集》，上海三联书店、上海人民出版社 1994 年版，第 51 页。

【98】方勇、戴翔、张二震：“要素分工论”，《江海学刊》2012 年第 4 期。

【99】张二震：“全球化、要素分工与中国的战略”，《经济界》2005 年第

5 期。

【100】戴翔、刘梦："人才何以成为红利——源于价值链攀升的证据"，《中国工业经济》2018 年第 4 期。

【101】Jones C.："Intermediate Goods and Weak Links in the Theory of Economic Development"，《American Economic Journal》2011 年第 3 期。

【102】宋林飞："我国基本实现现代化指标体系与评估"，《南京社会科学》2012 年第 1 期。

【103】朱晓明："全面把握江苏基本实现现代化指标体系"，《群众》2012 年第 5 期。

【104】刘志彪、程俊杰："以指标体系诱导发展：率先基本实现现代化的可行路径"，《南京社会科学》2012 年第 10 期。

【105】欧邦才、王慧敏、李金祥："江苏省基本实现现代化指标体系及预测"，《河海大学学报（哲学社会科学版）》2001 年第 3 期。

【106】王雪非："推动科学发展 引领全面小康——江苏省制定和实施全面小康指标体系的若干思考"，《群众》2006 年第 12 期。

【107】李晶晶、梁森、高明："江苏全面建设小康社会的指标体系评价及聚类分析"，《商业时代》2010 年第 9 期。

【108】张月友："从 GDP 挂帅到高质量发展挂帅"，江苏社科规划网，http://jspopss.jschina.com.cn/shekedongtai/shekexinwen/201712/t20171221_4954333.shtml。

【109】张月友："新时代合肥如何'对表'高质量发展"，《合肥日报》2018 年 8 月 2 日。

【110】张月友："供给侧结构性改革的学术线索和理论价值"，南京大学长江产业经济研究院工作论文，2018 年 9 月 5 日。

【111】钞小静、惠康："中国经济增长质量的测度"，《数量经济技术经济研究》2009 年第 6 期。

【112】魏婕、任保平："中国各地区经济增长质量指数的测度及其排序"，《经济学动态》2012 年第 4 期。

【113】任胜钢、王伟："区域中小企业发展水平的评价与比较研究"，《求索》2008 年第 1 期。

【114】姜慧、曾群超："区域中小企业创新指数体系构建研究"，《科技管理研究》2014 年第 13 期。

【115】梁冰："我国中小企业发展及融资状况调查报告"，《金融研究》

2005 年第 5 期。

【116】陈佳贵、吴俊："中国地区中小企业竞争力评价——对 2003 年规模以上工业中小企业的实证研究"，《中国工业经济》2004 年第 8 期。

【117】池仁勇、陈洁："中小企业成长指数评价及其实证研究"，《科技进步与对策》2009 年第 16 期。

【118】陈阳、王延明："我国贸易投资一体化的实证研究"，《国际贸易问题》2007 年第 12 期。

【119】张二震、方勇："贸易投资一体化与中国对外开放战略"，《江苏行政学院学报》2004 年第 3 期。

【120】师博、张冰瑶："新时代、新动能、新经济——当前中国经济高质量发展解析"，《上海经济研究》2018 年第 5 期。

【121】顾春光、周兴会、翟崑："新时代视野下'一带一路'模式升级研究——以东南亚区域合作为例"，《中国软科学》2018 年第 6 期。

【122】郑志来："'一带一路'战略与区域经济融合发展路径研究"，《现代经济探讨》2015 年第 7 期。

【123】马骥、马相东："'一带一路'建设与中国产业结构升级——基于出口贸易的视角"，《亚太经济》2017 年第 5 期。

【124】汪洋："推动形成全面开放新格局"，《人民日报》，2017 年 11 月 10 日第 4 版。

【125】刘志彪、吴福象："'一带一路'倡议下全球价值链的双重嵌入"，《中国社会科学》2018 年第 8 期。

【126】习近平："在民营企业座谈会上的讲话"，《北京人大》2018 年第 11 期。

【127】王芳洁："企业家呼声：进一步解放思想，对内开放"，《中国企业家》2018 年第 24 期。

【128】刘志彪："反行政垄断和行政分割：统一市场建设的突破口和主体内容"，《财经智库》2016 年第 1 期。

【129】刘志彪："基于内需的经济全球化：中国分享第二波全球化红利的战略选择"，《南京大学学报（哲学·人文科学·社会科学版）》2012 年第 2 期。

【130】"打造高质量发展的黄金经济带"，《小康》2018 年第 14 期。

【131】付保宗："长江经济带产业绿色发展形势与对策"，《宏观经济管理》2017 年第 1 期。

【132】周冯琦、陈宁："优化长江经济带化学工业布局的建议"，《环境保护》2016 年第 15 期。

【133】黄成、吴传清："长江经济带综合立体交通走廊绿色发展研究"，《区域经济评论》2018 年第 5 期。

【134】孙久文、张可云、安虎森、贺灿飞、潘文卿："'建立更加有效的区域协调发展新机制'笔谈"，《中国工业经济》2017 年第 11 期。

【135】陈启斐、巫强："国内价值链、双重外包与区域经济协调发展：来自长江经济带的证据"，《财贸经济》2018 年第 7 期。

【136】曹智杰、陈永宁："推进长江经济带一体化建设的发展战略及对策研究"，《宏观经济研究》2000 年第 3 期。

【137】段学军、邹辉、王磊："长江经济带建设与发展的体制机制探索"，《地理科学进展》2015 年第 11 期。

【138】原磊、邹宗森："企业异质性、出口决策与就业效应——兼论中美贸易战的应对"，《经济学动态》2018 年第 9 期。

【139】邹小宇、朱宇："中美贸易摩擦：历史、原因和对策"，《经济体制改革》2009 年第 3 期。

【140】蓝庆新、赵乐祥："应采取灵活措施避免中美贸易战的全面爆发"，《国际贸易》2018 年第 5 期。

【141】孙继山："中美经贸向何处去？——对中美贸易失衡问题及贸易战应对选项的分析"，《国际贸易》2017 第 11 期。

【142】孙振宇："中美经贸关系面临的挑战及中国的应对"，《国际贸易问题》2018 年第 12 期。